MATEMÁTICA

PARA OS CURSOS DE

- ECONOMIA
- ADMINISTRAÇÃO
- CIÊNCIAS CONTÁBEIS

SEBASTIÃO MEDEIROS DA SILVA
ELIO MEDEIROS DA SILVA
ERMES MEDEIROS DA SILVA

MATEMÁTICA

PARA OS CURSOS DE

- ECONOMIA
- ADMINISTRAÇÃO
- CIÊNCIAS CONTÁBEIS

VOLUME I

6ª Edição

gen | atlas

Rua Conselheiro Nébias, 1384
Campos Elísios, São Paulo, SP — CEP 01203-904
Tels.: 21-3543-0770/11-5080-0770
faleconosco@grupogen.com.br
www.grupogen.com.br

Designer de capa: Leandro Guerra

Editoração Eletrônica: Lino-Jato Editoração Gráfica

Dados Internacionais de Catalogação na Publicação (CIP)
(Câmara Brasileira do Livro, SP, Brasil)

Silva, Sebastião Medeiros da, 1938 –
Matemática: para os cursos de economia, administração, ciências contábeis / Sebastião Medeiros da Silva, Elio Medeiros da Silva, Ermes Medeiros da Silva. – 6. ed. – [6. Reimpr.]. –São Paulo: Atlas, 2019.

ISBN 978-85-224-5834-9

1. Cálculo diferencial 2. Cálculo integral I. Silva, Elio Medeiros da. II. Silva, Ermes Medeiros da. III. Título.

17.CDD-517.2
18. -515.33
17. -517.3
18. -515.43

Índices para catálogo sistemático:
1. Cálculo diferencial: Matemática 517.2 (17.) 515.33 (18.)
2. Cálculo integral: Matemática 517.3 (17.) 515.43 (18.)

SUMÁRIO

Prefácio à sexta edição, xi

Prefácio à primeira edição, xiii

Capítulo 0 – Revisão, 1

1 Números reais – resumo operacional, 1
   1.1 Transformação de frações em números decimais, 1
   1.2 Transformação de números decimais em frações, 2
   1.3 Cálculo do valor de expressões numéricas, 4
   1.4 Cálculo de porcentagem, 5
   1.5 Potenciação, 6
2 Valor numérico de expressões algébricas, 9
3. Operações com expressões algébricas, 11
   3.1 Adição, subtração, multiplicação e divisão de expressões literais, 11
   3.2 Produtos notáveis, 14
   3.3 Fatoração, 16
   3.4 Simplificação, 17
   3.5 Exercícios especiais, 18
4 Equações do 1º grau, 18
5 Inequações do 1º grau, 20
6 Equações do 2º grau, 21
   6.1 Equações incompletas, 21
   6.2 Equações completas, 23
7 Sinal do trinômio do 2º grau, 25

8 Inequações do 2º grau, 28
9 Sistemas de equações do 1º grau, 29
10 Logaritmos, 31

Capítulo 1 – Conjuntos, 35

1 Conceito e notações, 35
2 Subconjunto, 36
3 Igualdade de conjuntos, 36
4 Subconjunto definido por uma propriedade, 37
5 Operações com conjuntos, 39
5.1 União, 39
5.2 Intersecção, 40
5.3 Diferença, 41
5.4 Complementação, 42
5.5 Produto cartesiano, 43
6 Conjuntos numéricos importantes, 47
7 Representação geométrica do conjunto *R*, 48
8 Valor absoluto de um número real, 48
9 Subconjuntos da reta, 51
10 Aplicações, 54
10.1 Número de elementos de um conjunto, 54
10.2 Espaços amostrais – eventos, 58

Capítulo 2 – Funções, 61

1 Conceito, 61
2 Igualdade de funções, 62
3 Operações com funções, 62
3.1 Soma, 63
3.2 Produto, 63
3.3 Quociente, 63
4 Considerações sobre o domínio de uma função, 64
5 Representação gráfica, 67
6 Funções usuais, 68
6.1 Função constante, 68
6.2 Função linear, 69
6.3 Função linear afim, 70
6.4 Significado dos parâmetros *A* e *B*, 70
6.5 Restrição das funções constante, linear e linear afim a subconjuntos da reta, 71
7 Função quadrática, 77
8 Aplicações, 82

8.1 Demanda de mercado, 82
8.2 Oferta de mercado, 91
8.3 Preço de equilíbrio e quantidade de equilíbrio, 100
8.4 Receita total, 104
8.5 Custo total, 109
8.6 Ponto de nivelamento (*break-even point*), 114
8.7 Lucro total, 115
9 Outras funções usuais, 122
9.1 Função polinômio, 122
9.2 Função potência de expoente racional, 122
9.3 Função exponencial (de base a), 123
9.4 Função logaritmo, 124
10 Funções crescentes e funções decrescentes num intervalo, 125
10.1 Função crescente, 125
10.2 Função estritamente crescente, 125
10.3 Função decrescente, 126
10.4 Função estritamente decrescente, 126
11 Limite de uma função, 128
11.1 Limite de uma função num ponto, 128
11.2 Limite no infinito, 137
11.3 Limite da soma, do produto e do quociente, 142

Capítulo 3 – Derivadas, 144

1 Taxa média de variação, 144
2 Aplicações, 148
2.1 Taxas crescentes a taxas decrescentes, 148
2.2 Exercícios propostos, 150
3 Derivada de uma função num ponto, 152
3.1 Introdução, 152
3.2 Definição, 153
4 Função derivada, 159
5 Derivada das funções usuais, 160
5.1 Derivada da função logaritmo, 160
5.2 Funções compostas, 160
5.3 Derivada de funções compostas, 164
5.4 Derivada da função potência, 164
5.5 Derivada da função constante, 164
5.6 Derivada do produto de uma constante por uma função, 164
5.7 Derivada da soma ou diferença de funções, 165
5.8 Cálculo da derivada da função $y = e^x$, 167

5.9 Cálculo da derivada da função $y = a^x$, $a > 0$ e $a \neq 1$, 167
5.10 Cálculo da derivada de algumas funções compostas, 168
5.11 Derivada do produto, 172
5.12 Derivada do quociente, 172
5.12 Tabela de derivadas, 174
6 Interpretação geométrica da derivada, 179
7 Diferencial de uma função, 182
8 Derivadas sucessivas de uma função, 185
9 Exercícios gerais de revisão, 187
10 Exercícios de aplicação das derivadas, 192
10.1 Elasticidade, 192
10.2 Produção e custo, 195

Capítulo 4 – Aplicações do estudo das derivadas, 202

1 Máximos e mínimos, 202
1.1 Máximos e mínimos relativos, 202
1.2 Máximos e mínimos absolutos, 203
2 O problema da determinação de máximos e mínimos, 204
2.1 Crescimento e decrescimento de funções, 205
2.2 Função estritamente crescente (E.C.) num intervalo, 206
2.3 Função estritamente decrescente (E.D.) num intervalo, 207
2.4 Primeiro critério para a localização de pontos de máximo e mínimo, 207
3 Concavidade e ponto de inflexão, 213
3.1 Concavidade voltada para cima (C.V.C.), 214
3.2 Concavidade voltada para baixo (C.V.B.), 215
3.3 Ponto de inflexão (P.I.), 216
3.4 Critério para a determinação da concavidade e dos pontos de inflexão, 216
4 Segundo critério para a localização de pontos de máximo e de mínimo, 222
5 Pesquisa de máximos e mínimos em casos gerais, 227
6 Representação gráfica, 231
7 Aplicações gerais, 239

Capítulo 5 – Integração, 242

1 Integral indefinida, 242
1.1 Definição, 242
1.2 Propriedades, 243
2. Integral indefinida de algumas funções usuais, 245
3 Tabela de integração, 255
4. Integração por partes, 257
5 Integral definida, 260

5.1 Definição, 260
5.2 Cálculo da integral definida, 261
6 Aplicações, 265
7 Integrais infinitas, 270
8 Aplicações, 274
8.1 Renda nacional, consumo e poupança, 274
8.2 Excedente do consumidor, 276
8.3 Excedente do produtor, 277
8.4 Investimento e formação de capital, 279

Apêndice, 282

Bibliografia, 297

PREFÁCIO À SEXTA EDIÇÃO

Passados alguns anos do lançamento da quinta edição, coletamos de colegas e alunos algumas sugestões para o aperfeiçoamento do texto de modo a torná-lo mais próximo do seu objetivo inicial: apresentar um trabalho que pudesse realmente ser lido com aproveitamento pelos alunos de Economia, Administração e Ciências Contábeis, além de outros cursos que utilizam a Matemática como ferramenta para o desenvolvimento da sua área profissional.

Resolvemos criar um Apêndice para receber o material que julgamos ser de exclusiva opção do professor apresentá-lo ou não. Essa decisão, como foi colocado por diversos colegas, depende de fatores que eles em princípio não controlam, como tempo para o desenvolvimento do material, o nível do conhecimento em Matemática Elementar, e outros fatores que se apresentam a cada nova turma atribuída ao mestre.

Dessa forma, deslocamos para o Apêndice demonstrações de teoremas que julgamos não essenciais (as demonstrações, não os teoremas) em um primeiro contato com o Cálculo Diferencial e Integral. Insistimos, mais uma vez, que sacrificamos em muitas ocasiões o rigor matemático, quando entendemos que uma linguagem menos precisa pudesse levar à compreensão de algum aspecto importante da questão em estudo.

Alguns exercícios propostos também foram deslocados, por apresentar uma complexidade maior, além da apresentação de outros que possuem aspectos interessantes, mas que podem ser deixados para outra etapa de estudo, dependendo das condições que o professor identifica em sua turma de alunos.

Esperamos ter interpretado corretamente as sugestões recebidas. Agradecemos, mais uma vez, aos colegas e estudantes e esperamos continuar a contar com a mesma receptividade com que nos distinguiram nesses muitos anos, desde a primeira edição em 1977.

Os Autores

PREFÁCIO À PRIMEIRA EDIÇÃO

Nas diversas Faculdades de Economia, Administração e Ciências Contábeis em que trabalhamos, ministrando cursos de graduação em Matemática, temos tido a oportunidade de constatar que a grande dificuldade com que lutam os alunos para obter um aproveitamento, pelo menos razoável, está ligada em geral ao insuficiente preparo em Matemática Elementar com que chegam ao curso superior.

Nestas circunstâncias, um dos grandes problemas com que se defronta o professor consiste na escolha de um livro-texto, pois, embora existam no mercado excelentes livros de Cálculo Diferencial e de Análise Matemática, é tarefa difícil encontrar um que contenha o material necessário numa linguagem acessível ao aluno médio da área.

O professor, via de regra, com pesada carga didática e, portanto, sem tempo para preparar material adequado de leitura para os alunos, é levado a seguir uma extensa bibliografia com a esperança de que eles a examinem e façam sua opção por um texto que consigam ler com aproveitamento.

No entanto, a despeito da possível orientação individual que o professor possa dar, coisa em geral difícil, em virtude do grande número de alunos por turma, a verdade é que, dadas as dificuldades de base que já mencionamos, os estudantes acabam por adotar o procedimento de copiar do quadro-negro a matéria que está sendo desenvolvida, na esperança de poder entendê-la posteriormente.

Deixando de ter participação efetiva na aula, o aluno perde consideravelmente em termos de aproveitamento enquanto para o professor resta o desalento de ver diminuído ainda mais o rendimento de seu esforço, como consequência daquela atitude.

Foi com o objetivo de tentar colaborar para a atenuação destas dificuldades que tomamos a iniciativa, com o apoio da EDITORA ATLAS, de redigir dois textos de Matemática para os cursos de Economia, Administração e Ciências Contábeis, que esperamos possam ser lidos com aproveitamento pelos alunos destas áreas.

No VOLUME I, desenvolvemos a parte que interessa para aquelas áreas do Cálculo Diferencial e Integral das funções de uma variável, enquanto o VOLUME 2 contém o suficiente para as mesmas áreas do Cálculo Diferencial das funções de várias variáveis.

Queremos deixar bem claro que não se trata de texto de Cálculo Diferencial para estudantes de Matemática ou Engenharia, mas de Cálculo Diferencial Elementar para estudantes das Faculdades de Economia, Administração e Ciências Contábeis. As aplicações que aparecem nos diversos capítulos são específicas para aquelas áreas e foram inseridas para servir aos alunos como primeiras ilustrações de aplicações bem mais profundas e interessantes que, certamente, serão estudadas nas disciplinas profissionais.

Os textos são facilmente criticáveis em inúmeros pontos se levarmos em consideração o rigor e o formalismo matemáticos.

Optamos por uma linguagem simples, intuitiva e muitas vezes não rigorosa, na tentativa de conseguir uma comunicação com o aluno com o objetivo de levar-lhe algumas ideias e o necessário preparo instrumental para o uso nos cursos de graduação profissionais.

Esperamos contar com a valiosa e indispensável colaboração de nossos colegas para o aperfeiçoamento destes textos de modo a adequá-los ao fim a que se destinam.

São Paulo, dezembro de 1976.

Os Autores

0 REVISÃO

Neste capítulo apresentaremos uma série de exercícios destinados aos alunos que necessitarem fazer uma revisão dos principais pontos de Álgebra Elementar de interesse para os capítulos seguintes.

1 NÚMEROS REAIS – RESUMO OPERACIONAL

1.1 Transformação de frações em números decimais

Dividindo, de modo usual, o numerador pelo denominador, transformar cada uma das frações seguintes em números decimais. Caso a divisão não seja exata, apresente o resultado com quatro casas decimais, usando a aproximação usual.

1. $\frac{4}{5}$
2. $\frac{1}{20}$
3. $\frac{8}{3}$
4. $\frac{1}{3}$
5. $\frac{23}{44}$
6. $\frac{10}{13}$
7. $\frac{16}{43}$
8. $\frac{15}{35}$
9. $\frac{140}{154}$
10. $\frac{29}{145}$

RESPOSTAS

1. 0,8
2. 0,05
3. 2,6667
4. 0,3333
5. 0,5227
6. 0,7692
7. 0,3721
8. 0,4286
9. 0,9091
10. 0,2

1.2 Transformação de números decimais em frações

Para transformar números decimais em números fracionários podemos utilizar o seguinte raciocínio, observando que os números estão escritos na base 10: multiplicamos o valor x a ser transformado sucessivamente pelas potências positivas da base 10, até obtermos duas igualdades em que os segundos membros sejam números com partes decimais idênticas. Em seguida, por subtração, eliminamos as partes decimais obtendo o número escrito na forma fracionária.

Exemplo:

Transformar em número fracionário: 23,453434...

$$\begin{aligned} 10.000x &= 234.534{,}343434... \\ 1.000x &= 23.453{,}434343 \\ 100x &= 2.345{,}34343434 \\ 10x &= 234{,}53434 \\ x &= 23{,}453434... \end{aligned}$$

$$\begin{aligned} 10.000x &= 234.534{,}3434... \\ 100x &= \quad 2.345{,}3434... \\ \hline 9.900x &= 234.534 - 2.345 \\ 9.900x &= 232.189 \\ x &= \frac{232.189}{9.900} \end{aligned}$$

Para a determinação das geratrizes das dízimas periódicas temos as seguintes regras:

REGRA 1 – A geratriz de uma dízima periódica simples (de parte inteira nula) é uma fração que tem para numerador o período e para denominador um número formado por tantos noves quantos forem os algarismos do período.

Esquematicamente, $\text{DPS} = \dfrac{\text{P.P.}}{\underset{\substack{\uparrow \\ p.p.}}{9...9}}$

Exemplo: $0{,}525252... = \dfrac{52}{99}$

REGRA 2 – A geratriz de uma dízima periódica composta (de parte inteira nula) é uma fração que tem para numerador a diferença entre o número formado pela parte não periódica acompanhada de um período e a parte não periódica; e, para denominador, um número formado de tantos noves quantos forem os algarismos do período, seguidos de tantos zeros quantos forem os algarismos da parte não periódica.

Esquematicamente, temos:

$$\frac{(p.n.p.)\,(p.p.) - (p.n.p.)}{\underset{\substack{\uparrow \\ p.p.}}{(9...)}\,\underset{\substack{\uparrow \\ p.n.p.}}{(0...)}}$$

$p.n.p.$ = parte não periódica

$p.p.$ = parte periódica

Exemplo: $0{,}32444... = \frac{324 - 32}{900} = \frac{292}{900} = \frac{73}{225}$

EXERCÍCIOS PROPOSTOS

Escrever na forma fracionária os seguintes números:

1. 0,75
2. 32,17
3. 0,0432
4. 0,017
5. 3,292
6. 14,001
7. 4,12
8. 110,431
9. 213,79
10. 0,421
11. 0,555...
12. 0,666...
13. 2,333...
14. 12,777...
15. 0,43181818...
16. 0,5241241241...
17. 4,59222...
18. 17,34434343...

RESPOSTAS

1. $\frac{3}{4}$
2. $\frac{3.217}{100}$
3. $\frac{27}{625}$
4. $\frac{17}{1.000}$
5. $\frac{823}{250}$
6. $\frac{14.001}{1.000}$
7. $\frac{103}{25}$
8. $\frac{110.431}{1.000}$
9. $\frac{21.379}{100}$
10. $\frac{421}{1.000}$
11. $\frac{5}{9}$
12. $\frac{2}{3}$

13. $\frac{7}{3}$ 15. $\frac{19}{44}$ 17. $\frac{4.133}{900}$

14. $\frac{115}{9}$ 16. $\frac{2.618}{4.995}$ 18. $\frac{171.709}{9.900}$

Obs.: As dízimas periódicas de período 9 não têm geratrizes no sentido anterior. Neste caso procedemos, por definição, como nos exemplos seguintes:

$$0,999... = 1$$

$$6,43999... = 6,44 = \frac{644}{100} = \frac{161}{25}$$

1.3 Cálculo do valor de expressões numéricas

Calcular o valor das expressões numéricas seguintes dando a resposta na forma de fração e na forma decimal com duas casas, caso a divisão não seja exata.

1. $\frac{4}{5}(3 + 0,4) - 3,21$

2. $0,22\,(11 - 0,3) + \frac{4}{7}$

3. $\frac{4}{3} + \frac{7}{5}\left(\frac{1}{2} + \frac{4}{9}\right) - \frac{1}{5}$

4. $\frac{112}{17} - \frac{9}{45} + \frac{3}{6} + 21$

5. $\left(\frac{43}{11} + \frac{1}{10}\right)\left(\frac{17}{8} - \frac{2}{5}\right)$

6. $\frac{1}{4,3 + 0,25} + 4$

7. $\dfrac{\frac{1}{2} + \frac{3}{5} + 1}{\frac{7}{3} - \frac{3}{7} + 9}$

8. $\dfrac{\frac{4}{7}\left(\frac{12}{5} - \frac{9}{3}\right)}{18\left(0,25 - \frac{4}{9}\right)}$

9. $$\dfrac{\dfrac{4}{7}+\dfrac{1}{2}\left(3-\dfrac{2}{5}\right)}{25+\dfrac{1}{4}(1-3)} \div \dfrac{\dfrac{5}{8}\left(\dfrac{1}{4}-3\right)}{0{,}17+5}$$

10. $$\left\{4+2\left[32-\dfrac{1}{4}\left(\dfrac{4}{6}-\dfrac{1}{8}\right)+2\right]+16\right\}$$

11. $$3\left\{-1+12\left[-13+4\left(1-\dfrac{1}{3}\right)-1\right]-1\right\}$$

12. $$\dfrac{\dfrac{4}{9}\left\{\dfrac{1}{2}-\left[\dfrac{1}{9}(9-1)+8\right]-\dfrac{3}{2}\right\}}{-\dfrac{2}{5}\left\{\dfrac{3}{4}-\left[\dfrac{4}{5}+1\right]-\dfrac{18}{7}\right\}+1}$$

13. $$\dfrac{0{,}214-3{,}22}{4{,}2323...-5{,}2} \div \dfrac{3{,}222...-1{,}74333...}{12{,}444...+26}$$

RESPOSTAS

1. $-\dfrac{49}{100}$; $-0{,}49$
2. $\dfrac{10.239}{3.500}$; 2,93
3. $\dfrac{221}{90}$; 2,46
4. $\dfrac{4.741}{170}$; 27,89
5. $\dfrac{30.429}{4.400}$; 6,92
6. $\dfrac{384}{91}$; 4,22
7. $\dfrac{441}{2.290}$; 0,19
8. $\dfrac{24}{245}$; 0,10
9. $-\dfrac{541.816}{2.358.125}$; $-0{,}23$
10. $\dfrac{4.211}{48}$; 87,73
11. -414
12. $-\dfrac{124.600}{69.417}$; $-1{,}79$
13. $\dfrac{51.483.762}{637.549}$; 80,75

1.4 Cálculo de porcentagem

Calcular (com quatro casas decimais, quando não exatos) os valores de:

1. 10% de 29 + 4,2% de 17
2. 5,3% de 18,45 – 3,4% de 2,7
3. 0,4% de 125 + 1,6% de 234,25
4. 4% de 1.439,25 + 3,6% de 17.432

RESPOSTAS

1. 3,614 2. 0,8861 3. 4,248 4. 685,122

1.5 Potenciação

1.5.1 Potência de expoente inteiro

Seja a um número real e m e n inteiros positivos. Então:

1. $a^n = \underbrace{a \cdot a \cdot \ldots \cdot a}_{n \text{ vezes}}$
2. $a^0 = 1$
3. $a^1 = a$
4. $a^{-n} = \dfrac{1}{a^n}, \ a \neq 0$
5. $a^n \times a^m = a^{n+m}$
6. $a^n \div a^m = a^{n-m}, \ a \neq 0$
7. $(a^m)^n = a^{mn}$
8. $\left(\dfrac{a}{b}\right)^n = \dfrac{a^n}{b^n}, \ b \neq 0$

Calcular o valor das expressões:

1. 2^3
2. $(-2)^3$
3. 2^0
4. 2^{-5}
5. $\left(\dfrac{2}{5}\right)^3$
6. $\left(2^3\right)^2$
7. $\left(\dfrac{1}{2}\right)^{-3}$
8. $\dfrac{3^7}{3^4}$
9. $\left((-1)^3\right)^4$
10. $(0,5)^3$
11. $(-0,1)^3$
12. $1 + (0,41)^2$
13. $\dfrac{1}{4} + 5^3 - 2^{-4}$
14. $-(-1)^3$
15. $2^{-3} + (-4)^{-5}$
16. $(0,333...)^2 + (2,181818...)^{-1}$
17. $\left(\dfrac{4}{5} - \dfrac{1}{2} + 1\right)^{-2} + \dfrac{1}{1 + 3^2 - (4-5)^{-2}}$
18. $4\left(\dfrac{3}{5} - \dfrac{1}{8}\right)^2 - \dfrac{1}{6}(-4+1)^{-1} + 1$
19. $-\dfrac{5}{3}(1-3)^3 + \dfrac{1}{7}(8-1)^{-1}$
20. $1 + \dfrac{\left(\dfrac{1}{3} - 1\right)^2 - 4(-1+5)^{-1}}{2 - 0,4\left(1 - \dfrac{2}{3}\right)^2}$

RESPOSTAS

1. 8	6. 64	11. $-0{,}001$	16. $\frac{41}{72}$
2. -8	7. 8	12. 1,1681	17. $\frac{1.069}{1.521}$
3. 1	8. 27	13. 125,1875	18. $\frac{7.049}{3.600}$
4. $\frac{1}{32}$	9. 1	14. 1	19. $\frac{1.963}{147}$
5. $\frac{8}{125}$	10. 0,125	15. $\frac{127}{1.024}$	20. $\frac{63}{88}$

1.5.2 Potência de expoente racional

1. Dados $a > 0$ e $n > 0$ inteiro, existe um só número real $b > 0$ tal que $b^n = a$. Este número b será indicado por $\sqrt[n]{a}$ ou por $a^{\frac{1}{n}}$ e tem o nome de raiz n-ésima de a. Quando $n = 2$ escrevemos simplesmente $\sqrt{a}$ em lugar de $\sqrt[2]{a}$.

   Exemplos: $\sqrt[3]{8} = 2$; $\sqrt{16} = 4$; $\sqrt[5]{32} = 2$

2. Dados $a < 0$ e $n > 0$ inteiro ímpar existe um só número $b < 0$ tal que $b^n = a$.

   Exemplos: $\sqrt[3]{-8} = -2$; $\sqrt[5]{-32} = -2$

3. **A equação** $x^n = a$ **com** $n > 0$ **inteiro, tem**:

   a. uma só solução $x = 0$ se $a = 0$;

   b. uma só solução de mesmo sinal que a se n ímpar;

   c. duas soluções simétricas, $\pm \sqrt[n]{a}$ se n par e $a > 0$.

   Se $a < 0$ e n é par, a equação não tem solução real.

   Exemplos: $x^2 = 0 \Rightarrow x = 0$

   $x^3 = 8 \Rightarrow x = 2$

   $x^3 = -8 \Rightarrow x = -2$

   $x^2 = 4 \Rightarrow x = \pm \sqrt{4} = \pm 2$

   $x^4 = -1 \Rightarrow$ não tem solução real

4. *Definição*. Se a é um número real qualquer e m e n são inteiros positivos, definimos:

a. $a^{\frac{m}{n}} = \left(\sqrt[n]{a}\right)^m$ quando $\sqrt[n]{a}$ existe;

b. se $a \neq 0$, $a^{-\frac{m}{n}} = \dfrac{1}{a^{\frac{m}{n}}}$

Exemplos: $4^{\frac{3}{2}} = \left(\sqrt{4}\right)^3 = 2^3 = 8$

$(-64)^{\frac{4}{3}} = \left(\sqrt[3]{-64}\right)^4 = (-4)^4 = 256$

$(25)^{-\frac{1}{2}} = \dfrac{1}{(25)^{\frac{1}{2}}} = \dfrac{1}{\sqrt{25}} = \dfrac{1}{5}$

$(-27)^{-\frac{2}{3}} = \dfrac{1}{(-27)^{\frac{2}{3}}} = \dfrac{1}{\left(\sqrt[3]{-27}\right)^2} = \dfrac{1}{(-3)^2} = \dfrac{1}{9}$

$(-25)^{\frac{3}{2}}$ não é um número real, pois não existe $\sqrt{-25}$ no conjunto dos números reais.

EXERCÍCIOS PROPOSTOS

Calcular:

1. $\sqrt{49}$
2. $\sqrt[3]{-125}$
3. $\sqrt{0{,}04}$
4. $\sqrt[3]{-0{,}008}$
5. $(256)^{\frac{3}{4}}$
6. $(-1)^{\frac{3}{5}}$
7. $(343)^{-\frac{2}{3}}$
8. $(-216)^{-\frac{4}{3}}$
9. $\dfrac{1}{\sqrt{9}}\left(\sqrt[3]{-8} + 5\sqrt[5]{-32}\right)$
10. $\dfrac{1}{4^{\frac{5}{2}} - 2\sqrt[3]{-729}}$
11. $\dfrac{\frac{4}{3}\sqrt{10.000} + \frac{1}{\sqrt[4]{16}}}{\sqrt{82{,}81} + 1}$
12. $-\sqrt{36} + \dfrac{1}{\sqrt{9} - \sqrt[3]{-8}}$

RESPOSTAS

1. 7	4. $-0{,}2$	7. $\frac{1}{49}$	10. $\frac{1}{50}$
2. -5	5. 64	8. $\frac{1}{1.296}$	11. $\frac{4.015}{303}$
3. 0,2	6. -1	9. -4	12. $-\frac{29}{5}$

2 VALOR NUMÉRICO DE EXPRESSÕES ALGÉBRICAS

Em cada uma das expressões seguintes, substituir x pelo valor dado e calcular, quando possível, o valor da correspondente expressão numérica.

1. $y = x^3 - 2x + 1; x = -1$
2. $y = x^5 - x^4 + 5; x = 1$
3. $x = \frac{x^5}{5} + \frac{x^4}{4} - 1; x = -1$
4. $y = -(x-1)^3 + (1-x)^2 + 1; x = -1$
5. $y = \frac{4}{3}(1-x^3)^2 + \frac{1}{2}(x-1)^2; x = -\frac{1}{2}$
6. $y = -\frac{1}{2}\left(1 - x^5\right)^3 + \frac{2}{3}\left(1 - \frac{1}{2}x\right)^2; x = 1$
7. $y = -\left(4x - \frac{1}{2}\right)^{-2} + \frac{1}{2}; x = \frac{1}{2}$
8. $y = \frac{4x^3 - 2x + 1}{3x - 2}; x = -2$
9. $y = \left(\frac{1}{x-1}\right)^2 + \left(\frac{2x}{x-3}\right)^3 + 1; x = 2$
10. $y = \left(\frac{1-3x^3}{2-x^5}\right)\left(9 - \frac{1-3x}{2x}\right)^2; x = -1$
11. $y = \frac{\frac{1}{x} + \frac{2}{x-3}}{4x-3} + 2; x = \frac{1}{2}$
12. $y = \frac{(4+x)^3 - 4^3}{x-4}; x = -2$

13. $y = \sqrt{4 - x^2}$; $x = -2$

14. $y = \dfrac{1}{\sqrt{1 - x^3}}$; $x = -1$

15. $y = \dfrac{1}{\sqrt{x}} + 2\sqrt{x + 12}$; $x = 4$

16. $y = \dfrac{\sqrt{x + 0{,}61} - \sqrt{x}}{0{,}1}$; $x = 9$

17. $y = \dfrac{x + x\sqrt[3]{x}}{1 - x}$; $x = -1$

18. $y = \dfrac{\sqrt[3]{x} - \sqrt{x}}{1 + \sqrt{x}}$; $x = 0$

19. $y = \dfrac{1}{x^2 - 4} + 1$; $x = -2$

20. $y = \dfrac{x^2 - 9}{x - 3}$; $x = -3$

RESPOSTAS

1. $y = 2$
2. $y = 5$
3. $y = -\dfrac{19}{20}$
4. $y = 13$
5. $y = \dfrac{45}{16}$
6. $y = \dfrac{1}{6}$
7. $y = \dfrac{1}{18}$
8. $y = \dfrac{27}{8}$
9. $y = -62$
10. $y = \dfrac{484}{3}$
11. $y = \dfrac{4}{5}$
12. $y = \dfrac{28}{3}$
13. $y = 0$
14. $y = \dfrac{\sqrt{2}}{2}$
15. $y = \dfrac{17}{2}$
16. $y = 1$
17. $y = 0$
18. $y = 0$
19. A expressão não está definida para $x = -2$
20. $y = 0$

3. OPERAÇÕES COM EXPRESSÕES ALGÉBRICAS

3.1 Adição, subtração, multiplicação e divisão de expressões literais

EXERCÍCIOS PROPOSTOS

Efetuar as operações indicadas em cada um dos casos seguintes:

1. $(4b + 3c - a) + (4a - 3b - 2c)$
2. $(5ab - 3c + 4d) + (-2d + 3c - 4ab)$
3. $(xy - 3x^2 + 1) + (3 + 5x^2 - 3xy)$
4. $\left(\frac{1}{2}xy^2 - 2x + y\right) + \left(4x - 2y + \frac{1}{4}x^2y\right)$
5. $(5xy - x^3 + 4y) + (5 + 2x^3 - 4y - 6xy)$
6. $(10x + 20y) - (5x + 15y)$
7. $(xy^3 - 2xy + 1) - (4xy + 5 + 2xy^3)$
8. $(x^2 + 2xy + 3y^2) - (x^2 - 2xy + 3y^2)$
9. $\left(\frac{1}{4}xy - 3x^2 + 10y^2\right) - \frac{1}{4}\left(xy - \frac{1}{3}x^2 + y^2\right)$
10. $(-x^3 + 2xy + 4) - (2x^3 + 2xy + 8)$
11. $(4x^2 - 3y + xy) + (3y - xy + 2x^2) - (xy - x^2)$
12. $-2(x - y + z^2) + 4(z^2 + y - x) + (1 - x - y)$
13. $\left(\frac{3}{5}x^2y - 2zh\right) + \left(1 + 2zh + \frac{2}{5}x^2y\right) - \left(x^2y + 1\right)$
14. $(5a)(-7c)$
15. $(4a^2b)(-7ab^2)$
16. $(-5xy^3)(-7x^3y)$
17. $\left(\frac{4}{5}xy\right)^2(4x)$
18. $(x + y^2 + 4)(x + 1)$
19. $(x^2 + 2y)(3x - 2y)$
20. $(x + y)(x - y)$

21. $(4x - 3y)(4x + 3y)$

22. $4x^2(3x - 2y + 5)$

23. $\frac{2}{5}x^2\left(1 - 2x^3 + \frac{1}{4}x\right)$

24. $xy(x^2 - y^2)$

25. $(x^2y - 3xy^2)(4xy)$

26. $(x + y - z)(-x + y + z)$

27. $(x - y)(x + y)(2z)$

28. $\left(\frac{4}{3}xy^2 - 1\right)\left(2x - xy^2\right)$

29. $\left(-\frac{4}{5}x + 2y\right)\left(2y + \frac{5}{4}x\right)$

30. $(8x^2) \div (4x^2)$

31. $(xy) \div (4xy^2)$

32. $4x^2y^3 \div 10xy^3$

33. $3a^2b^4 \div 5a^4b^2$

34. $(5x^2y^3 + 4x^4y - 3xy^2) \div (2xy)$

35. $\left(\frac{1}{5}x^3y + 4x + \frac{1}{8}y\right) \div \frac{5}{8}x^2y$

36. $(a^{2n} + b^{2n+1}) \div (4a^{-n})$

37. $\frac{5x + y}{4} \div \frac{7}{5x + y}$

38. $[4x(y^2 - 2y)] \div 12xy$

39. $(4xy - 2)^2 \div 16xy$

40. $(12x^3y^5 - 16x^4y^3 + 20x^5y^2) \div (4x^2y)$

41. $(x^4 - 16) \div (x + 2)$

42. $(3xy)^{-1} \div 4xy^2$

RESPOSTAS

1. $3a + b + c$
2. $ab + 2d$
3. $-2xy + 2x^2 + 4$
4. $\frac{1}{2}xy^2 + 2x - y + \frac{1}{4}x^2y$
5. $-xy + x^3 + 5$
6. $5x + 5y$
7. $-xy^3 - 6xy - 4$
8. $4xy$
9. $-\frac{35}{12}x^2 + \frac{39}{4}y^2$
10. $-3x^3 - 4$
11. $7x^2 - xy$
12. $-7x + 5y + 2z^2 + 1$
13. 0
14. $-35ac$
15. $-28a^3b^3$
16. $35x^4y^4$
17. $\frac{64}{25}x^3y^2$
18. $x^2 + xy^2 + 5x + y^2 + 4$
19. $3x^3 - 2x^2y + 6xy - 4y^2$
20. $x^2 - y^2$
21. $16x^2 - 9y^2$
22. $12x^3 - 8x^2y + 20x^2$
23. $\frac{2}{5}x^2 - \frac{4}{5}x^5 + \frac{1}{10}x^3$
24. $x^3y - xy^3$
25. $4x^3y^2 - 12x^2y^3$
26. $-x^2 + 2zx + y^2 - z^2$
27. $2zx^2 - 2zy^2$
28. $\frac{8}{3}x^2y^2 - 2x - \frac{4}{3}x^2y^4 + xy^2$
29. $\frac{9}{10}xy - x^2 + 4y^2$
30. 2
31. $\frac{1}{4y}$
32. $\frac{2x}{5}$
33. $\frac{3b^2}{5a^2}$
34. $\frac{5xy^2}{2} + 2x^3 - \frac{3}{2}y$
35. $\frac{8}{25}x + \frac{32}{5xy} + \frac{1}{5x^2}$
36. $\frac{a^{3n}}{4} + \frac{b^{2n+1} \times a^n}{4}$
37. $\frac{25x^2 + 10xy + y^2}{28}$
38. $\frac{y-2}{3}$
39. $xy - 1 + \frac{1}{4xy}$
40. $3xy^4 - 4x^2y^2 + 5x^3y$
41. $x^3 - 2x^2 + 4x - 8$
42. $\frac{1}{12x^2y^3}$

3.2 Produtos notáveis

$$(a + b)^2 = a^2 + 2ab + b^2$$

$$(a - b)^2 = a^2 - 2ab + b^2$$

$$(a + b)^3 = a^3 + 3a^2b + 3ab^2 + b^3$$

$$(a - b)^3 = a^3 - 3a^2b + 3ab^2 - b^3$$

$$(a + b)(a - b) = a^2 - b^2$$

EXERCÍCIOS PROPOSTOS

Desenvolver os produtos indicados:

1. $(x + 1)^2$
2. $(2x + 5)^2$
3. $(1 + 2y)^2$
4. $(3x + 4y)^2$
5. $\left(\frac{1}{2}x + \frac{1}{4}\right)^2$
6. $\left(\sqrt{2} + \frac{x}{\sqrt{2}}\right)^2$
7. $(x - 1)^2$
8. $(1 - 2y)^2$
9. $(3x - 5y)^2$
10. $\left(\frac{4}{5}x - \frac{2}{3}y\right)^2$
11. $\left(\frac{2x - 3}{5}\right)^2$
12. $\left(\frac{4 - 3x}{7}\right)^2$
13. $\left(\frac{x + 1}{x - 1}\right)^2$
14. $\left(\frac{1}{x} - y\right)^2$
15. $\left(\frac{x}{2} - \frac{1}{x}\right)^2$
16. $(x + 1)^3$
17. $(x - 1)^3$
18. $(2 - x)^3$
19. $\left(\frac{1}{2} + x\right)^3$
20. $(2x - y)^3$

3.4 Simplificação

Simplificar as expressões seguintes:

1. $\frac{6x}{3}$
2. $\frac{4x+6}{2}$
3. $\frac{3x^2+9x}{3x}$
4. $\frac{16xy^2-24x^2y}{xy}$
5. $\frac{3x^4-10x^2}{x^5-x^2}$
6. $\frac{x^2-9}{x-3}$
7. $\frac{x^2-16}{x+4}$
8. $\frac{x+7}{x^2-49}$
9. $\frac{x^2-9}{x^2-6x+9}$
10. $\frac{x^2+10x+25}{x+5}$
11. $\frac{(x+3)^2}{x^2-9}$
12. $\frac{x^2-36}{(x-6)^2}$
13. $\frac{2x-2}{(x-1)^2}$
14. $\frac{x^2-36}{x^2+6x}$
15. $\frac{4}{1-x}+\frac{5}{1+x}$
16. $\frac{x}{3-x}+\frac{10x}{(3-x)^2}$
17. $\frac{4}{xy}-\frac{x+y}{3x}$
18. $\frac{x-1}{x+1}+\frac{x+1}{x-1}$
19. $\frac{1}{(x-3)^2}-\frac{5}{(x-3)^3}$
20. $\frac{y-z}{x+w} \div \frac{y^2-z^2}{x^2-w^2}$

RESPOSTAS

1. $2x$
2. $2x+3$
3. $x+3$
4. $16y-24x$
5. $\frac{3x^2-10}{x^3-1}$
6. $x+3$
7. $x-4$
8. $\frac{1}{x-7}$
9. $\frac{x+3}{x-3}$
10. $x+5$
11. $\frac{x+3}{x-3}$
12. $\frac{x+6}{x-6}$
13. $\frac{2}{x-1}$
14. $\frac{x-6}{x}$
15. $\frac{9-x}{1-x^2}$
16. $\frac{13x-x^2}{(3-x)^2}$
17. $\frac{12-xy-y^2}{3xy}$
18. $\frac{2x^2+2}{x^2-1}$
19. $\frac{x-8}{(x-3)^3}$
20. $\frac{x-w}{y+z}$

3.5 Exercícios especiais

1. Mostrar que: $\dfrac{\sqrt{x} - \sqrt{a}}{x - a} = \dfrac{1}{\sqrt{x} + \sqrt{a}}$

2. Mostrar que: $a^3 - b^3 = (a - b)\,(a^2 + ab + b^2)$

3. Mostrar que: $\dfrac{\sqrt[3]{x} - \sqrt[3]{a}}{x - a} = \dfrac{1}{\left(\sqrt[3]{x}\right)^2 + \sqrt[3]{ax} + \left(\sqrt[3]{a}\right)^2}$

4. Mostrar que: $\dfrac{A^n - B^n}{A - B} = A^{n-1} + A^{n-2}B + A^{n-3}B^2 + \ldots + B^{n-1}$

4 EQUAÇÕES DO 1º GRAU

Forma Geral: $Ax = B, \qquad A \neq 0$

Solução: $x = \dfrac{B}{A}$

Exemplos:

1. $4x = 8 \Rightarrow x = \dfrac{8}{4} = 2 \therefore \boxed{x = 2}$

2. $\dfrac{1}{2}x = \dfrac{3}{4} \Rightarrow x = \dfrac{\frac{3}{4}}{\frac{1}{2}} = \dfrac{3}{4}\cdot\dfrac{2}{1} = \dfrac{6}{4} = \dfrac{3}{2} \therefore \boxed{x = \dfrac{3}{2}}$

3. $\dfrac{x+1}{3} = \dfrac{x-5}{9} \Rightarrow 9\,(x+1) = 3\,(x-5) \Rightarrow$

$\Rightarrow 9x + 9 = 3x - 15 \Rightarrow 9x - 3x = -15 - 9 \Rightarrow 6x = -24 \Rightarrow$

$\Rightarrow x = \dfrac{-24}{6} = -4 \qquad \therefore \boxed{x = -4}$

EXERCÍCIOS PROPOSTOS

Resolver cada uma das equações seguintes:

1. $3x = 9$
2. $-2x = 18$
3. $4x = -27$
4. $\frac{3}{4}x = \frac{2}{5}$
5. $-\frac{1}{2}x = \frac{4}{7}$
6. $\frac{3}{5}x = -\frac{7}{8}$
7. $0{,}2x = \frac{1}{5}$
8. $\frac{3}{7}x = -0{,}42$
9. $0{,}24x = 0{,}72$
10. $-0{,}5x = 4{,}5$
11. $10 + x = 9 - 2x$
12. $x\,[1 + 2\,(3 - 1)] = 4x - 7$
13. $4 + [x - (2 + 1)^2 + 1] = 6 - x\,(1 - 2)^2$
14. $\frac{2x + 4}{9} = \frac{1}{6}$
15. $\frac{4 - 10x}{25} = \frac{1}{5}$
16. $\frac{10x - 4}{6} = \frac{8x - 20}{4}$
17. $\frac{4}{5x + 1} = \frac{9}{10x + 6}$
18. $\frac{\frac{1}{4} + \frac{2}{3}x}{1 + \frac{9}{2}} = \frac{\frac{1}{5} - \frac{3}{2}x}{\frac{4}{7} + \frac{2}{3}}$
19. $mx = 4 - 2px$
20. $h + dx = 1 - 2p^2x$

RESPOSTAS

1. $x = 3$
2. $x = -9$
3. $x = -\frac{27}{4}$
4. $x = \frac{8}{15}$
5. $x = -\frac{8}{7}$
6. $x = -\frac{35}{24}$
7. $x = 1$
8. $x = -\frac{49}{50}$
9. $x = 3$
10. $x = -9$
11. $x = -\frac{1}{3}$
12. $x = -7$
13. $x = 5$
14. $x = -\frac{5}{4}$
15. $x = -\frac{1}{10}$
16. $x = 13$
17. $x = 3$
18. $x = \frac{996}{11.435}$
19. $x = \frac{4}{m + 2p}$, $m \neq -2p$
20. $x = \frac{1 - h}{d + 2p^2}$, $d \neq -2p^2$

5 INEQUAÇÕES DO 1º GRAU

$$Ax \geq B \Rightarrow \begin{cases} x \geq \dfrac{B}{A} & se\ A > 0 \\ x \leq \dfrac{B}{A} & se\ A < 0 \end{cases}$$

$$Ax \leq B \Rightarrow \begin{cases} x \leq \dfrac{B}{A} & se\ A > 0 \\ x \geq \dfrac{B}{A} & se\ A < 0 \end{cases}$$

Exemplos:

1. $4x \geq 8 \Rightarrow x \geq \dfrac{8}{4} = 2 \therefore x \geq 2$

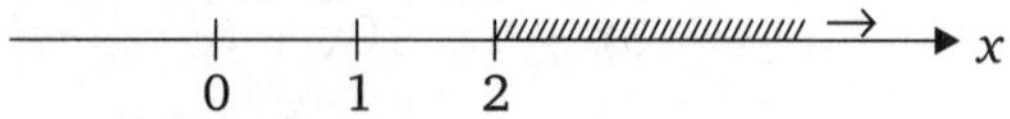

2. $-5x \geq 10 \Rightarrow x \leq \dfrac{10}{-5} = -2 \therefore x \leq -2$

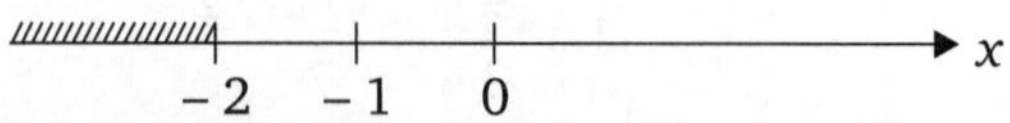

3. $10x \leq 40 \Rightarrow x \leq \dfrac{40}{10} = 4 \therefore x \leq 4$

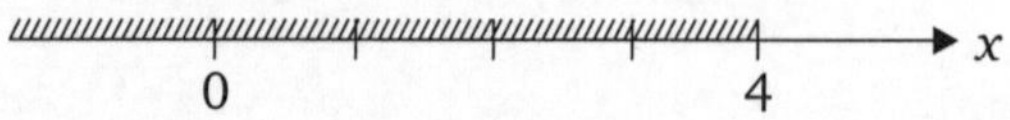

4. $-5x \leq 15 \Rightarrow x \geq \dfrac{15}{-5} = -3 \therefore x \geq -3$

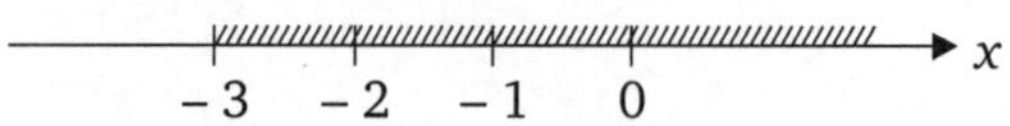

EXERCÍCIOS PROPOSTOS

Resolver as desigualdades seguintes:

1. $5x \geq 20$
2. $10x \geq 100$
3. $2x \leq 8$
4. $3x \leq 6$
5. $-4x \geq 16$
6. $-2x \leq 10$
7. $-5x \geq -10$
8. $\dfrac{1}{2}x \leq \dfrac{3}{4}$
9. $\dfrac{1}{5}x \geq \dfrac{3}{8}$
10. $0{,}4x \leq 0{,}9$

11. $-0{,}2x \geq 0{,}6$

12. $-0{,}1x \leq -0{,}4$

13. $-x \geq 8$

14. $\dfrac{x+1}{3} \geq 4$

15. $\dfrac{1-x}{4} \leq 10$

16. $\dfrac{2-x}{5} \leq \dfrac{4x+1}{3}$

17. $\dfrac{9}{5}x + \dfrac{1}{4} \leq \dfrac{2}{3}x + 1$

18. $-\dfrac{1}{3}x + \dfrac{1}{7} \geq -x + 5$

19. $0{,}4x - \dfrac{1}{2} \leq -0{,}2x + 3$

20. $4 \leq -0{,}9x + 3$

RESPOSTAS

1. $x \geq 4$
2. $x \geq 10$
3. $x \leq 4$
4. $x \leq 2$
5. $x \leq -4$
6. $x \geq -5$
7. $x \leq 2$
8. $x \leq \dfrac{3}{2}$
9. $x \geq \dfrac{15}{8}$
10. $x \leq \dfrac{9}{4}$
11. $x \leq -3$
12. $x \geq 4$
13. $x \leq -8$
14. $x \geq 11$
15. $x \geq -39$
16. $x \geq \dfrac{1}{23}$
17. $x \leq \dfrac{45}{68}$
18. $x \geq \dfrac{51}{7}$
19. $x \leq \dfrac{35}{6}$
20. $x \leq -\dfrac{10}{9}$

6 EQUAÇÕES DO 2º GRAU

6.1 Equações incompletas

6.1.1 $\boxed{Ax^2 + C = 0}$ $(A \neq 0)$

Solução:

$$Ax^2 + C = 0$$

$$Ax^2 = -C$$

$$x^2 = \frac{-C}{A}$$

$$x = \pm\sqrt{\frac{-C}{A}}$$

Se $\frac{-C}{A} \geq 0$, a equação admite as soluções reais:

$$\begin{cases} x = -\sqrt{\frac{-C}{A}} \\ x = +\sqrt{\frac{-C}{A}} \end{cases}$$

Se $\frac{-C}{A} < 0$, a equação não admite solução real.

Exemplos:

1. $4x^2 - 16 = 0 \Rightarrow 4x^2 = 16 \therefore x^2 = \frac{16}{4} = 4$

$$\therefore x = \pm\sqrt{4} = \pm 2 \qquad \begin{cases} x = 2 \\ x = -2 \end{cases}$$

2. $-3x^2 + 27 = 0 \Rightarrow -3x^2 = -27 \therefore x^2 = \frac{-27}{-3}$

$$\therefore x^2 = 9 \therefore x = \pm\sqrt{9} = \pm 3 \begin{cases} x = 3 \\ x = -3 \end{cases}$$

3. $\frac{1}{4}x^2 - \frac{3}{4} = 0 \Rightarrow \frac{1}{4}x^2 = \frac{3}{4} \therefore x^2 = \frac{\frac{3}{4}}{\frac{1}{4}}$

$$\therefore x^2 = \frac{3}{4} \cdot \frac{4}{1} = 3 \therefore x = \pm\sqrt{3} \begin{cases} x = \sqrt{3} \\ x = -\sqrt{3} \end{cases}$$

6.1.2 $\boxed{Ax^2 + Bx = 0}$ $(A \neq 0, B \neq 0)$

Solução: $Ax^2 + Bx = 0$

$$x(Ax + B) = 0 \Rightarrow \begin{cases} x = 0 \\ \text{ou} \\ Ax + B = 0 \end{cases} \Rightarrow \begin{cases} x = 0 \\ \text{ou} \\ Ax = -B \end{cases} \Rightarrow \begin{cases} x = 0 \\ \text{ou} \\ x = \frac{-B}{A} \end{cases}$$

A equação admite as soluções reais $\begin{cases} x = 0 \\ x = \frac{-B}{A} \end{cases}$

Exemplos:

1. $4x^2 - 10x = 0 \Rightarrow x\,(4x - 10) = 0 \Rightarrow \begin{cases} x = 0 \\ 4x - 10 = 0 \end{cases}$

$$\Rightarrow \begin{cases} x = 0 \\ 4x = 10 \end{cases} \Rightarrow \begin{cases} x = 0 \\ x = \dfrac{10}{4} = \dfrac{5}{2} \end{cases} \therefore \begin{cases} x = 0 \\ x = \dfrac{5}{2} \end{cases}$$

2. $\dfrac{3}{4}x^2 + \dfrac{5}{3}x = 0 \Rightarrow x\left(\dfrac{3}{4}x + \dfrac{5}{3}\right) = 0 \Rightarrow$

$$\Rightarrow \begin{cases} x = 0 \\ \dfrac{3}{4}x + \dfrac{5}{3} = 0 \end{cases} \Rightarrow \begin{cases} x = 0 \\ \dfrac{3}{4}x = -\dfrac{5}{3} \end{cases} \Rightarrow$$

$$\Rightarrow \begin{cases} x = 0 \\ x = \dfrac{-\dfrac{5}{3}}{\dfrac{3}{4}} = -\dfrac{20}{9} \end{cases} \therefore \begin{cases} x = 0 \\ x = -\dfrac{20}{9} \end{cases}$$

6.2 Equações completas

$\boxed{Ax^2 + Bx + C = 0}$ $(A \neq 0, B \neq 0, C \neq 0)$

Solução geral:

$$x = \frac{-B \pm \sqrt{B^2 - 4AC}}{2A}$$

– Se $\Delta = B^2 - 4AC > 0$, a equação tem duas raízes reais distintas:

$$x = \frac{-B + \sqrt{\Delta}}{2A}$$

$$x = \frac{-B - \sqrt{\Delta}}{2A}$$

– Se $\Delta = B^2 - 4AC = 0$, a equação tem duas raízes reais e iguais:

$$x = -\frac{B}{2A}$$

– Se $\Delta = B^2 - 4AC < 0$, a equação não tem raízes reais.

Exemplos:

1. $x^2 - 7x + 12 = 0$

$$\left.\begin{array}{l} A = 1 \\ B = -7 \\ C = 12 \end{array}\right\} \Rightarrow \Delta = B^2 - 4AC = 1 \therefore x = \frac{-B \pm \sqrt{\Delta}}{2A} = \frac{7 \pm \sqrt{1}}{2}$$

$$\therefore x = \frac{7 \pm 1}{2} \therefore \begin{cases} x = \dfrac{7+1}{2} = 4 \\ x = \dfrac{7-1}{2} = 3 \end{cases}$$

2. $\frac{1}{2}x^2 - \frac{2}{3}x + 1 = 0 \Rightarrow 3x^2 - 4x + 6 = 0$

$$\left.\begin{array}{l} A = 3 \\ B = -4 \\ C = 6 \end{array}\right\} \Rightarrow B^2 - 4AC = -56$$

$\therefore$ a equação não tem raízes reais.

EXERCÍCIOS PROPOSTOS

1. $x^2 - 5x + 6 = 0$
2. $x^2 + 7x + 10 = 0$
3. $x^2 - 2x - 15 = 0$
4. $-x^2 + 10x - 21 = 0$
5. $x^2 - 4x + 4 = 0$
6. $4x^2 + 4x + 1 = 0$
7. $x^2 - \frac{11}{2}x + \frac{5}{2} = 0$
8. $x^2 + x = -1$
9. $3x^2 = 5x - 10$
10. $x^2 = -x$
11. $x^2 = 16$
12. $5x^2 + 1 = 0$
13. $\frac{1}{4}x^2 - 4x = -16$
14. $x^2 = 0$
15. $3x^2 = 0$
16. $x^2 = 5$
17. $3x^2 = 9$
18. $x^2 - 4x = 3x + 8$
19. $x^2 - 3x = 2x - 6$
20. $2x(x + 1) = 0$
21. $\frac{x(2x + 1)}{3} = 5$

RESPOSTAS

1. $x = 2; x = 3$
2. $x = -5; x = -2$
3. $x = -3; x = 5$
4. $x = 3; x = 7$
5. $x = 2$
6. $x = -\frac{1}{2}$
7. $x = \frac{1}{2}; x = 5$
8. não tem solução real.
9. não tem solução real.
10. $x = 0; x = -1$
11. $x = -4; x = 4$
12. não tem solução real.
13. $x = 8$
14. $x = 0$
15. $x = 0$
16. $x = -\sqrt{5}; x = +\sqrt{5}$
17. $x = -\sqrt{3}; x = +\sqrt{3}$
18. $x = -1; x = 8$
19. $x = 2; x = 3$
20. $x = 0; x = -1$
21. $x = -3; x = 2,5$

7 SINAL DO TRINÔMIO DO 2º GRAU

$$y = Ax^2 + Bx + C$$

1. Se $\Delta = B^2 - 4AC > 0$, a equação $Ax^2 + Bx + C = 0$ tem duas raízes reais distintas, x' e x''. Neste caso:

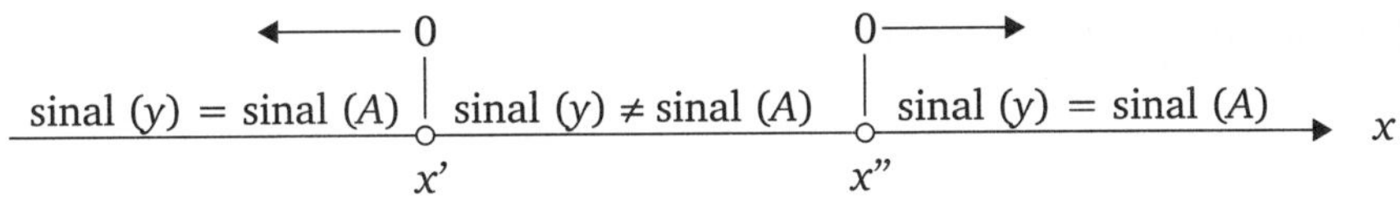

2. Se $\Delta = B^2 - 4AC = 0$, a equação $Ax^2 + Bx + C = 0$ tem duas raízes reais e iguais $x' = x'' = -\dfrac{B}{2A}$. Neste caso:

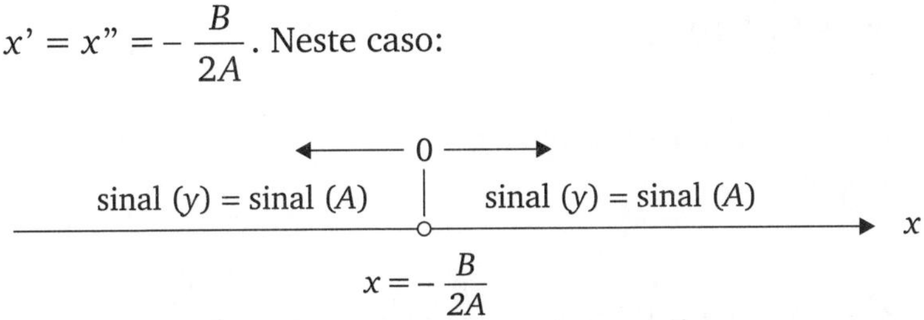

3. Se $\Delta = B^2 - 4AC < 0$, a equação $Ax^2 + Bx + C = 0$ não tem raízes reais. Então:

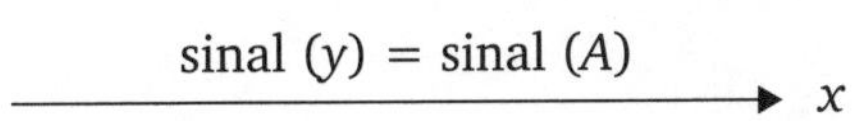

Exemplos:

1. $y = x^2 - 7x + 12$

$$\left.\begin{array}{l} A = 1 \\ B = -7 \\ C = 12 \end{array}\right\} \Rightarrow \Delta = B^2 - 4AC = 1$$

$$\therefore\ x^2 - 7x + 12 = 0 \Rightarrow x = \frac{-B \pm \sqrt{\Delta}}{2A} = \frac{+7 \pm 1}{2}$$

$$\therefore x = \frac{7+1}{2} = 4$$

$$x = \frac{7-1}{2} = 3$$

Como $A > 0$ temos:

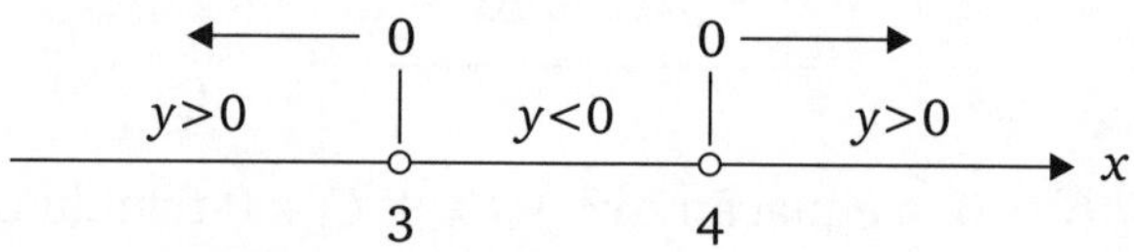

ou esquematicamente:

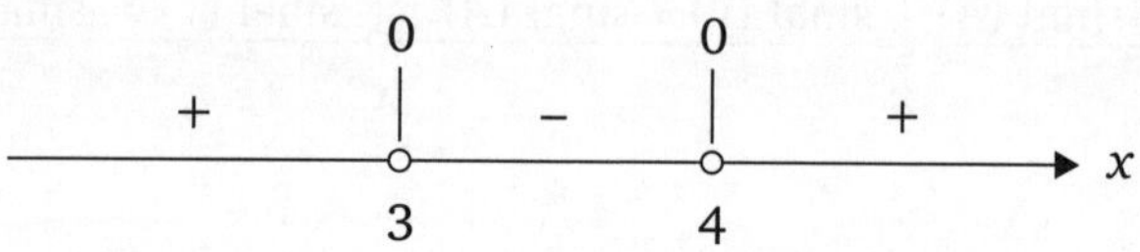

2. $y = -x^2 + 7x - 10$

$$\left.\begin{array}{l} A = -1 \\ B = 7 \\ C = -10 \end{array}\right\} \Rightarrow \Delta = B^2 - 4AC = 9$$

$$\therefore\ -x^2 + 7x - 10 = 0 \Rightarrow x = \frac{-B \pm \sqrt{\Delta}}{2A} = \frac{-7 \pm \sqrt{9}}{-2}$$

$$\therefore x = \frac{-7+3}{-2} = 2$$

$$x = \frac{-7-3}{-2} = 5$$

Como $A < 0$ temos:

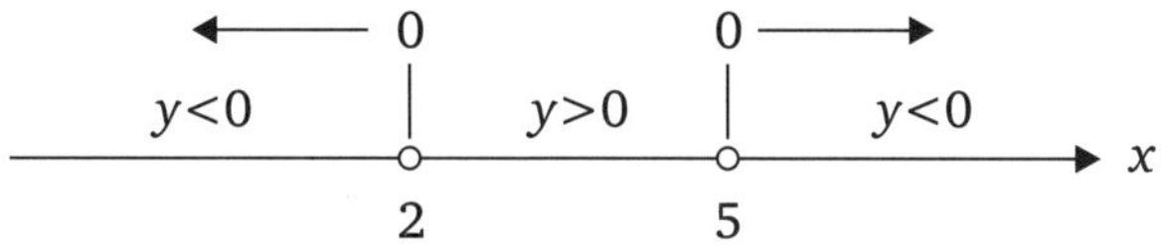

ou

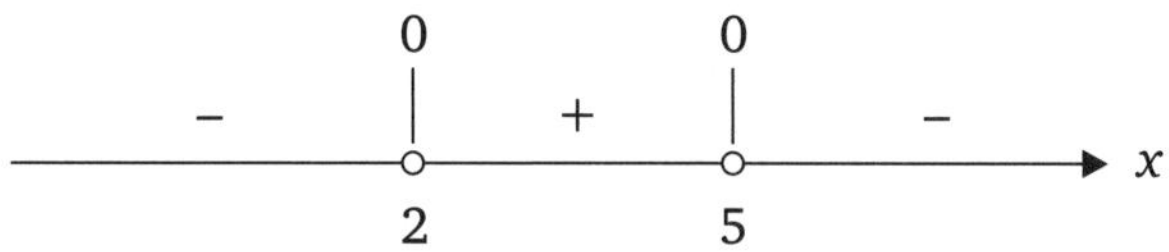

3. $y = 4x^2$

$$\left.\begin{array}{l} A = 4 \\ B = 0 \\ C = 0 \end{array}\right\} \Rightarrow \Delta = B^2 - 4AC = 0$$

$\therefore$ sinal (y) = sinal (A) para todo $x \neq 0$.

Como $A > 0$ temos:

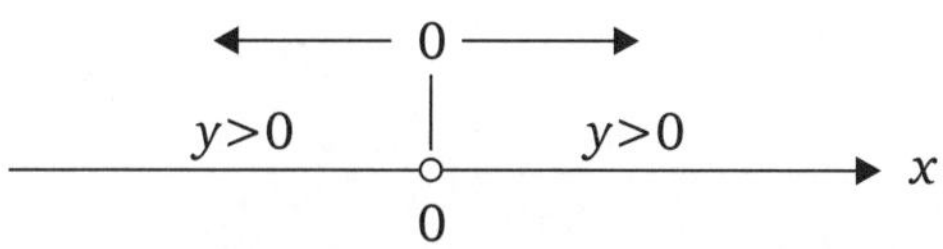

ou

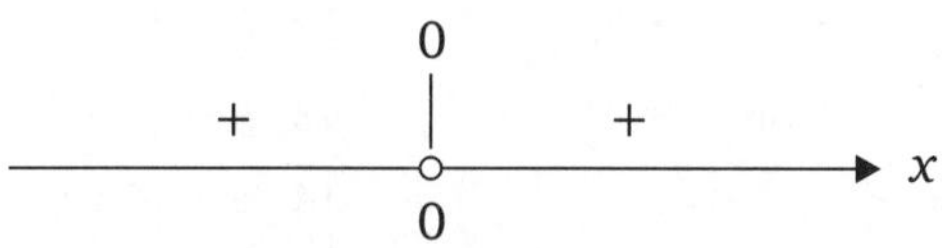

4. $y = x^2 + x + 1$

$$\left.\begin{array}{l} A = 1 \\ B = 1 \\ C = 1 \end{array}\right\} \Rightarrow \Delta = B^2 - 4AC = -3 < 0$$

$\therefore$ sinal (y) = sinal (A)

Como $A > 0$ temos:

$$\xrightarrow{\quad y>0 \quad} x$$

ou

$$\xrightarrow{++++++++} x$$

8 INEQUAÇÕES DO 2º GRAU

Resolva as seguintes inequações do 2º grau:

1. $x^2 - 5x + 6 \leq 0$
2. $x^2 - 2x - 15 \geq 0$
3. $x^2 - 16 > 0$
4. $x^2 - 4x + 4 > 0$
5. $x^2 - 4x + 4 \geq 0$
6. $x^2 - 4x + 4 < 0$
7. $x^2 - 4x + 4 \leq 0$
8. $5x^2 + 1 \leq 0$
9. $3x^2 < 9$
10. $x^2 > 2$
11. $2x\,(x + 1) \leq 0$
12. $x^2 + 2x + 1 \geq 0$
13. $x^2 + 2x + 1 \leq 0$
14. $x^2 + 2x + 1 < 0$
15. $x^2 - 3x > 2x - 6$
16. $x^2 - 12x < -20$
17. $x^2 > 2x - 1$
18. $x^2 < 2x - 1$
19. $x^2 + \dfrac{1}{3} \leq \dfrac{3}{4}$
20. $x < \dfrac{1}{x}, x > 0$

RESPOSTAS

1. $S = \{x \in R \mid 2 \leq x \leq 3\}$
2. $S = \{x \in R \mid x \leq -3 \text{ ou } x \geq 5\}$
3. $S = \{x \in R \mid x < -4 \text{ ou } x > 4\}$
4. $S = \{x \in R \mid x \neq 2\}$
5. $S = R$
6. $S = \varnothing$
7. $S = \{2\}$
8. $S = \varnothing$
9. $S = \{x \in R \mid -\sqrt{3} < x < +\sqrt{3}\}$
10. $S = \{x \in R \mid x < -\sqrt{2} \text{ ou } x > \sqrt{2}\}$
11. $S = \{x \in R \mid -1 \leq x \leq 0\}$
12. $S = R$
13. $S = \{-1\}$
14. $S = \varnothing$
15. $S = \{x \in R \mid x < 2 \text{ ou } x > 3\}$
16. $S = \{x \in R \mid 2 < x < 10\}$
17. $S = \{x \in R \mid x \neq 1\}$
18. $S = \varnothing$
19. $S = \left\{x \in R \,\middle|\, \dfrac{-\sqrt{5}}{2\sqrt{3}} \leq x \leq \dfrac{+\sqrt{5}}{2\sqrt{3}}\right\}$
20. $S = \{x \in R \mid 0 < x < 1\}$

9 SISTEMAS DE EQUAÇÕES DO 1º GRAU

Forma Geral $\begin{cases} Ax + By = C \\ A'x + B'y = C' \end{cases}$

Exemplo: $\begin{cases} 5x + 3y = 13 \\ -4x + 9y = 1 \end{cases}$

a. *Solução pelo método da* **adição**

$\begin{cases} 5x + 3y = 13 \\ -4x + 9y = 1 \end{cases}$ Multiplicando-se a 1ª equação por (– 3) vem:

$\begin{cases} -15x - 9y = -39 \\ -4x + 9y = 1 \end{cases}$ Somando membro a membro as duas equações vem:

$$-19x = -38 \quad \therefore \quad x = \frac{-38}{-19} = 2$$

Fazendo $x = 2$ na 2ª equação vem:

$$-8 + 9y = 1$$

$$\therefore \quad 9y = 9 \quad \therefore \quad y = 1$$

Solução: $\begin{cases} x = 2 \\ y = 1 \end{cases}$

b. *Solução pelo método da* **comparação**

Da primeira equação vem:

$$y = \frac{13 - 5x}{3} \qquad (1)$$

Da segunda equação vem:

$$y = \frac{1 + 4x}{9} \qquad (2)$$

De (1) e (2) vem:

$$\frac{13 - 5x}{3} = \frac{1 + 4x}{9}$$

Resolvendo esta equação do 1º grau obtemos: $x = 2$. Fazendo $x = 2$ em (1) ou (2) obtemos $y = 1$.

Solução: $\begin{cases} x = 2 \\ y = 1 \end{cases}$

c. *Solução pelo método da* **substituição**

Da primeira equação vem: $y = \dfrac{13 - 5x}{3}$. Substituindo na segunda equação temos:

$$-4x + 9\left(\frac{13 - 5x}{3}\right) = 1.$$

Resolvendo esta equação do 1º grau obtemos $x = 2$. Substituindo na expressão que dá o valor de y obtemos: $y = 1$.

Solução: $\begin{cases} x = 2 \\ y = 1 \end{cases}$

EXERCÍCIOS PROPOSTOS

Resolver cada um dos sistemas seguintes empregando qualquer um dos métodos dados:

1. $\begin{cases} 10x + y = 11 \\ 5x - 3y = 2 \end{cases}$

2. $\begin{cases} -x + 6y = 14 \\ 5x + 3y = 29 \end{cases}$

3. $\begin{cases} 2x - 9y = -47 \\ -x + 20y = 101 \end{cases}$

4. $\begin{cases} 10x + 3y = \dfrac{13}{2} \\ x + 5y = 3 \end{cases}$

5. $\begin{cases} x - 12y = -36 \\ 4x + 7y = 21 \end{cases}$

6. $\begin{cases} \dfrac{1}{4}x + y = 6 \\ x + \dfrac{2}{5}y = 6 \end{cases}$

7. $\begin{cases} -0,4x - y = 5,8 \\ x + 0,3y = -3,5 \end{cases}$

8. $\begin{cases} \dfrac{4x + 3y}{6} = \dfrac{13}{60} \\ -10x + y = -0,7 \end{cases}$

9. $\begin{cases} \dfrac{4}{3}x - \dfrac{2}{9}y = 2 \\ \dfrac{1}{5}x - \dfrac{3}{2}y = -12,9 \end{cases}$

10. $\begin{cases} x = 4y + 1 \\ y = 2x + 1 \end{cases}$

11. $\begin{cases} 4x - \dfrac{3}{2}y = 0 \\ 5x + y = 0 \end{cases}$

12. $\begin{cases} x + y = 1 \\ x + y = 5 \end{cases}$

RESPOSTAS

1. $x = 1; y = 1$
2. $x = 4; y = 3$
3. $x = -1; y = 5$
4. $x = \frac{1}{2}; y = \frac{1}{2}$
5. $x = 0; y = 3$
6. $x = 4; y = 5$
7. $x = -2; y = -5$
8. $x = 0{,}1; y = 0{,}3$
9. $x = 3; y = 9$
10. $x = -\frac{5}{7}; y = -\frac{3}{7}$
11. $x = 0; y = 0$
12. o sistema não tem solução.

10 LOGARITMOS

Definição: Sejam $a > 0$, $a \neq 1$ e $x > 0$. O número real y tal que $a^y = x$ denomina-se logaritimo de x na base a e escreve-se:

$$y = \log_a x.$$

Exemplos:

1. $\log_2 4 = 2$, pois, $2^2 = 4$
2. $\log_{10} 10 = 1$, pois, $10^1 = 10$
3. $\log_5 125 = 3$, pois, $5^3 = 125$
4. $\log_2 \frac{1}{8} = -3$, pois, $2^{-3} = \frac{1}{8}$

Em particular, se $a = 10$, dizemos que y é o *logaritmo decimal* de x, neste caso, escrevemos:

$$y = \log x.$$

Os logaritmos decimais podem ser calculados com o auxílio de uma *TÁBUA DE LOGARITMOS* que em geral contém as necessárias instruções para os cálculos a serem realizados. Diversas máquinas eletrônicas permitem a obtenção direta dos logaritmos decimais.

Quando $a = e$ ($e \cong 2{,}718281$), dizemos que y é o *logaritmo natural* de x e escrevemos:

$$y = ln\, x$$

O cálculo dos logaritmos naturais pode ser feito com o auxílio de uma *TÁBUA DE LOGARITMOS NATURAIS* ou a partir dos logaritmos decimais por mudança de base, conforme mostraremos abaixo, ou ainda com o emprego de uma máquina calculadora.

MUDANÇA DE BASE

A expressão seguinte permite o cálculo do logaritmo de x na base b, conhecido o logaritmo de x na base a:

$$\log_b x = \frac{\log_a x}{\log_b b}$$

Em particular, se $a = e$ e $b = 10$ temos:

$$\log x = \frac{\ln x}{\ln 10}$$

Exemplos:

1. Dados $\ln 20 = 2{,}9957$ e $\ln 10 = 2{,}3026$ calcular log 20.

$$\log 20 = \frac{\ln 20}{\ln 10} = \frac{2{,}9957}{2{,}3026} = 1{,}3010$$

2. Dados $\ln 12 = 2{,}4849$ e $\ln 10 = 2{,}3026$ calcular log 12.

$$\log 12 = \frac{\ln 12}{\ln 10} = \frac{2{,}4849}{2{,}3026} = 1{,}0792$$

PROPRIEDADES DOS LOGARITMOS

1. $\ln 1 = 0$
2. $\ln e = 1$
3. Logaritmo do produto

$$\ln (x_1 \times x_2) = \ln x_1 + \ln x_2$$

4. Logaritmo do quociente

$$\ln \left(\frac{x_1}{x_2}\right) = \ln x_1 - \ln x_2$$

5. Logaritmo de uma potência

$\ln x^\alpha = \alpha \ln x$, α um número real qualquer.

EXERCÍCIOS RESOLVIDOS

1. Calcular o valor de $k = 1 + 3{,}3 \log 85$:

Solução:

$$k = 1 + 3{,}3 \log 85 = 1 + 3{,}3 \frac{\ln 85}{\ln 10} = 1 + 3{,}3 \times \frac{4{,}4427}{2{,}3026} =$$
$$= 1 + 3{,}3 \times 1{,}9294 = 7{,}3671 \quad \therefore \quad k = 7{,}3671$$

2. Utilizando o conceito de logaritmo, resolver as seguintes equações (valendo-se de uma TÁBUA ou de uma máquina de calcular):

2.1 $2^x = 30$

$$2^x = 30 \Rightarrow \ln 2^x = \ln 30 \Rightarrow x \ln 2 = \ln 30 \Rightarrow x = \frac{\ln 30}{\ln 2} =$$
$$= \frac{3{,}4012}{0{,}6931} = 4{,}9069 \quad \therefore \quad \text{x} = 4{,}9069$$

2.2 $3^{2x} = 125$

$$3^{2x} = 125 \Rightarrow \ln 3^{2x} = \ln 125 \Rightarrow 2x \ln 3 = \ln 125 \Rightarrow$$
$$\Rightarrow x = \frac{\ln 125}{2 \ln 3} = \frac{4{,}8283}{2{,}1972} = 2{,}1975 \quad \therefore \quad x = 2{,}1975$$

2.3 $10^{2x} = 25^x$

$$10^{2x} = 25^x \Rightarrow \ln 10^{2x} = \ln 25^x \Rightarrow 2x \ln 10 = x \ln 25 \Rightarrow$$
$$\Rightarrow x\,[(2 \ln 10) - \ln 25] = 0 \Rightarrow x\,(4{,}6052 - 3{,}2189) = 0 \Rightarrow x = 0 \therefore x = 0$$

3. Calcular o valor de y na equação $20 = 12\,(1 + y)^{30}$:

$$20 = 12\,(1 + y)^{30} \Rightarrow \frac{20}{12} = (1 + y)^{30} \Rightarrow \ln \frac{20}{12} = \ln (1 + y)^{30} \Rightarrow$$
$$\Rightarrow \ln \frac{20}{12} = 30 \ln (1 + y) \Rightarrow \ln (1 + y) = \frac{1}{30} \ln \frac{20}{12} \Rightarrow$$
$$\Rightarrow \ln (1 + y) = \frac{1}{30} (\ln 20 - \ln 12) \Rightarrow$$
$$\Rightarrow \ln (1 + y) = \frac{1}{30} (2{,}9957 - 2{,}4849) \Rightarrow \ln (1 + y) = 0{,}0170 \Rightarrow$$
$$\Rightarrow 1 + y = e^{0{,}0170} \Rightarrow y = e^{0{,}01703} - 1 \Rightarrow y = 0{,}0172$$
$$\therefore y = 0{,}0172$$

EXERCÍCIOS PROPOSTOS

1. Resolver a equação: $\log_2 x \times \ell n\, 2 = 1$
2. Resolver a equação: $\log_3 x = \log_4 x$
3. Resolva as equações:

   3.1 $\log_x 2 \times \ell n\, x + \ell n\,(x - 2) = 0$

   3.2 $\ell n \sqrt[4]{x} = \frac{1}{2} \ell n \sqrt{15} - \frac{1}{16} \ell n \left(x + 2\right)^4$

   3.3 $\frac{2^{3x+1}}{3^{2x-1}} = 5^x$

   3.4 $7 \times 3^{2x+1} = 4^{3x-2}$

   3.5 $x^{x^2 - 7x} = 1$

   3.6 $9^x - 2\,(3^x) - 35 = 0$

4. Resolver as equações:

   4.1 $10^{5x} = 432$

   4.2 $(0{,}5)^{x+1} = \frac{3}{4}$

   4.3 $\left(\frac{1}{2}\right)^{2x} = 0{,}45$

   4.4 $35 = (1 + x)^4$

   4.5 $42{,}74 = (1 + x)^{0{,}23}$

   4.6 $1{,}16 = \left(1 - \frac{x}{4}\right)^{0{,}3}$

5. Resolver os sistemas:

   5.1 $\begin{cases} 5^{x+y} = 15.625 \\ 2x - y = -3 \end{cases}$

   5.2 $\begin{cases} \log y - \log x = 2 \\ x + 2y = 402 \end{cases}$

RESPOSTAS

1. $x = e$
2. $x = 1$

3.1 $x = 2{,}5$

3.2 $x = 3$

3.3 $x \cong 1{,}0374$

3.4 $x \cong 2{,}9654$

3.5 $x = 0$ ou $x = 7$ ou $x = 1$

3.6 $x \cong 1{,}7712$

4.1 $x = 0{,}5271$

4.2 $x = -0{,}5850$

4.3 $x = 0{,}5760$

4.4 $x = 1{,}4323$

4.5 $x = 12.319.265{,}78$

4.6 $x = -2{,}5602$

5.1 $(x, y) = (1, 5)$

5.2 $(x, y) = (2, 200)$

1

CONJUNTOS

1 CONCEITO E NOTAÇÕES

Um dos importantes conceitos da Matemática é o de conjunto. No entanto, é um conceito primitivo, isto é, tem o sentido usual de coleção ou totalidade de elementos. Portanto, não precisa ser definido a partir de outros conceitos matemáticos.

Os objetos que constituem um conjunto são chamados elementos do conjunto. Os conjuntos são indicados em geral pelas letras maiúsculas do alfabeto latino. A notação usual para um conjunto consiste em escrever seus elementos separados por vírgula e entrechaves. Assim, o conjunto A cujos elementos são as letras a, b, c, é indicado por:

$$A = \{a, b, c\}$$

Para expressar o fato de que a letra a é elemento do conjunto A, escrevemos:

$a \in A$ (a **pertence** a A)

Da mesma forma, a notação $d \notin A$ (d **não pertence** a A), significa que a letra d não é elemento do conjunto A.

Exemplos:

1. $A = \{a, b, c, d, e\}$ é o conjunto cujos elementos são as letras

$$a, b, c, d, e$$

2. $B = \{1, 0, 2, 3\}$ é o conjunto cujos elementos são os números

$$1, 0, 2, 3$$

3. $C = \{4\}$ é o conjunto cujo único elemento é o número 4.

2 SUBCONJUNTO

Dados dois conjuntos A e B, dizemos que A é subconjunto de B quando todo elemento de A é elemento de B.

A notação,

$A \subset B$ (A **está contido em** B),

indica que A é um subconjunto de B. Se A não é subconjunto de B, escrevemos:

$A \not\subset B$ (A **não está contido em** B).

Exemplos:

Se $A = \{1, 2, 3\}$ e $B = \{0, 1, 2, 4, 3\}$, então $A \subset B$, pois todo elemento de A é elemento de B.

Por outro lado, se $A = \{2, 4, 5\}$ e $B = \{1, 4, 5\}$, então $A \not\subset B$, pois $2 \in A$ e $2 \notin B$.

3 IGUALDADE DE CONJUNTOS

Dois conjuntos A e B são iguais quando A e B têm os mesmos elementos.

Assim, os conjuntos:

$A = \{2, 2, 4, 3\}$ e $B = \{2, 4, 3\}$ são iguais;

$A = \{0, 1\}$ e $B = \{0, 2\}$ são distintos, pois não têm os mesmos elementos;

$A = \{4, 5, 6\}$ e $B = \{4, 6, 5\}$ são iguais.

4 SUBCONJUNTO DEFINIDO POR UMA PROPRIEDADE

Um símbolo que represente indistintamente qualquer um dos elementos de um conjunto recebe o nome de variável no conjunto. Assim, se A é o conjunto

$$A = \{2, 3, 4, 5\},$$

a notação $x \in A$ significa que x pode assumir qualquer dos valores 2, 3, 4 ou 5. Portanto, x é uma variável em A.

Os elementos de um conjunto A que satisfazem a uma dada propriedade constituem um subconjunto de A, definido por esta propriedade.

Por exemplo, seja $A = \{2, 3, 4, 5, 6\}$; o conjunto $B = \{2, 4, 6\}$ é o subconjunto de A constituído pelos elementos de A que são números pares. Então, podemos escrever que:

$$B = \{x \in A \mid x \text{ é par}\}$$

(B é o conjunto dos elementos x pertencentes a A tais que x é par). O fato "x é par" foi a propriedade utilizada para explicitar os elementos do subconjunto B. De modo análogo, se

$A = \{1, 2, 3, 5, 6, 7, 8, 9\}$ então,

$B = \{x \in A \mid x \text{ é par}\} = \{2, 6, 8\}$

$C = \{x \in A \mid x \text{ é ímpar}\} = \{1, 3, 5, 7, 9\}$

$D = \{x \in A \mid x \text{ é múltiplo de } 3\} = \{3, 6, 9\}$

$E = \{x \in A \mid x \leq 3\} = \{1, 2, 3\}$

$F = \{x \in A \mid x < 3\} = \{1, 2\}$

$G = \{x \in A \mid x + 1 = 6\} = \{5\}$

$J = \{x \in A \mid x < 10\} = A$

Observemos que todos os elementos de A são números positivos. Então, o subconjunto

$H = \{x \in A \mid x < 0\}$

não tem elementos, ou seja, é um conjunto vazio. Para indicar que H é um conjunto vazio escrevemos $H = \varnothing$ ou $H = \{\ \}$. De modo análogo, temos:

$I = \{x \in A \mid 5 < x < 6\} = \varnothing$

$H = \{x \in A \mid 2x = 15\} = \varnothing$

EXERCÍCIOS

1. Seja $U = \left\{-2, 1, 0, \frac{1}{2}, \frac{3}{4}, 2, \frac{10}{3}, 4, -5\right\}$. Explicitar os elementos de cada um dos conjuntos seguintes:

1.1 $\{x \in U \mid x < 0\}$

1.2 $\{x \in U \mid x \leq 0\}$

1.3 $\{x \in U \mid 2 < x < 3\}$

1.4 $\{x \in U \mid x + 1 = 2\}$

1.5 $\left\{x \in U \mid \frac{1}{x} = 2\right\}$

1.6 $\{x \in U \mid x^2 = 4\}$

1.7 $\left\{x \in U \mid x \geq \frac{1}{2}\right\}$

1.8 $\{x \in U \mid x - 4 < 0\}$

1.9 $\{x \in U \mid 4 - x \leq 0\}$

1.10 $\{x \in U \mid x^2 \leq 0\}$

1.11 $\{x \in U \mid 2x - 10 > 1\}$

1.12 $x \in U \mid 2 - 3x \leq 0\}$

1.13 $\{x \in U \mid x^2 - 4x = 0\}$

1.14 $x \in U \mid x^2 + 7x + 10 = 0\}$

1.15 $\{x \in U \mid x^2 - 6x + 8 < 0\}$

1.16 $x \in U \mid x^2 + 1 \leq 0\}$

1.17 $\{x \in U \mid -6 + 5x - x^2 > 0\}$

1.18 $\{x \in U \mid 2x - 1 = 3x + 4\}$

1.19 $\{x \in U \mid x^2 = -4x + 5\}$

2. Seja $U = \left\{-1, \frac{1}{2}, 2, 4, \frac{1}{3}, 5\right\}$. Verificar se são ou não iguais os seguintes pares A e B de conjuntos:

2.1 $A = \{x \in U \mid x + 1 = 3\}$ e $B = \{x \in U \mid 2x - 3 = 1\}$

2.2 $A = \{x \in U \mid x < 0\}$ e $B = \{x \in U \mid x + 1 = 0\}$

2.3 $A = \{x \in U \mid 0 < x < 5\}$ e $B = \{x \in U \mid 0 \leq x \leq 5\}$

2.4 $A = \{x \in U \mid x^2 - 5x + 6 = 0\}$ e $B = \{x \in U \mid x < 5\}$

2.5 $A = \left\{x \in U \mid x > \frac{1}{2}\right\}$ e $B = \{x \in U \mid x < 5\}$

2.6 $A = \left\{x \in U \mid \frac{x+1}{x} \neq 0\right\}$ e $B = \{x \in U \mid x \geq 0\}$

RESPOSTAS

1.1 $\{-2, -5\}$

1.2 $\{-2, 0, -5\}$

1.3 $\varnothing$

1.4 $\{1\}$

1.5 $\left\{\frac{1}{2}\right\}$

1.6 $\{-2, 2\}$

1.7 $\left\{1, \frac{1}{2}, \frac{3}{4}, 2, \frac{10}{3}, 4\right\}$

1.8 $\left\{-2, 1, 0, \frac{1}{2}, \frac{3}{4}, 2, \frac{10}{3}, -3\right\}$

1.9 $\{4\}$

1.10 $\{0\}$

1.11 $\varnothing$

1.12 $\left\{1, \frac{3}{4}, 2, \frac{10}{3}, 4\right\}$

1.13 $\{0,4\}$

1.14 $\{-2, -5\}$

1.15 $\left\{\frac{10}{3}\right\}$

1.16 $\varnothing$

1.17 $\varnothing$

1.18 $\{-5\}$

1.19 $\{-5, 1\}$

2.1 $A = B$

2.2 $A = B$

2.3 $A \neq B$

2.4 $A \neq B$

2.5 $A \neq B$

2.6 $A = B$

5 OPERAÇÕES COM CONJUNTOS

Sejam A e B subconjuntos de um mesmo conjunto E.

5.1 União

A união ou reunião de A e B é o conjunto dos elementos de E que pertencem a A ou a B.

A união de A e B será indicada pela notação $A \cup B$ (A união B).

Assim,

$$A \cup B = \{x \in E \mid x \in A \text{ ou } x \in B\}$$

Nas figuras abaixo, a parte sombreada representa a reunião dos conjuntos A e B.

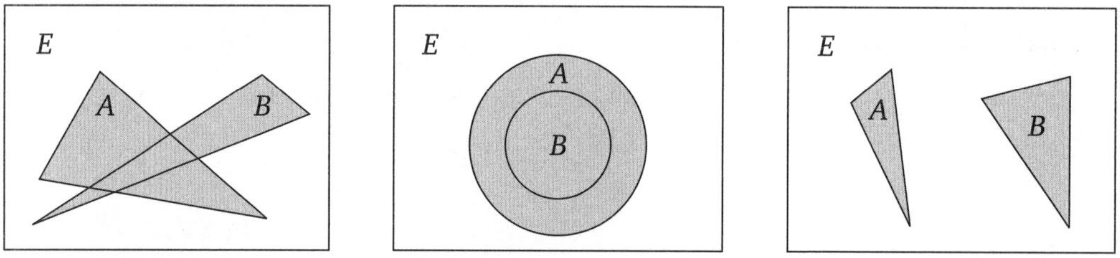

Exemplos:

1. $A = \{4, 5, 3\}$ e $B = \{0, 3, 1\} \Rightarrow A \cup B = \{4, 5, 3, 0, 1\}$
2. $A = \{2, 0, -1\}$ e $B = \{-1, 0, 5\} \Rightarrow A \cup B = \{2, 0, -1, 5\}$
3. $A = \left\{4, \frac{1}{2}, 5, 0\right\}$ e $B = \{-1, 4, 0, 2\} \Rightarrow A \cup B = \left\{4, \frac{1}{2}, 5, 0, -1, 2\right\}$

PROPRIEDADES

1. $A \cup B = B \cup A$ (comutativa)
2. $(A \cup B) \cup C = A \cup (B \cup C)$ (associativa)
3. $A \cup A = A$
4. $A \cup \varnothing = A$
5. $A \cup E = E$, se $A \subset E$

5.2 Intersecção

A intersecção dos conjuntos A e B é o conjunto dos elementos de E que pertencem simultaneamente aos dois conjuntos.

A intersecção de A e B será indicada pela notação:

$A \cap B$ (A intersecção B ou A inter B).

Assim:

$$A \cap B = \{x \in E \mid x \in A \text{ e } x \in B\}.$$

Nas figuras abaixo, a parte sombreada é a intersecção dos conjuntos A e B.

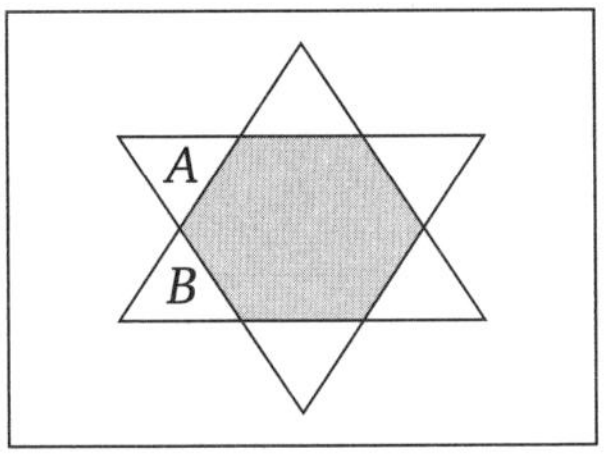

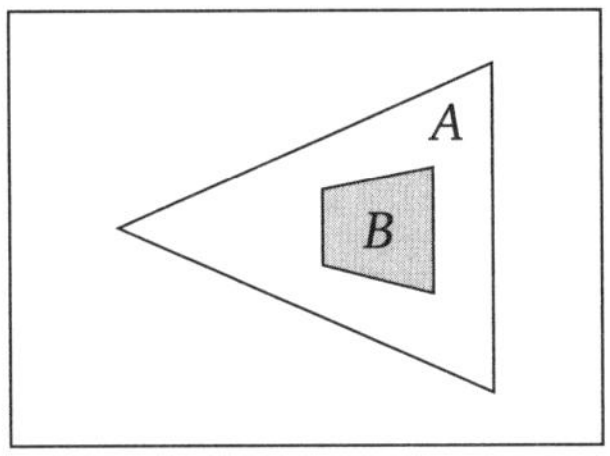

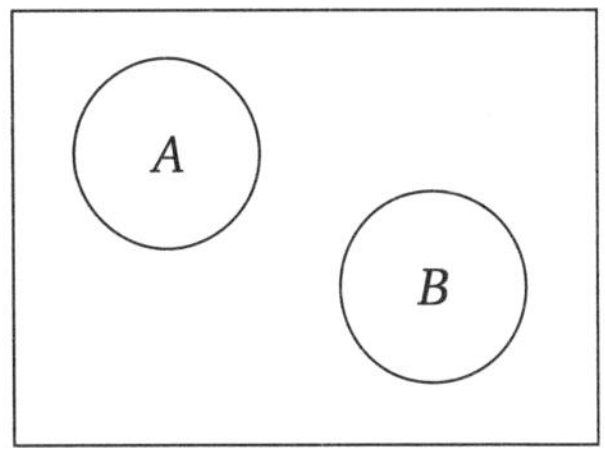

$A \cap B = \varnothing$

Exemplos:

1. $A = \{4, 5, 6\}$ e $B = \{2, 4, 0, 6\} \Rightarrow A \cap B = \{4, 6\}$
2. $A = \{0, -1, 2, 5\}$ e $B = \{0, 4, -1, 3, 2\} \Rightarrow A \cap B = \{0, -1, 2\}$
3. $A = \left\{\frac{1}{2}, 3, 2, 1\right\}$ e $B = \{0, 1, -1, 3\} \Rightarrow A \cap B = \{1, 3\}$
4. $A = \{8, 9, 15\}$ e $B = \{1, 3, 7\} \Rightarrow A \cap B = \varnothing$

PROPRIEDADES

1. $A \cap B = B \cap A$ (comutativa)
2. $(A \cap B) \cap C = A \cap (B \cap C)$ (associativa)
3. $A \cap A = A$
4. $A \cap \varnothing = \varnothing$
5. $A \cap E = A$, se $A \subset E$
6. $A \cup (B \cap C) = (A \cup B) \cap (A \cup C)$ (distributiva)
7. $A \cap (B \cup C) = (A \cap B) \cup (A \cap C)$ (distributiva)

5.3 Diferença

A diferença $A - B$ é o conjunto dos elementos de E, que pertencem a A e não pertencem a B, ou seja:

$$A - B = \{x \in E \mid x \in A \text{ e } x \notin B\}.$$

Nas figuras seguintes a parte sombreada indica a diferença de A e B.

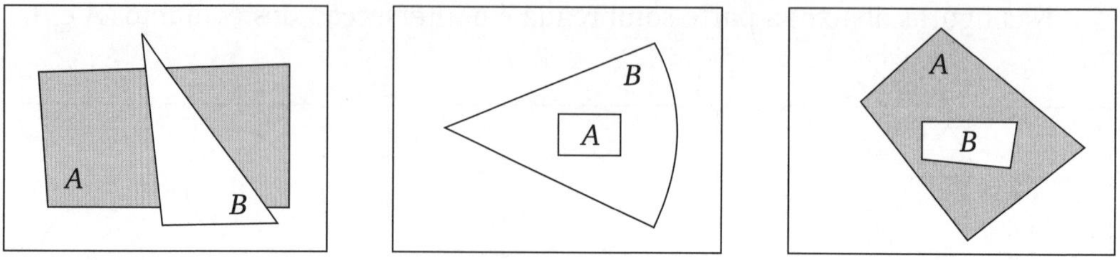

$A - B = \varnothing$

Exemplos:

1. $A = \{4, 5, 3, 1\}$ e $B = \{4, 2, 1\} \Rightarrow A - B = \{5, 3\}$
2. $A = \left\{0, 1, -1, \dfrac{1}{2}\right\}$ e $B = \left\{4, 2, 0, \dfrac{1}{2}\right\} \Rightarrow A - B = \{1, -1\}$
3. $A = \{3, 4, 5\}$ e $B = \{2, 1, 6\} \Rightarrow A - B = A$

5.4 Complementação

Se A está contido em B, a diferença $B - A$ recebe o nome de complementar de A em relação a B. A notação $\complement_B A$ indica o complementar de A em relação a B. Assim:

$$\complement_B A = B - A = \{x \in E \mid x \in B \text{ e } x \notin A\}.$$

Na figura abaixo a parte sombreada representa $\complement_B A$.

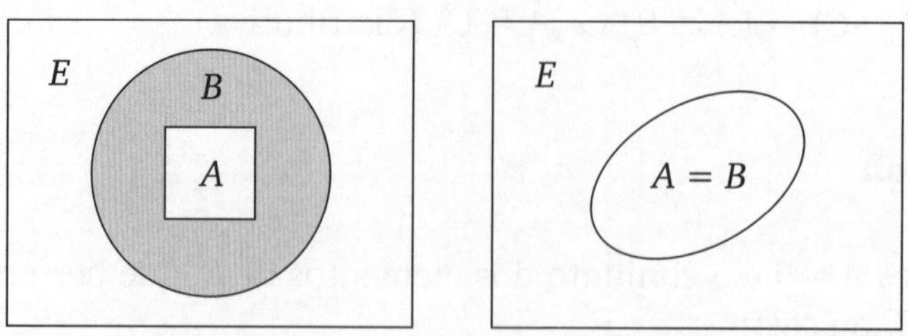

$\complement_B A = \varnothing$

Em particular $\complement_E A = E - A$ e, neste caso, a notação fica reduzida a $\complement A$.

Exemplos:

1. $A = \{4, 5, 6\}$ e $B = \{0, 1, 2, 4, 5, 6, 7\} \Rightarrow \complement_B A = B - A = \{0, 1, 2, 7\}$
2. $A = \{1, 2, 3\}$ e $B = \{1, 0, 4, 3, 6, 2\} \Rightarrow \complement_B A = B - A = \{0, 4, 6\}$
3. $A = \{-1, 5, 2\}$ e $B = \{2, -1, 5\} \Rightarrow \complement_B A = B - A = \varnothing$
4. $A = \{0, 8, 10\}$ e $B = \{1, 0, 8, 10\} \Rightarrow \complement_B A = B - A = \{1\}$

PROPRIEDADES

Se $A \subset E$, temos:

1. $\complement A \cap A = \varnothing$
2. $\complement \varnothing = E$
3. $(\complement A) \cup A = E$
4. $(\complement E) = \varnothing$
5. $\complement(\complement A) = A$

OUTRAS PROPRIEDADES

Se A e B são subconjuntos de E, temos:

$$\left.\begin{array}{l} 6.\ \complement(A \cap B) = (\complement A) \cup (\complement B) \\ 7.\ \complement(A \cup B) = (\complement A) \cap (\complement B) \end{array}\right\} \text{(Leis de De Morgan)}$$

5.5 Produto cartesiano

Dados os conjuntos A e B, o objeto (a, b), em que $a \in A$ e $b \in B$, recebe o nome de par ordenado, de primeiro elemento a e segundo elemento b.

Dizemos que os pares ordenados (a, b) e (c, d) são iguais somente quando $a = c$ e $b = d$.

O conjunto de todos os pares ordenados (a, b) com $a \in A$ e $b \in B$ recebe o nome de produto cartesiano de A e B. O produto cartesiano de A e B será indicado pela notação:

$$A \times B \text{ (} A \text{ cartesiano } B \text{ ou } A \text{ vezes } B\text{).}$$

Assim:

$$A \times B = \{(a, b) \mid a \in A \text{ e } b \in B\}$$

Exemplos:

1. $A = \{0, 1\}$; $B = \{3, 4\}$

$$A \times B = \{(0, 3), (0, 4), (1, 3), (1, 4)\}$$

2. $A = \{5, 1\}$; $B = \{4\}$

$$A \times B = \{(5, 4), (1, 4)\}$$

3. $A = \{5\}$; $B = \{0, 1, 2\}$

$$A \times B = \{(5, 0), (5, 1) (5, 2)\}$$

4. $A = \left\{\frac{1}{2}, 1, 0\right\}$; $B = \{5, -1\}$

$$A \times B = \left\{\left(\frac{1}{2}, 5\right), \left(\frac{1}{2}, -1\right), (1,5), (1,-1), (0,5), (0,-1)\right\}.$$

EXERCÍCIOS

1. Dados os conjuntos $A = \{0, 2, 1, 5\}$ e $B = \{5, 1, 6, 4\}$, determinar:

1.1 $A \cup B$	1.3 $A - B$	1.5 $A \times B$
1.2 $A \cap B$	1.4 $B - A$	1.6 $B \times A$

2. Dados os conjuntos $A = \{1, 3, 5\}$ e $B = \{0, 2, 1, 8\}$ e $D = \{2\}$, determinar:

2.1 $A \cup (B \cap D)$	2.3 $A - (B \cup D)$	2.5 $\complement_B D$
2.2 $A \cap (B \cup D)$	2.4 $B - (A - D)$	2.6 $A - \complement_B D$

3. Dados os conjuntos $A = \{a, b, c, d\}$ e $B = \{a, b, d\}$, determinar:

3.1 $A \cup B$	3.3 $A \cup (A - B)$	3.5 $\complement_A B$
3.2 $A \cap B$	3.4 $B \cap (A - B)$	3.6 $\complement_B (A \cap B)$

4. Dados os conjuntos $A = \{1, 2, 3\}$ e $B = \{4, 5\}$, determinar:

4.1 $A \times B$	4.3 $A \times A$	4.5 $A \times (A - B)$
4.2 $B \times A$	4.4 $B \times B$	4.6 $B \times (B - A)$

5. Mostrar que se $A \subset B$, então $A \cup B = B$ e $A \cap B = A$.

RESPOSTAS

1.1 {0, 2, 1, 5, 6, 4}

1.2 {1, 5}

1.3 {0, 2}

1.4 {6, 4}

1.5 {(0, 5), (0, 1), (0, 6), (0, 4), (2, 5), (2, 1), (2, 6), (2, 4), (1, 5), (1, 1), (1, 6), (1, 4), (5, 5), (5, 1), (5, 6), (5, 4)}

1.6 {(5, 0), (5, 2), (5, 1), (5, 5), (1, 0), (1, 2), (1, 1), (1, 5), (6, 0), (6, 2), (6, 1), (6, 5), (4, 0), (4, 2), (4, 1), (4, 5)}

2.1 {1, 3, 5, 2}

2.2 {1}

2.3 {3, 5}

2.4 {0, 2, 8}

2.5 {0, 1, 8}

2.6 {3, 5}

3.1 $\{a, b, c, d\}$

3.2 $\{a, b, d\}$

3.3 $\{a, b, c, d\}$

3.4 $\varnothing$

3.5 $\{c\}$

3.6 $\varnothing$

4.1 {(1, 4), (1, 5), (2, 4), (2, 5), (3, 4), (3, 5)}

4.2 {(4, 1), (4, 2), (4, 3), (5, 1), (5, 2), (5, 3)}

4.3 {(1, 1), (1, 2), (1, 3), (2, 1), (2, 2), (2, 3), (3, 1), (3, 2), (3, 3)}

4.4 {(4, 4), (4, 5), (5, 4), (5, 5)}

4.5 {(1, 1), (1, 2), (1, 3), (2, 1), (2, 2), (2, 3), (3, 1), (3, 2), (3, 3)}

4.6 {(4, 5), (4, 4), (5, 4), (5, 5)}

Nos exercícios seguintes assinale nos diagramas os conjuntos indicados.

6. $A \cap (B - A)$

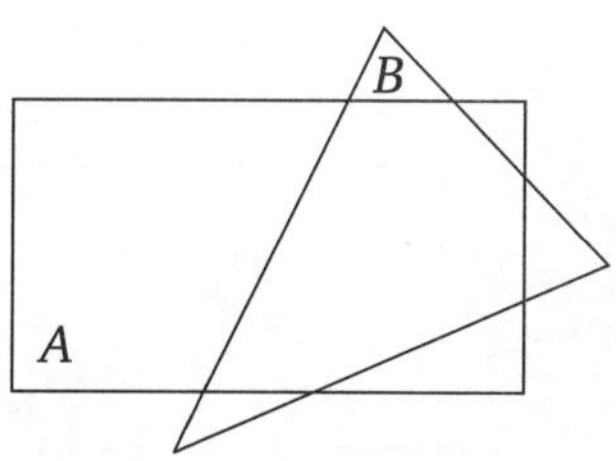

7. $(A - B) \cap C$

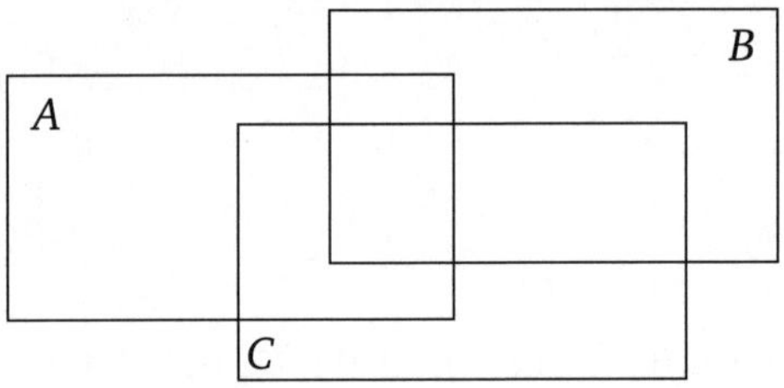

8. $(A \cap B) \cap C$

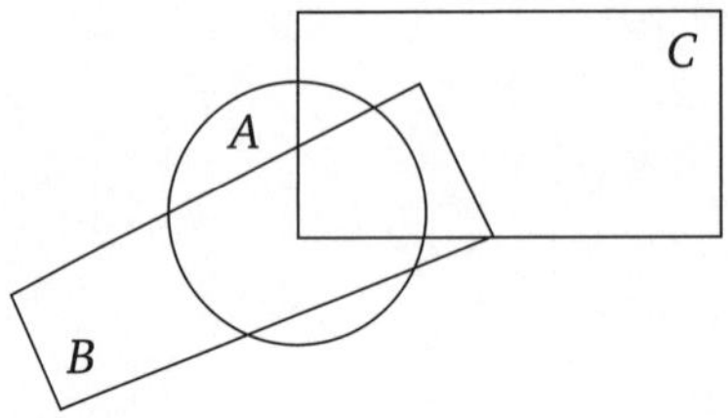

9. $(B \cup C) \cap \complement_C A$

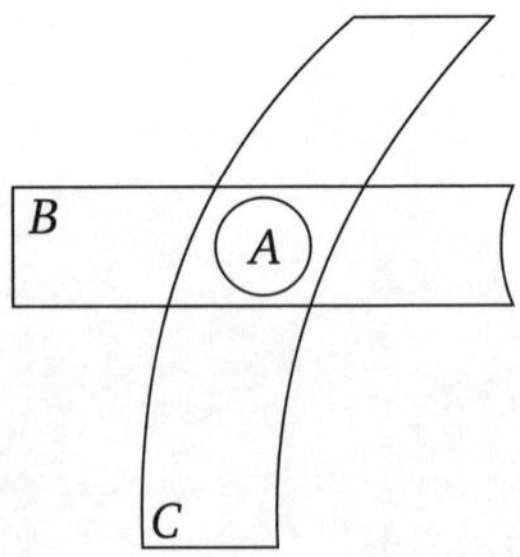

10. $\complement_{A \cap B} D$

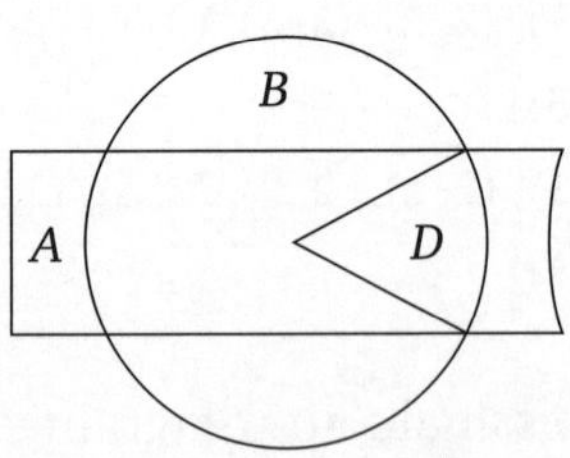

11. $A \cup B\ (B \cap C)$

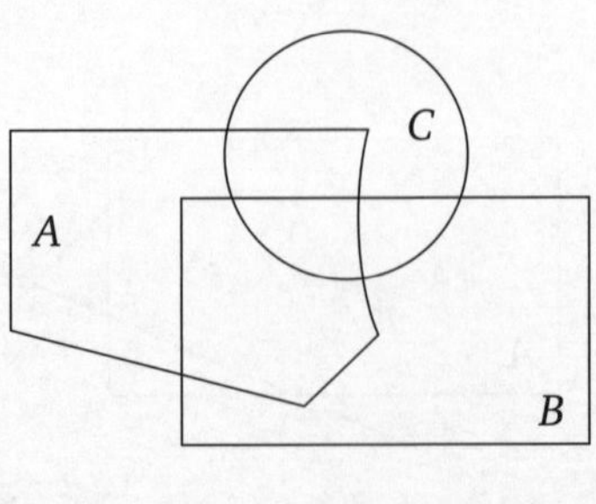

12. $(A \cap B) \cap (A \cap C) \cap (B \cap C)$

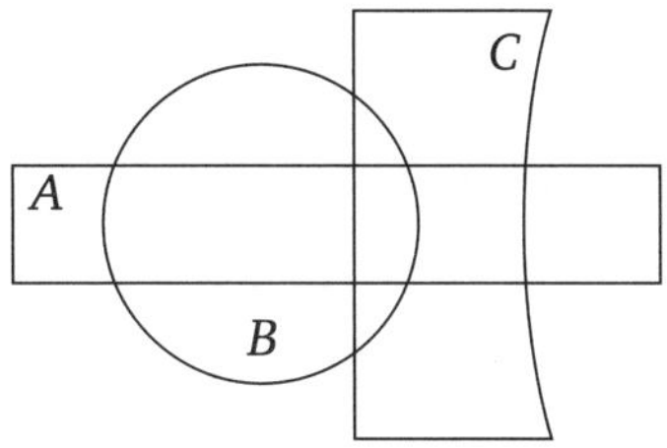

6 CONJUNTOS NUMÉRICOS IMPORTANTES

Dentre os conjuntos numéricos destacam-se os seguintes:

1. $N = \{0, 1, 2, 3, 4, ...\}$ Conjunto dos números inteiros naturais.

2. $Z = \{0, \pm 1, \pm 2, \pm 3, \pm 4, ...\}$ Conjunto dos números inteiros relativos.

3. $Q = \left\{\frac{a}{b} \mid a \in Z, b \in Z, b \neq 0\right\}$ Conjunto dos números racionais, isto é, o conjunto de todos os números da forma $\frac{a}{b}$ onde a e b são inteiros relativos, com $b \neq 0$.

É possível mostrar que os números racionais quando colocados na forma decimal levam a decimais finitas ou a decimais infinitas periódicas. Por exemplo:

$\frac{1}{4} = 0{,}25$ (decimal finita)

$\frac{1}{3} = 0{,}333...$ (decimal infinita periódica)

Por outro lado, existem números cuja representação decimal é infinita não periódica. Tais números não pertencem ao conjunto dos números racionais e são chamados números irracionais. Por exemplo, o número $\sqrt{2}$ é irracional. É possível provar que este número não pode ser posto na forma $\frac{a}{b}$ com $a \in Z$, $b \in Z$, $b \neq 0$. Os números π, $\sqrt{3}$, são também irracionais.

Na verdade, o conjunto dos números irracionais tem uma infinidade de elementos. Basta observar que se r é um racional não nulo e x um irracional, o produto $r \times x$ é irracional.

4. Seja I o conjunto de todos os números irracionais, isto é, o conjunto de todas as decimais infinitas não periódicas. O conjunto

$$R = Q \cup I$$

constitui o conjunto dos números reais, isto é, a união do conjunto Q dos números racionais e do conjunto I dos números irracionais.

7 REPRESENTAÇÃO GEOMÉTRICA DO CONJUNTO *R*

Consideremos uma reta r na qual tenha sido fixado um ponto O, chamado origem, para representar o número zero. Seja U um outro ponto da reta, escolhido para representar o número 1 (um).

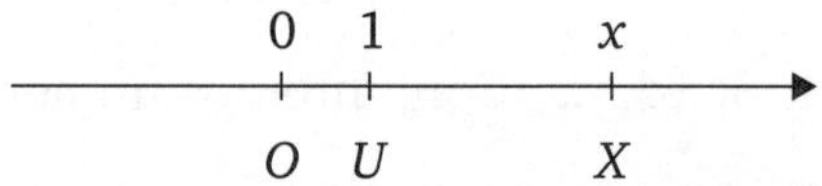

Ficam fixados, dessa forma, a orientação da reta de O para U como positiva, e o segmento OU como unidade de medida dos segmentos orientados OX, onde X é um ponto qualquer da reta. Com estas providências, o conjunto dos números reais e o conjunto de pontos da reta podem ser postos em correspondência biunívoca: precisamente, a cada número real x corresponde o ponto X da reta, extremidade do segmento orientado OX, cuja medida algébrica na unidade OU é x. Por outro lado, ao ponto X da reta fazemos corresponder o número real x, medida algébrica do segmento orientado OX, na unidade OU.

Esta correspondência que dá origem à representação geométrica do conjunto R nos permite falar indistintamente em números reais ou pontos da reta.

8 VALOR ABSOLUTO DE UM NÚMERO REAL

Seja x um número real. O valor absoluto ou módulo de x é o número $|x|$ tal que:

$$|x| \begin{cases} x, \text{ se } x \geq 0 \\ -x, \text{ se } x < 0 \end{cases}$$

Exemplos:

1. $|4| = 4$
2. $|-5| = -(-5) = 5$
3. $|0| = 0$
4. $\left|-\frac{1}{2}\right| = -\left(-\frac{1}{2}\right) = \frac{1}{2}$

PROPRIEDADES

Sejam x e y dois números reais quaisquer. São válidas as seguintes propriedades:

1. $|x| \geq 0$
2. $|x| \geq x$
3. $-|x| \leq x$
4. $|x| \geq a$ se, e somente se, $x \leq -a$ ou $x \geq a$

4'. $|x| > a$ se, e somente se, $x < -a$ ou $x > a$

5. $|x| \leq a$ se, e somente se, $-a \leq x \leq a$ $(a > 0)$

5'. $|x| < a$ se, e somente se, $-a < x < a$ $(a > 0)$

6. $|x+y| \leq |x| + |y|$
7. $|x \times y| = |x| \times |y|$
8. $|x-y| \geq \big||x| - |y|\big|$

EXERCÍCIOS RESOLVIDOS

Resolver as desigualdades:

1. $|x| \leq 6$

   Pela propriedade (5) temos: $-6 \leq x \leq 6$

2. $|x+2| \leq 4$

   Pela propriedade (5) temos: $-4 \leq x + 2 \leq 4$. Subtraindo 2 de todos os membros desta desigualdade vem: $-4 - 2 \leq x + 2 - 2 \leq 4 - 2$ ou,

   $-6 \leq x \leq 2$

3. $|x-3| \geq 10$

Pela propriedade (4) temos: $x-3 \leq -10$ ou $x-3 \geq 10$

De $x-3 \leq -10$ vem $x-3+3 \leq -10+3$ ou seja, $x \leq -7$

De $x-3 \geq 10$ vem $x-3+3 \geq 10+3$ ou seja, $x \geq 13$

Logo, $|x-3| \geq 10 \Rightarrow x \leq -7$ ou $x \geq 13$

4. $|4-x| \leq 12$

Pela propriedade (5) vem: $-12 \leq 4-x \leq 12$ ou seja $\begin{cases} -12 \leq 4-x & ① \\ \text{e} \\ 4-x \leq 12 & ② \end{cases}$

De ① vem $-12-4 \leq -x \therefore -16 \leq -x \therefore -x \geq -16 \therefore x \leq 16$

De ② vem $4-x-4 \leq 12-4 \therefore -x \leq 8 \therefore x \geq -8$

Portanto, de ① e ② vem $-8 \leq x \leq 16$

EXERCÍCIOS PROPOSTOS

Resolver as desigualdades:

1. $|x| \leq 7$
2. $|x| \geq 5$
3. $|x| > 4$
4. $|x+2| < 3$
5. $|10-x| \leq 20$
6. $|8-x| \geq 10$
7. $\left|3x - \frac{1}{4}\right| < 1$
8. $|2x-1| < 0$
9. $\left|\frac{2x+1}{2}\right| > 5$
10. $|3x-1| \leq x$
11. $\left|\frac{2-x}{3}\right| < 20$
12. $\left|\frac{1}{2} - x\right| < \frac{1}{2}$

RESPOSTAS

1. $-7 \leq x \leq 7$
2. $x \leq -5$ ou $x \geq 5$
3. $x < -4$ ou $x > 4$
4. $-5 < x < 1$
5. $-10 \leq x \leq 30$
6. $x \leq -2$ ou $x \geq 18$
7. $-\dfrac{1}{4} < x < \dfrac{5}{12}$
8. $\varnothing$
9. $x < -5{,}5$ ou $x > 4{,}5$
10. $\dfrac{1}{4} \leq x \leq \dfrac{1}{2}$
11. $-58 < x < 62$
12. $0 < x < 1$

9 SUBCONJUNTOS DA RETA

Dentre os subconjuntos da reta, alguns merecem uma consideração especial. Sejam a e b dois números reais, com $a < b$, e consideremos os seguintes intervalos:

$[a, b] = \{x \in R \mid a \leq x \leq b\}$ – intervalo fechado de extremos a e b.

$]a, b[= \{x \in R \mid a < x < b\}$ – intervalo aberto de extremos a e b.

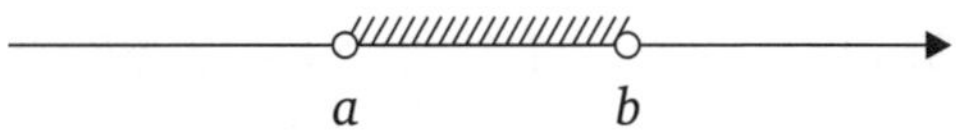

$[a, b[= \{x \in R \mid a \leq x < b\}$ – intervalo semiaberto à direita, de extremos a e b.

$]a, b[= \{x \in R \mid a < x \leq b\}$ – intervalo semiaberto à esquerda, de extremos a e b.

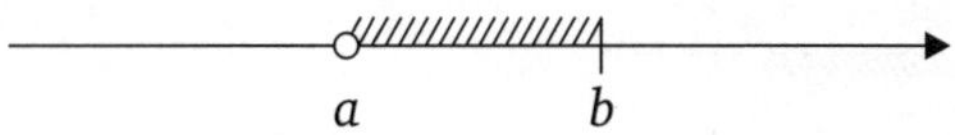

Além dos intervalos mencionados, destacamos os seguintes subconjuntos da reta:

Subconjunto	**Notação**	**Representação**
$\{x \in R \mid x \geq a\}$	$[a, +\infty[$	
$\{x \in R \mid x > a\}$	$]a, +\infty[$	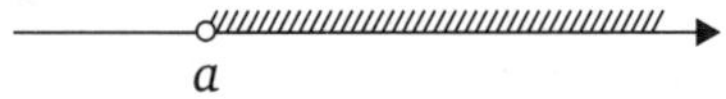
$\{x \in R \mid x \leq a\}$	$]-\infty, a]$	
$\{x \in R \mid x < a\}$	$]-\infty, a[$	
R	$]-\infty, +\infty[$	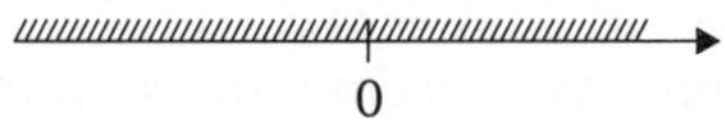

EXERCÍCIOS RESOLVIDOS

1. Representar graficamente os seguintes conjuntos:

1.1 $[2, 5] \cup [3, 7]$

Solução:

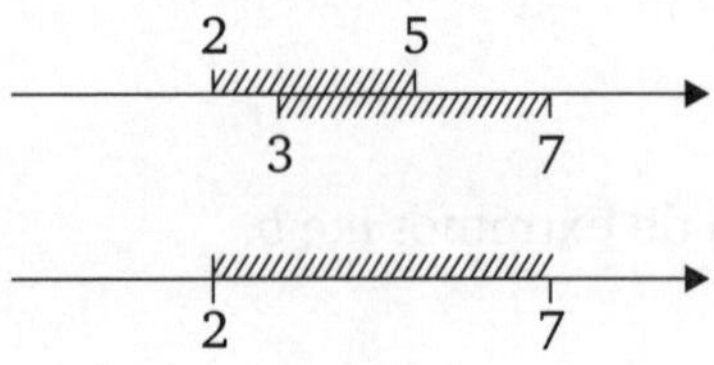

1.2 $[2, 5] \cap [3, 7]$

Solução:

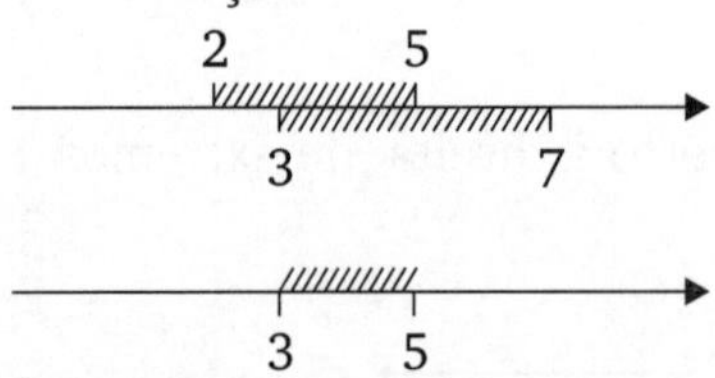

1.3 $[0, 3[\cup]1, 5[$

Solução:

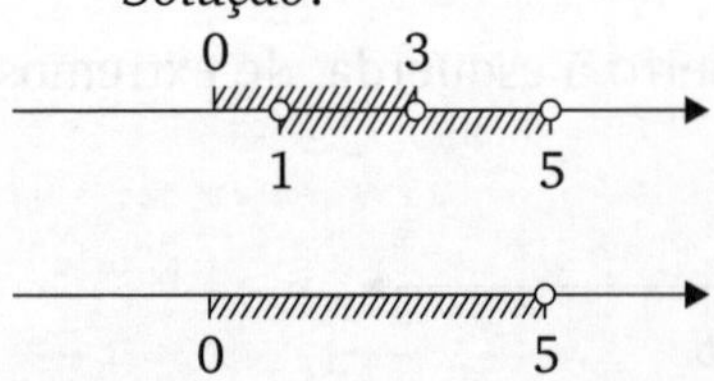

1.4 $[0, 3[\cap]1, 5[$

Solução:

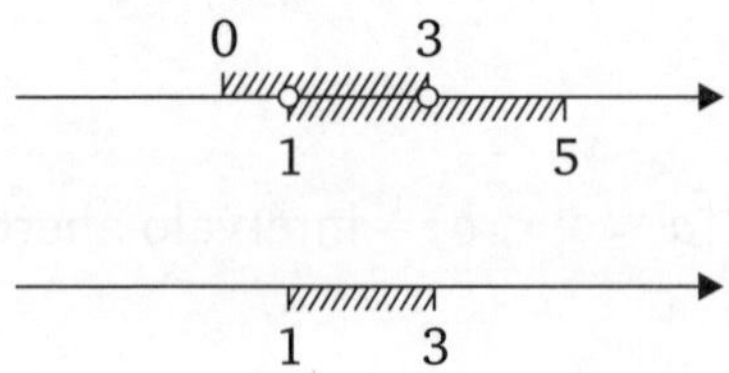

1.5 $[1, 5] -]3, 6[$

Solução:

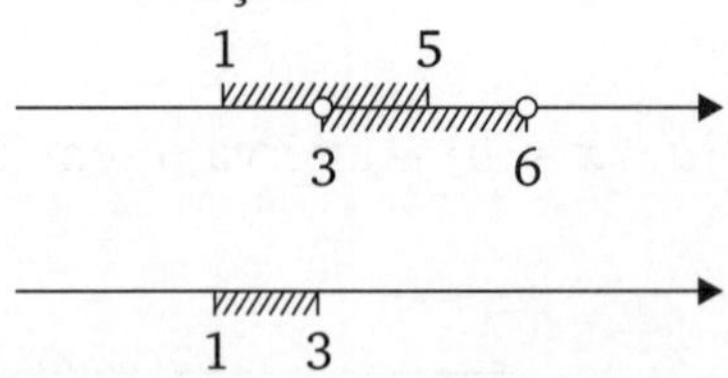

2 Resolver a desigualdade: $|x^2 - 9| < 5$

2.1 $|x^2 - 9| < 5$

Sabemos que $|x^2 - 9| < 5$ é equivalente a $x^2 - 9 < 5$ e $x^2 - 9 > -5$.

(a) Solução de $x^2 - 9 < 5$

$x^2 - 9 < 5$ ou $x^2 - 14 < 0$

Determinamos as raízes de $x^2 - 14 = 0$ e temos a solução:

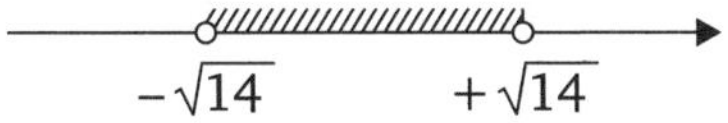

(b) Solução de $x^2 - 9 > -5$

$x^2 - 9 > -5$ ou $x^2 - 4 > 0$

Determinamos as raízes de $x^2 - 4 = 0$ e temos a solução:

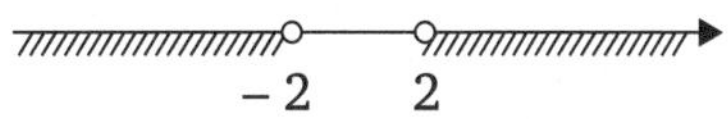

De (a) e (b) vem:

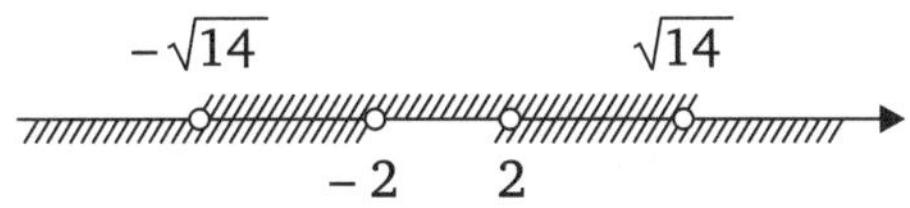

Solução:

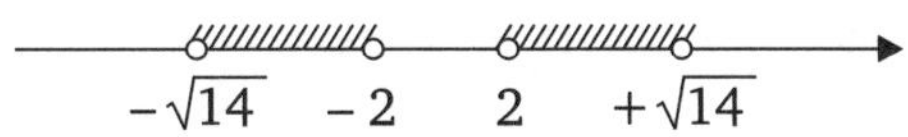

Portanto: $-\sqrt{14} < x < -2$ ou $2 < x < \sqrt{14}$

EXERCÍCIOS PROPOSTOS

1. Dados os conjuntos $A - [0, 3]$ e $B =]1, 5[$, representar graficamente os conjuntos:

1.1 $A \cup B$ 1.4 $B - A$

1.2 $A \cap B$ 1.5 $R - A$

1.3 $A - B$ 1.6 $R - B$

2. Resolver as desigualdades:

2.1 $|x^2| \leq 9$ 2.4 $\left|\frac{1}{x^2}\right| > 5$

2.2 $|-x^2 + 5x| > 6$ 2.5 $|1 - x^2| \leq 3$

2.3 $|x^2 + 5x| > 6$ 2.6 $|2 - 3x^2| < 1$

RESPOSTAS

2.1 $S = \{x \in R | -3 \leq x \leq 3\}$

2.2 $S = \{x \in R | x < -1 \text{ ou } 2 < x < 3 \text{ ou } x > 6\}$

2.3 $S = \{x \in R | x < -6 \text{ ou } -3 < x < -2 \text{ ou } x > 1\}$

2.4 $S = \left\{x \in R \mid -\frac{\sqrt{5}}{5} < x < \frac{\sqrt{5}}{5}, x \neq 0\right\}$

2.5 $S = \{x \in R | -2 \leq x \leq 2\}$

2.6 $\left\{x \in R \mid -1 < x < -\frac{\sqrt{3}}{3} \text{ ou } \frac{\sqrt{3}}{3} < x < 1\right\}$

10 APLICAÇÕES

10.1 Número de elementos de um conjunto

A seguir, utilizaremos a teoria dos conjuntos na solução de alguns problemas. Os conjuntos podem ser classificados no que se refere à quantidade de elementos que os constituem, em conjuntos finitos e infinitos.

Se a quantidade de elementos de um conjunto A pode ser expressa por um número natural n, diremos que A é finito e que tem n elementos. Caso contrário, diremos que A é infinito.

Se A é finito, o número de elementos de A será indicado por $n(A)$.

Exemplos:

$$A = \{4, 5, 0, 2\} \Rightarrow n(A) = 4$$
$$B = \{0, -1, 3, 2, 5\} \Rightarrow n(B) = 5$$

Os seguintes conjuntos são infinitos: N, Z, Q, R, $[1, 2]$.

EXERCÍCIOS PROPOSTOS

1. Sejam A e B dois conjuntos tais que $n(A) = 12$, $n(B) = 10$ e $n(A \cup B) = 15$.

   Determinar:

   1.1 $n(A \cap B)$

   1.2 $n(B - A)$

   1.3 $n(A - B)$

Solução:

Sejam x, y e z, respectivamente, o número de elementos de $A \cap B$, $B - A$ e $A - B$.

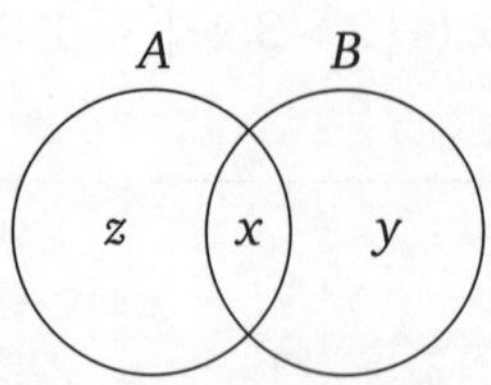

$$n(A \cup B) = 15 \Rightarrow x + y + z = 15 \quad (1)$$
$$n(A) = 12 \Rightarrow x + z = 12 \quad (2)$$
$$n(B) = 10 \Rightarrow x + y = 10 \quad (3)$$

Substituindo (2) em (1), obtemos: $y + 12 = 15 \therefore y = 3$

Fazendo $y = 3$ em (3), obtemos: $x = 7$

Fazendo $x = 7$ e $y = 3$ em (1), obtemos: $z = 5$

Logo: $n(A \cap B) = 7$, $n(B - A) = 3$ e $n(A - B) = 5$.

2. Uma pesquisa de mercado sobre a preferência de 200 consumidores por três produtos P_1, P_2 e P_3 mostrou que, dos entrevistados,

   20 consumiam os três produtos;

   30 os produtos P_1 e P_2;

   50 os produtos P_2 e P_3;

   60 os produtos P_1 e P_3;

   120 o produto P_1 e

   75 o produto P_2.

   Se todas as 200 pessoas entrevistadas deram preferência a pelo menos um dos produtos, pergunta-se:

   2.1. Quantas consumiam somente o produto P_3?

   2.2. Quantas consumiam pelo menos dois dos produtos?

   2.3. Quantas consumiam os produtos P_1 e P_2, e não P_3?

Solução:

Designando por A, B, e C respectivamente o conjunto dos consumidores dos produtos P_1, P_2 e P_3, podemos escrever:

$n(A \cap B \cap C) = 20$
$n(A \cap B) = 30$
$n(B \cap C) = 50$
$n(A \cap C) = 60$
$n(A) = 120$
$n(B) = 75$

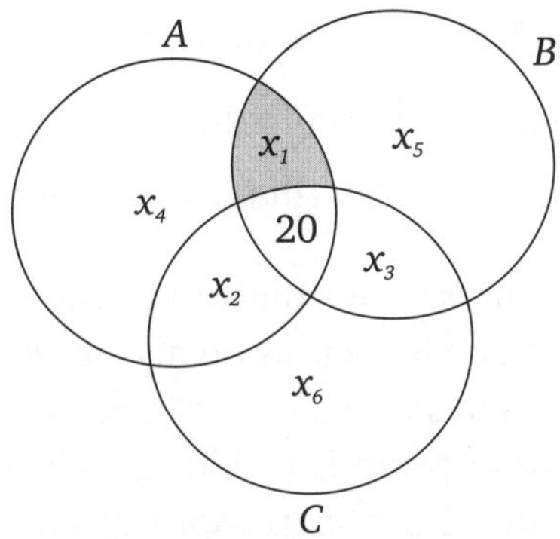

Como $n(A \cap B \cap C) = 20$ e $n(A \cap B) = 30$ resulta que a parte sombreada correspondente a x_1 tem $30 - 20 = 10$ elementos (vide figura). De modo análogo, como $n(A \cap C) = 60$, a parte correspondente a x_2 tem $60 - 20 = 40$ elementos e a correspondente a x_3 tem $50 - 20 = 30$ elementos, já que $n(B \cap C) = 50$.

Como $n(A) = 120$, resulta que a parte de A correspondente a x_4 tem $120 - (10 + 20 + 40) = 50$ elementos. A parte B correspondente a x_5 tem $75 - (10 + 20 + 30) = 15$ elementos, já que $n(B) = 75$.

A parte de C correspondente a x_6 pode agora ser calculada e tem $200 - (50 + 15 + 20 + 40 + 30) = 35$ elementos.

Da análise feita, podemos concluir que:

2.1 35 consumiam somente o produto P_3.

2.2 $10 + 20 + 40 + 30 = 100$ consumiam pelo menos dois produtos.

2.3 10 consumiam P_1 e P_2, e não P_3.

EXERCÍCIOS PROPOSTOS

1. Um levantamento efetuado entre 600 filiados ao INSS mostrou que muitos deles mantinham convênio com duas empresas particulares de assistência médica, A e B, conforme o quadro abaixo:

Convênio com *A*	Convênio com *B*	Filiados somente ao INSS
430	160	60

Pergunta-se:

1.1 Quantos eram filiados às duas empresas A e B?

1.2 Quantos eram filiados somente à empresa A?

2. Uma empresa colocou no mercado um produto em duas embalagens diferentes, A e B. Depois de algum tempo, entrevistou 200 pessoas num supermercado sobre a preferência pelas embalagens. Dos entrevistados, 120 declararam preferir o tipo A, 142 o tipo B e 30 declararam desconhecer o produto. Quantas pessoas gostariam de encontrar o produto nas duas embalagens?
3. Numa classe, 40 alunos têm noções de inglês, 45 de francês, enquanto 16 têm noções das duas línguas. Se dois disseram não ter conhecimento algum de línguas estrangeiras, pergunta-se: quantos alunos tem a classe?

4. Uma empresa entrevistou 300 de seus funcionários a respeito de três embalagens *A*, *B* e *C* para o lançamento de um novo produto. O resultado foi o seguinte:

   160 indicaram a embalagem *A*;
   120 indicaram a embalagem *B*;
   90 indicaram a embalagem *C*;
   30 indicaram as embalagens *A* e *B*;
   40 indicaram as embalagens *A* e *C*;
   50 indicaram as embalagens *B* e *C*;
   10 indicaram as 3 embalagens.

   Pergunta-se:

   4.1 Dos funcionários entrevistados, quantos não tinham preferência por nenhuma das três embalagens?
   4.2 Quantos não indicaram a embalagem *C*?
   4.3 Quantos não indicaram as embalagens *B* ou *C*?

5. Uma pesquisa sobre a preferência dos consumidores por três categorias de veículos, *A*, *B* e *C*, de uma indústria automobilística revelou que, dos 500 entrevistados:

   210 preferiam o veículo *A*;
   230 preferiam o veículo *B*;
   160 preferiam o veículo *C*;
   90 preferiam os veículos *A* e *B*;
   90 preferiam os veículos *A* e *C*;
   70 preferiam os veículos *B* e *C*;
   120 não têm preferência por nenhuma das três categorias.

Pergunta-se:

5.1 Quantos consumidores declararam gostar das três categorias?
5.2 Quantos preferem somente uma das categorias?
5.3 Quantos declararam preferir pelo menos duas categorias?

RESPOSTAS

1.1 50	2. 92	4.1 40	4.3 140	5.2 190
1.2 380	3. 71	4.2 210	5.1 30	5.3 190

10.2 Espaços amostrais – eventos

O conjunto de todos os resultados possíveis de um experimento recebe o nome de *espaço amostral* associado ao experimento, ou simplesmente *espaço amostral do experimento*.

Exemplo 1:

Consideremos o experimento que consiste em lançar um dado e anotar o número de pontos da face superior.

As possíveis anotações são as correspondentes aos números 1, 2, 3, 4, 5 ou 6. Logo, o espaço amostral deste experimento é o conjunto:

$$S = \{1, 2, 3, 4, 5, 6\}$$

Todo subconjunto do espaço amostral de um experimento recebe o nome de *evento*. No experimento anterior o evento $A = \{2, 4, 6\}$ é o conjunto de todos os possíveis resultados pares do experimento. O evento $B = \{4, 5, 6\}$ é o conjunto de todos os possíveis resultados maiores ou iguais a 4 que podem ocorrer no lançamento do dado. O evento $\varnothing$ recebe o nome de *evento impossível*.

Exemplo 2:

O experimento consiste agora em anotar o sexo de uma criança recém-nascida. Os possíveis resultados deste experimento são: masculino (M) ou feminino (F). Temos, então, para espaço amostral do experimento o conjunto:

$$S = \{M, F\}$$

Neste caso, os possíveis eventos são os seguintes:

$$A = \varnothing; B = \{M\}; C = \{F\}; D = \{M, F\}$$

Exemplo 3:

Seja o experimento que consiste em lançar uma moeda e anotar o símbolo da face superior. Os possíveis resultados são: cara (C) ou coroa (K).

O espaço amostral, neste caso, é o conjunto:

$$S = \{C, K\}$$

Exemplo 4:

Consideremos o experimento que consiste em retirar, sem reposição, duas bolas de uma urna que contém duas bolas brancas e uma preta e anotar as cores das bolas retiradas. Os possíveis resultados são:

branca, branca	(BB)
branca, preta	(BP)
preta, branca	(PB)

Logo, o espaço amostral deste experimento é o conjunto:

$$S = \{BB, BP, PB\}$$

EXERCÍCIOS PROPOSTOS

1. Considerar o experimento que consiste em lançar um dado e observar o número de pontos da face superior. Explicitar os seguintes eventos:

   1.1 A – conjunto dos possíveis resultados maiores ou iguais a 3;

   1.2 B – conjunto dos possíveis resultados primos;

   1.3 C – conjunto dos possíveis resultados múltiplos de 3.

2. Lançar dois dados e observar o número de pontos que aparece na face superior de cada um dos dados. Construir um espaço amostral do experimento. Explicitar os seguintes eventos:

   2.1 A – conjunto dos possíveis resultados que dão soma par;

   2.2 B – conjunto dos possíveis resultados que dão soma 4;

   2.3 C – conjunto dos possíveis resultados que dão produto superior a 20;

   2.4 D – conjunto dos possíveis resultados iguais.

3. Lançar um dado, observar o número de pontos da face superior, considerar o espaço amostral associado e os seguintes eventos:

   A – subconjunto dos possíveis resultados pares;

   B – subconjunto dos possíveis resultados ímpares;

   D – subconjunto dos possíveis resultados múltiplos de 3.

Explicitar, então, os seguintes eventos:

3.1 A
3.2 B
3.3 D
3.4 $A \cap B$
3.5 $A \cup B$
3.6 $\complement A$
3.7 $\complement B$
3.8 $\complement D$
3.9 $\complement (A \cap D)$
3.10 $\complement (B \cap D)$
3.11 $(A \cap B) - D$
3.12 $(A \cap D) - B$
3.13 $(A \cup B) - D$
3.14 $\complement (D - A)$

4. De uma caixa que contém duas bolas brancas, três vermelhas e quatro pretas, retirar duas bolas e anotar as suas respectivas cores.

   Construir o espaço amostral do experimento e explicitar os seguintes eventos:

   A – conjunto dos resultados "bolas brancas";

   B – conjunto dos resultados "bolas da mesma cor";

   C – conjunto dos resultados "pelo menos uma bola branca";

   D – conjunto dos resultados "nenhuma bola branca";

   E – conjunto dos resultados "segunda bola preta".

5. Uma urna contém três lâmpadas boas (B) e duas defeituosas (D). O experimento consiste em retirar as lâmpadas uma a uma, sem reposição, até que a primeira lâmpada defeituosa seja encontrada. Construir o espaço amostral associado ao experimento.

RESPOSTAS

1. 1.1 $A = \{3, 4, 5, 6\}$ 1.2 $B = \{2, 3, 5\}$ 1.3 $C = \{3, 6\}$

2. 2.1 $A = \{(1, 1), (1, 3), (1, 5), (2, 2), (2, 4), (2, 6), (3, 1), (3, 3), (3, 5), (4, 2), (4, 4), (4, 6), (5, 1), (5, 3), (5, 5), (6, 2), (6, 4), (6, 6)\}$

   2.2 $B = \{(1, 3), (2, 2), (3, 1)\}$

   2.3 $C = \{(4, 6), (5, 5), (5, 6), (6, 4), (6, 5), (6, 6)\}$

   2.4 $D = \{(1, 1), (2, 2), (3, 3), (4, 4), (5, 5), (6, 6)\}$

3. 3.1 $A = \{2, 4, 6\}$
   3.2 $B = \{1, 3, 5\}$
   3.3 $D = \{3, 6\}$
   3.4 $A \cap B = \varnothing$
   3.5 $A \cup B = \{1, 2, 3, 4, 5, 6\}$
   3.6 $\complement A = \{1, 3, 5\}$
   3.7 $\complement B = \{2, 4, 6\}$
   3.8 $\complement D = \{1, 2, 4, 5\}$
   3.9 $\complement (A \cap D) = \{1, 2, 3, 4, 5\}$
   3.10 $\complement (B \cap D) = \{1, 2, 4, 5, 6\}$
   3.11 $(A \cap B) - D = \varnothing$
   3.12 $(A \cap D) - B = \{6\}$
   3.13 $(A \cup B) - D = \{1, 2, 4, 5\}$
   3.14 $\complement (D - A) = \{1, 2, 4, 5, 6\}$

4. $A = \{BB\}$ $C = \{BB, BV, BP, VB, PB\}$ $E = \{BP, VP, PP\}$

   $B = \{BB, VV, PP\}$ $D = \{VV, VP, PV, PP\}$

5. $S = \{D, BD, BBD, BBBD\}$

2

FUNÇÕES

1 CONCEITO

Seja D um subconjunto não vazio de números reais. Definir em D uma função f é explicitar uma regra que a cada elemento $x \in D$ faça corresponder um único número real y.

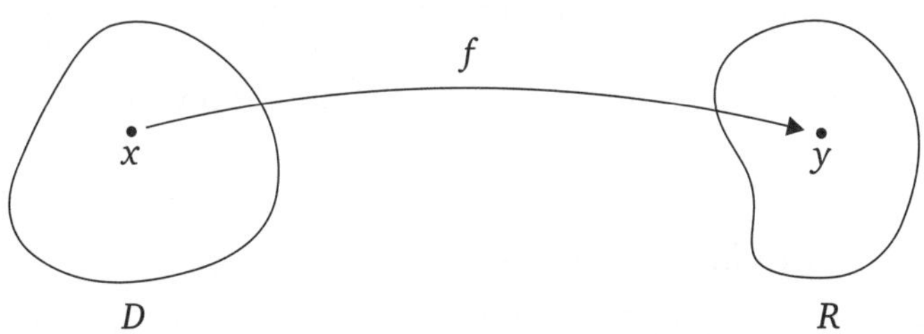

O conjunto D é chamado domínio da função f.

O número real y é o valor da função f no ponto x, e se escreve

$$y = f(x)$$

Exemplos:

1. A função f dada por $y = 2x + 10$, com $D = \{1, 2, 3\}$.

Como o domínio da função é o conjunto D, x não poderá assumir valores diferentes de 1, 2 ou 3. O valor de y correspondente a todo $x \in D$ é obtido multiplicando-se o valor de x por 2 e somando-se 10 ao resultado. Assim,

$x = 1 \Rightarrow y = f(1) = 2 \times 1 + 10 = 12$
$x = 2 \Rightarrow y = f(2) = 2 \times 2 + 10 = 14$
$x = 3 \Rightarrow y = f(3) = 2 \times 3 + 10 = 16$

2. A função g dada por $y = x^2 - 4$, com $D = [0,6]$.

O domínio de g é o intervalo fechado $[0,6] = \{x \in R \mid 0 \leq x \leq 6\}$. Portanto, x não poderá assumir valores que não pertençam a este intervalo. Por exemplo, não podemos calcular $y = g(7)$, pois, $x = 7 \notin D$.

O valor de y correspondente a todo ponto $x \in [0,6]$ é calculado elevando-se o valor de x ao quadrado e subtraindo-se 4 do resultado. Assim,

$x = 0 \Rightarrow y = g(0) = (0)^2 - 4 = -4$
$x = 2{,}3 \Rightarrow y = g(2, 3) = (2, 3)^2 - 4 = 1{,}29$
$x = \sqrt{8} \Rightarrow y = g\left(\sqrt{8}\right) = \left(\sqrt{8}\right)^2 - 4 = 8 - 4 = 4$
$x = 6 \Rightarrow y = g(6) = (6)^2 - 4 = 36 - 4 = 32$

3. A função h dada por $y = \dfrac{10}{x}$ com $D = R - \{0\}$.

O domínio de h é o conjunto dos números reais com exceção do número $x = 0$. Observemos que o número $x = 0$ não pode pertencer ao domínio de qualquer outra função dada por $y = \dfrac{10}{x}$, pois a divisão por zero não está definida.

O valor de y correspondente a todo $x \in D$ é obtido dividindo-se 10 pelo valor de x. Assim,

$x = -2 \Rightarrow y = h(-2) = \dfrac{10}{-2} = -5$

$x = 3 \Rightarrow y = h(3) = \dfrac{10}{3} = 3{,}33$

$x = \sqrt[3]{7} \Rightarrow y = h\left(\sqrt[3]{7}\right) = \dfrac{10}{\sqrt[3]{7}} = 5{,}23$

2 IGUALDADE DE FUNÇÕES

Duas funções f e g são iguais quando possuem o mesmo domínio D e $f(x) = g(x)$, para todo $x \in D$.

3 OPERAÇÕES COM FUNÇÕES

Sejam f e g funções definidas no mesmo domínio D.

3.1 Soma

Somar as funções f e g é obter a função $s = f + g$ definida em D e tal que $s(x) = f(x) + g(x)$.

Exemplo:

Sejam f e g as funções dadas, respectivamente, por $y = 5x + 1$ e $y = x^2 - 2$, ambas com domínio $D = [0, 50]$. Então, a função soma de f e g é a função $s = f + g$ definida em D e tal que $s(x) = f(x) + g(x) = (5x + 1) + (x^2 - 2) = x^2 + 5x - 1$.

3.2 Produto

Multiplicar as funções f e g é obter a função $p = f \times g$ definida em D e tal que $p(x) = f(x) \times g(x)$.

Exemplo:

O produto das funções f e g dadas, respectivamente, por $y = x^2$ e $y = 2 - x$, ambas com $x \in D = R$, é a função $p = f \times g$ definida em D e tal que $p(x) = f(x) \times g(x) = (x^2) \times (2 - x) = 2x^2 - x^3$.

3.3 Quociente

O quociente da função f pela função g, ambas com o mesmo domínio D e $g(x) \neq 0$ para todo $x \in D$, é a função $q = \dfrac{f}{g}$ definida em D e tal que $q(x) = \dfrac{f(x)}{g(x)}$.

Exemplo:

O quociente das funções f e g dadas, respectivamente, por $y = x^3 + 10$ e $y = 4 - x^2$, ambas com $x \in D = [3, 20]$ é a função $q = \dfrac{f}{g}$ definida em D e tal que, $q(x) = \dfrac{f(x)}{g(x)} = \dfrac{x^3 + 10}{4 - x^2}$. Observemos que $g(x) = 4 - x^2 \neq 0$ para todo $x \in [3, 20]$.

4 CONSIDERAÇÕES SOBRE O DOMÍNIO DE UMA FUNÇÃO

Vimos até agora que ao definir uma função devemos explicitar um domínio e uma regra. Se apenas a regra nos é fornecida, podemos construir várias funções a partir dela, bastando para isso considerar domínios diferentes.

Exemplo:

Dada a regra $y = 2x^2 + 10$, as funções f e g dadas por:

$$f: \begin{cases} D = R \\ y = 2x^2 + 10 \end{cases} \qquad g: \begin{cases} D = \{2, 4, 6\} \\ y = 2x^2 + 10, \end{cases}$$

são funções diferentes, pois não têm o mesmo domínio.

Para $x = 1$, por exemplo, f fornece $y = 12$, mas g não fornece nenhum valor, visto que g não está definida no ponto $x = 1$.

Entretanto, é comum a função aparecer apenas pela regra. Neste caso, para evitar interpretações diferentes, devemos convencionar que:

Se uma função é dada apenas pela regra, fica estabelecido que o seu domínio é o conjunto de todos os números reais x, para os quais tem sentido calcular $y = f(x)$.

Exemplos:

1. Qual o domínio da função dada por $y = x^2 - 10x + 4$?

O domínio é o conjunto de todos os números x reais para os quais é possível realizar as operações indicadas. No caso, potência (x^2), produto ($10x$), soma e subtração podem ser realizados para qualquer número real.

Assim, o domínio da função f, dada por $y = x^2 - 10x + 4$, é o conjunto $D = R$.

2. Qual o domínio da função dada por $y = \dfrac{10}{2x - 8}$?

O domínio é o conjunto de todos os números reais x para os quais é possível realizar as operações indicadas. No caso, a única restrição é a divisão, que não está definida quando o divisor é zero.

Devemos ter, então: $2x - 8 \neq 0$ ou $x \neq 4$.

Assim, o domínio da função f dada por $y = \dfrac{10}{2x - 8}$ é o conjunto $D = R - \{4\}$.

$$f: \begin{cases} D = R - \{4\} \\ y = \dfrac{10}{2x - 8} \end{cases}$$

3. Qual o domínio da função dada por $y = \dfrac{1}{\sqrt{x - 5}}$?

Neste caso, devemos ter:

① $x - 5 \geq 0$, para que exista $\sqrt{x - 5}$, ou seja, devemos ter $x \geq 5$.

e

② $\sqrt{x - 5} \neq 0$, para que exista $\dfrac{1}{\sqrt{x - 5}}$. Então, devemos ter $x - 5 \neq 0 \Rightarrow x \neq 5$.

Das condições ① e ② resulta $x > 5$.

Logo, o domínio da função f dada por $y = \dfrac{1}{\sqrt{x - 5}}$ é o conjunto $D = \{x \in R \mid x > 5\}$.

4. Qual o domínio da função dada por $y = \ln(25 - x^2)$?

Nas operações envolvidas para o cálculo de y, a única restrição que aparece é no cálculo do logaritmo, que deve ter argumento positivo. Então, deveremos ter:

$25 - x^2 > 0$

Resolvendo a equação $25 - x^2 = 0$, obtemos $x = 5$ ou $x = -5$. Pela regra de sinais do trinômio:

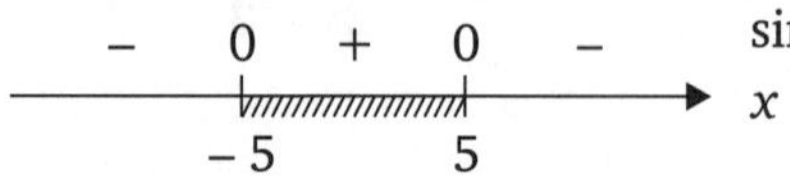

Para que $25 - x^2 > 0$, teremos $-5 < x < 5$

Assim, o domínio da função f dada por $y = \ln(25 - x^2)$ é o conjunto $D = \{x \in R \mid -5 < x < 5\}$.

5. Qual o domínio da função dada por $R = 5x$, onde x é a quantidade vendida de um produto e R a receita correspondente a esta venda?

No caso, a operação necessária ao cálculo de R (isto é, o produto $5x$) não apresenta restrição alguma. Entretanto, como x é a quantidade vendida de um produto, devemos ter, necessariamente,

$$x \geq 0$$

Portanto, o domínio da função f, definida por $R = 5x$, onde x é a quantidade vendida de um produto, é o conjunto $D = \{x \in R \mid x \geq 0\}$.

EXERCÍCIOS PROPOSTOS

Determinar o domínio da função dada por:

1. $y = 6x + 8$
2. $y = 3x^2 + 10x + 1$
3. $y = 9 - x^2$
4. $y = \dfrac{2}{1 - x}$
5. $y = \dfrac{x + 1}{x}$
6. $y = \dfrac{x^2 - 10}{9}$
7. $y = \sqrt{2x - 10}$
8. $y = \sqrt[3]{x^2 - 9}$
9. $y = \dfrac{1}{x^2 - 6x + 8}$
10. $y = \sqrt{x - x^2 + \dfrac{15}{4}}$

11. $y = \dfrac{6}{\sqrt{x^2 - 4x + 3}}$

12. $y = \sqrt{\dfrac{2x - 3}{1 - 5x}}$

13. $y = \ell n\,(x - 5)$

14. $y = \ell n\,(16 - 10x + x^2)$

15. $y = \ell n \left(\dfrac{x}{x^2 - 16}\right)$

16. $R = 7x$, onde x é quantidade vendida de um produto.

RESPOSTAS

1. $D = R$
2. $D = R$
3. $D = R$
4. $D = \{x \in R \mid x \neq 1\}$
5. $D = \{x \in R \mid x \neq 0\}$
6. $D = R$
7. $D = \{x \in R \mid x \geq 5\}$
8. $D = R$
9. $D = \{x \in R \mid x \neq 2 \text{ e } x \neq 4\}$
10. $D = \{x \in R \mid -1{,}5 \leq x \leq 2{,}5\}$
11. $D = \{x \in R \mid x < 1 \text{ ou } x > 3\}$
12. $D = \left\{x \in R \mid \dfrac{1}{5} < x \leq \dfrac{3}{2}\right\}$
13. $D = \{x \in R \mid x > 5\}$
14. $D = \{x \in R \mid x < 2 \text{ ou } x > 8\}$
15. $D = \{x \in R \mid -4 < x < 0 \text{ ou } x > 4\}$
16. $D = \{x \in R \mid x \geq 0\}$

5 REPRESENTAÇÃO GRÁFICA

A representação gráfica de uma função f com domínio D, é o conjunto dos pontos (x, y) do plano, tais que:

$$x \in D \text{ e } y = f(x)$$

Uma representação aproximada de f pode ser obtida, calculando-se alguns valores $y = f(x)$ para valores convenientes de x.

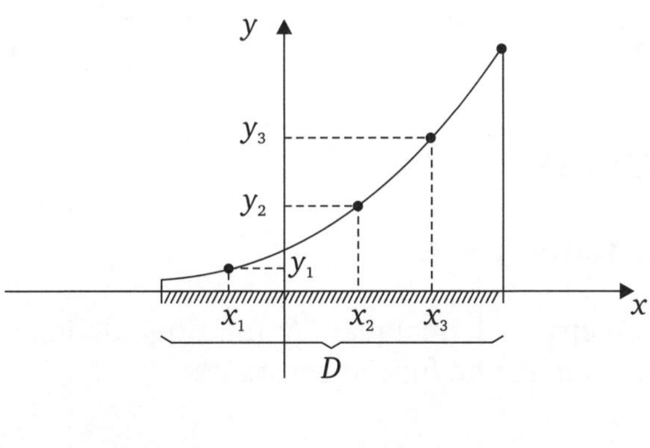

Exemplo:

Representar graficamente a função dada por $y = \frac{1}{x}$, $x > 0$

Como $x > 0$, vamos tabelar alguns valores para x e $y = \frac{1}{x}$.

x	$y = \frac{1}{x}$
0,5	2
1	1
2	0,5
3	0,33
4	0,25

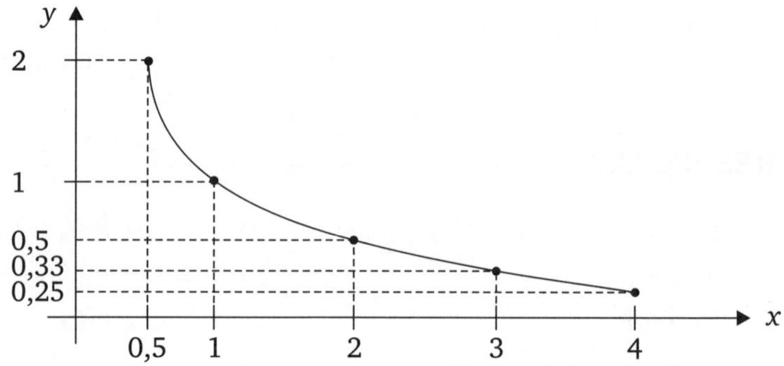

EXERCÍCIOS PROPOSTOS

Construir uma representação gráfica aproximada das funções:

1. $y = 2x + 3$

2. $y = 20 - 4x,\ x \in [0, 5]$

3. $y = \dfrac{10}{2x + 5},\ x \in [-1, 3]$

4. $y = \begin{cases} \dfrac{1}{x} \text{ se } x < 0 \\ \text{e} \\ x^2 \text{ se } x \geq 0 \end{cases}$

5. $y = \begin{cases} -1 \text{ se } x \leq 0 \\ x \text{ se } 0 < x \leq 2 \\ 2 \text{ se } x > 2 \end{cases}$

6. $y = \begin{cases} \ell n\ x \text{ se } 0 < x \leq 1 \\ x + 1 \text{ se } x > 1 \end{cases}$

6 FUNÇÕES USUAIS

6.1 Função constante, $y = k$

Seja k um número real qualquer. A função f definida em R e tal que $y = f(x) = k$, recebe o nome de função constante.

A representação gráfica da função constante é uma reta paralela ao eixo $\overrightarrow{OX}$ pelo ponto $y = k$.

Exemplo: $y = 5$

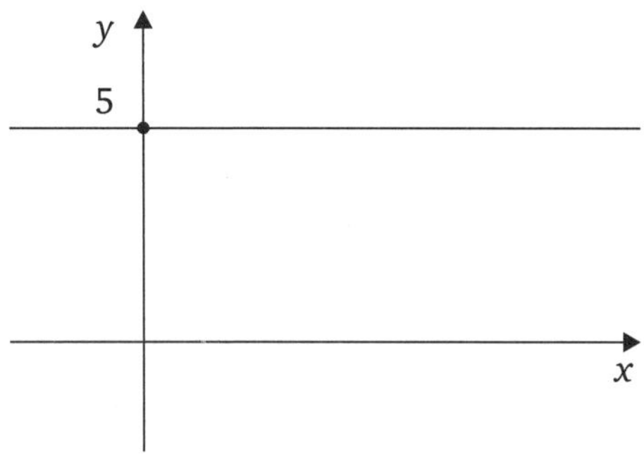

6.2 Função linear, $y = Ax$

É a função f dada por $y = Ax$, com $x \in R$ e A um número real qualquer não nulo.

A representação gráfica de uma função linear é uma reta que contém a origem (0, 0) do sistema de eixos. Necessitamos, portanto, de apenas mais um ponto para construir a reta.

Exemplo: $y = 3x$

x	$y = 3x$
0	0
2	6

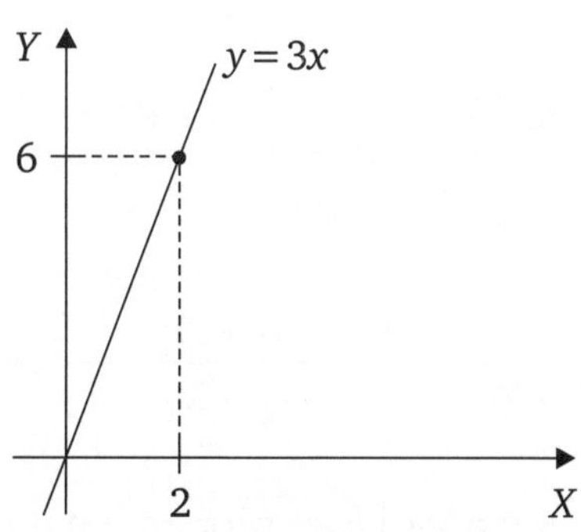

6.3 Função linear afim, $y = Ax + B$

É a função f dada por $y = Ax + B$, com $x \in R$ e A e B números reais não nulos.

A representação gráfica da função linear afim é uma reta pelo ponto ($x = 0$, $y = B$). Necessitamos de mais um ponto para a construção da reta.

Exemplo: $y = 2x + 3$

x	$y=2x+3$
0	3
2	7

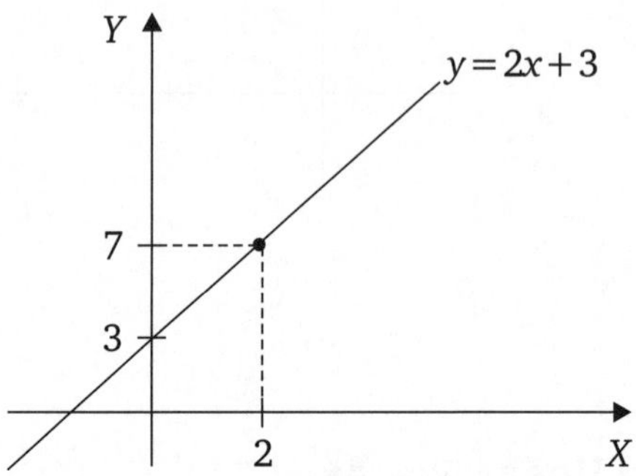

6.4 Significado dos parâmetros A e B

a. Sejam $P_1 = (x_1, y_1)$ e $P_2 = (x_2, y_2)$ dois pontos do gráfico de uma função linear afim $y = Ax + B$.

Para $x = x_1 \Rightarrow y_1 = Ax_1 + B$

$x = x_2 \Rightarrow y_2 = Ax_2 + B$

O quociente $\frac{\Delta y}{\Delta x} = \frac{y_2 - y_1}{x_2 - x_1}$ mede a variação proporcional Δy de y em relação a uma variação Δx em x. Mas,

$$\frac{\Delta y}{\Delta x} = \frac{y_2 - y_1}{x_2 - x_1} = \frac{Ax_2 + B - Ax_1 - B}{x_2 - x_1} = \frac{A\left(x_2 - x_1\right)}{x_2 - x_1} = A$$

Portanto, A é a variação proporcional de y em relação a uma variação ocorrida em x.

Em particular, se $x_2 - x_1 = 1$, então

$y_2 - y_1 = A$, isto é,

A é a variação em y para cada aumento unitário em x, e por isso é chamado *coeficiente angular da reta.*

b. Quando $x = 0$ $y = A \times 0 + B = B$, isto é,

B identifica o ponto de intersecção da reta com o eixo $\overrightarrow{OY}$.

Exemplo: $y = 5x + 2$

Coeficiente angular: $A = 5$

Um aumento unitário em x acarreta um aumento de 5 unidades em y.

Coeficiente linear: $B = 2$

A reta intercepta o eixo $\overrightarrow{OY}$ na altura $y = 2$.

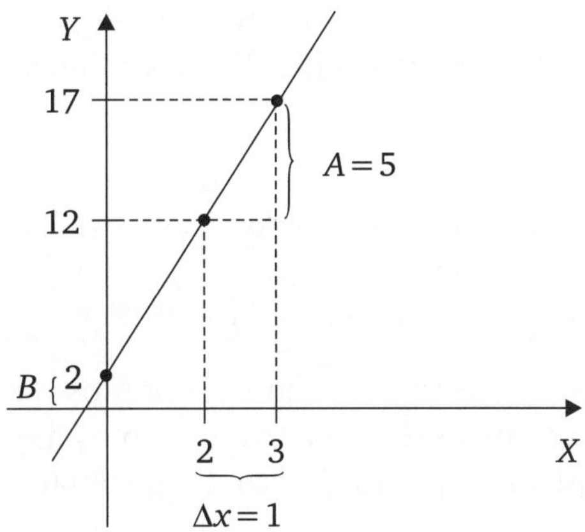

6.5 Restrição das funções constante, linear e linear afim a subconjuntos da reta

Embora o domínio dessas funções seja o conjunto dos números reais, designaremos pelos mesmos nomes as restrições destas funções a subconjuntos de números reais.

Exemplo:

(1) $y = 4, 0 \leq x \leq 3$

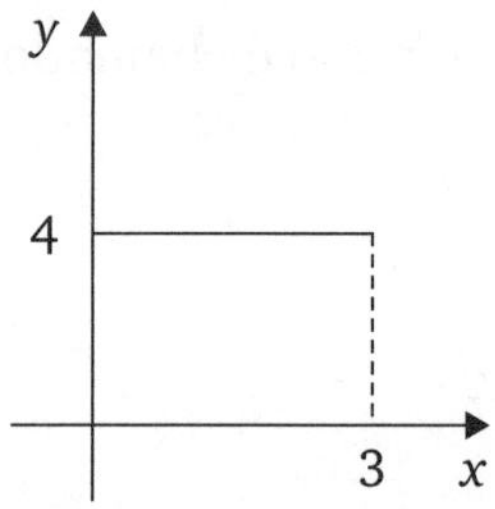

Função constante no intervalo [0, 3]

(2) $y = 2x, 1 \leq x \leq 5$

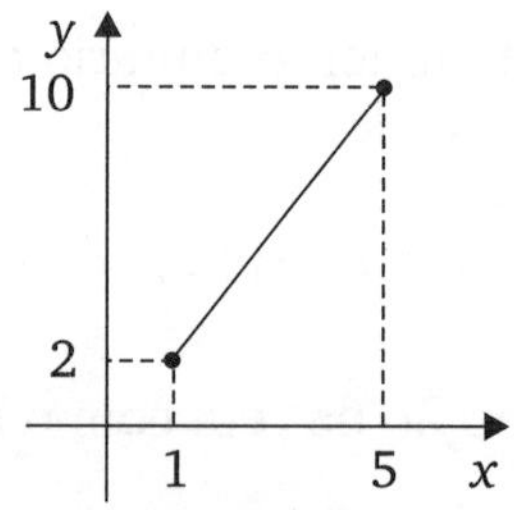

Função linear no intervalo [1, 5]

(3) $y = -4x + 12, 0 \leq x \leq 3$

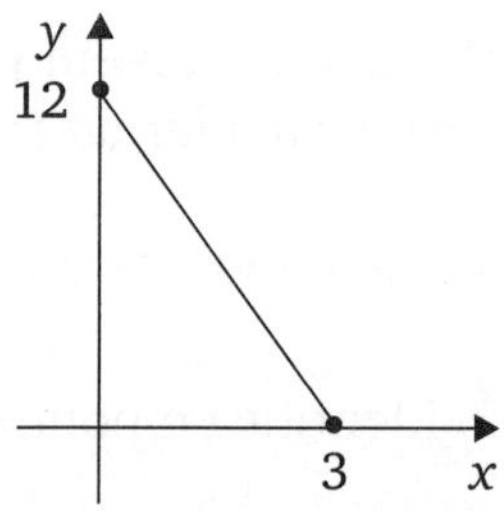

Função linear afim no intervalo [0, 3]

Obs.: ① Um hábito difundido entre autores e professores é dar o nome de função linear a toda função cuja representação gráfica seja uma reta. Não fazem, portanto, a distinção entre as funções constante, linear e linear afim. Adotaremos também este procedimento a partir de agora, e só faremos a distinção quando for necessário para a clareza do texto e no caso de algumas aplicações.

② Afirmamos sem nenhum constrangimento que a representação gráfica de uma função linear (constante, linear ou linear afim) é uma reta.

Esta afirmação pode ser esclarecida a partir do fato de que para cada aumento Δx em x temos uma variação $\Delta y = A \times \Delta x$ em y, isto é, a variação proporcional $\frac{\Delta y}{\Delta x} = A$ é constante.

Dessa forma, se (x_1, y_1) e (x_2, y_2) são dois pontos da representação gráfica da função linear e r a reta pelos dois pontos, podemos mostrar, a partir da semelhança de triângulos, que todo ponto gráfico da função tem sua representação na reta e vice-versa.

EXERCÍCIOS RESOLVIDOS

1. Equação da reta por dois pontos.

Calcular a equação de uma reta $y = Ax + B$, que contém os pontos $P_1 = (1, 3)$ e $P_2 = (3, 7)$.

Solução: Os valores A e B da equação podem ser calculados a partir do sistema de equações montado pela substituição dos valores de x e y dos pontos P_1 e P_2 na equação $y = Ax + B$.

$$\begin{aligned} P_1 &= (x_1 = 1,\ y_1 = 3) \Rightarrow \\ P_2 &= (x_2 = 3,\ y_2 = 7) \Rightarrow \end{aligned} \begin{cases} 3 = A + B \\ 7 = 3A + B \end{cases}$$

ou, multiplicando a 1ª equação por (– 1), temos

$$\begin{array}{r} -3 = -A - B \\ 7 = 3A + B \\ \hline 4 = 2A \end{array} + \quad \Rightarrow A = 2$$

Substituindo $A = 2$ na 1ª equação: $3 = 2 + B \Rightarrow B = 1$

A equação procurada é $y = 2x + 1$

2. Equação da reta por um ponto, conhecida sua inclinação.

Calcular a equação da reta que contém o ponto $P = (3, 8)$ e tem inclinação $A = -2$.

Solução:

A equação da reta $y = Ax + B$, com $A = -2$, resulta:

$$y = -2x + B$$

Substituindo os valores de x e y do ponto P:

$$P = (x = 3, y = 8) \Rightarrow 8 = -2 \times 3 + B$$
$$\text{ou } B = 14$$

A equação procurada é $y = -2x + 14$

3. Equação da reta que aproxima um conjunto de pontos do plano (critério dos mínimos quadrados).

Construir a equação $y = Ax + B$ de uma reta que aproxima um conjunto de pontos: $P_1 = (1, 5)$, $P_2 = (2, 10)$, $P_3 = (4, 12)$, $P_4 = (5, 17)$.

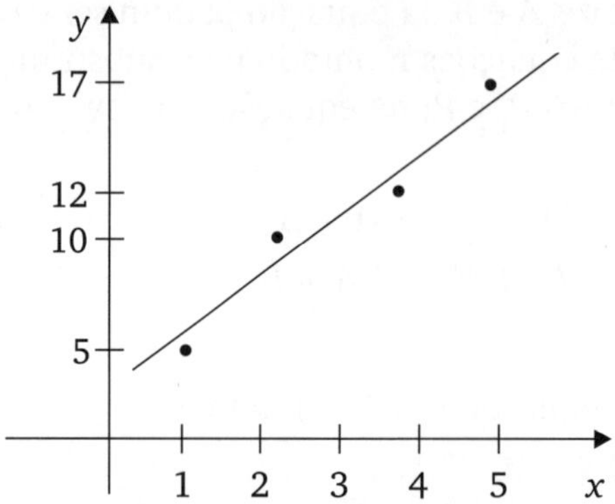

A equação de uma reta que aproxima um conjunto de pontos pelo critério dos mínimos quadrados, como mostraremos oportunamente, é dada por:

$$y = Ax + B$$

$$\text{com: } \begin{cases} A = \dfrac{\sum xy - n\overline{x}\,\overline{y}}{\sum x^2 - n\left(\overline{x}\right)^2} \\ \text{e} \\ B = \overline{y} - A\overline{x} \end{cases}$$

onde: Σxy = soma dos produtos xy

n = número de pontos observados

Σx^2 = soma dos quadrados dos valores de x

$\overline{x} = \dfrac{\sum x}{n}$ e $\overline{y} = \dfrac{\sum y}{n}$ (médias aritméticas)

Os cálculos podem ser organizados em uma tabela.

	x	y	$x \times y$	x^2
	1	5	5	1
	2	10	20	4
	4	12	48	16
	5	17	85	25
Soma = Σ	12	44	158	46

$n = 4$

$\overline{x} = \dfrac{\sum x}{n} = \dfrac{12}{4} = 3$

$\overline{y} = \dfrac{\sum y}{n} = \dfrac{44}{4} = 11$

$$A = \frac{158 - 4 \times 3 \times 11}{46 - 4 \times (3)^2} = \frac{26}{10} = 2{,}6$$

$$B = 11 - 2{,}6 \times 3 = 3{,}2$$

A equação procurada é $y = 2{,}6x + 3{,}2$

EXERCÍCIOS PROPOSTOS

1. Representar graficamente as retas dadas por:

   1.1 $y = 2x - 4, x \in [0, 5]$ 1.3 $y = 10 - 2x, x \in [0, 5]$

   1.2 $y = 6, -2 \leq x \leq 3$ 1.4 $y = 6{,}20x, x \geq 0$

2. Representar num mesmo sistema de coordenadas as retas:

   2.1 $\begin{cases} y = 2x + 5, & x \geq 0 \\ y = 3x, & x \geq 0 \end{cases}$ 2.3 $\begin{cases} y = 100 - 0{,}5x, & 0 \leq x \leq 200 \\ y = 2x - 50, & x \geq 25 \end{cases}$

   2.2 $\begin{cases} y = 5, & x \geq 0 \\ y = 4x, & x \geq 0 \end{cases}$ 2.4 $\begin{cases} y = 12 - 0{,}2x, & 0 \leq x \leq 60 \\ y = 0{,}6x - 3, & x \geq 5 \end{cases}$

3. Calcular o ponto de intersecção das retas de cada uma das questões do problema anterior e comparar o resultado em cada caso com o valor aproximado dado pelo seu gráfico.

4. Escrever a equação da reta que contém os pontos:

   4.1 $\begin{cases} P_1 = (0, 0) \\ P_2 = (2, 4) \end{cases}$ 4.4 $\begin{cases} P_1 = (2, 10) \\ P_2 = (8, 1) \end{cases}$

   4.2 $\begin{cases} P_1 = (0, 3) \\ P_2 = (8, 3) \end{cases}$ 4.5 $\begin{cases} P_1 = (0, 20) \\ P_2 = (12, 0) \end{cases}$

   4.3 $\begin{cases} P_1 = (1, 5; 4) \\ P_2 = (2, 6) \end{cases}$ 4.6 $\begin{cases} P_1 = (0, 50) \\ P_2 = (8, 0) \end{cases}$

5. Escrever a equação da reta que contém o ponto P e tem a declividade A.

   5.1 $\begin{cases} P = (0, 0) \\ A = 3 \end{cases}$ 5.4 $\begin{cases} P = (0, 20) \\ A = 2 \end{cases}$

   5.2 $\begin{cases} P = (3, 5) \\ A = 0{,}5 \end{cases}$ 5.5 $\begin{cases} P = (8, 8) \\ A = -1 \end{cases}$

   5.3 $\begin{cases} P = (0, 5) \\ A = -0{,}2 \end{cases}$ 5.6 $\begin{cases} P = (-2, 1) \\ A = 5 \end{cases}$

6. Escrever a equação da reta que aproxima o conjunto de pontos dados, usando o critério dos mínimos quadrados.

   6.1 $\{P_1 = (0, 0); P_2 = (2, 5); P_3 = (3, 8); P_4 = (4, 9)$

   6.2 $\{P_1 = (-1, 0); P_2 = (0, 2); P_3 = (1, 3); P_4 = (2, 6); P_5 = (3, 5)$

   6.3 $\{P_1 = (0, 20); P_2 = (2, 12); P_3 = (4, 7); P_4 = (6, 3); P_5 = (8, 0{,}5)$

   6.4 $\{P_1 = (1, 20); P_2 = (5, 40); P_3 = (10, 70); P_4 = (15, 90)$

7. Construa a representação gráfica de cada um dos pontos dos itens do problema 6.

   7.1 Trace agora a reta que na sua opinião melhor ajusta o conjunto de pontos de cada item do problema 6.

   7.2 Calcule, pelos gráficos obtidos, os valores de A e B de cada reta. Lembre-se de que o coeficiente A pode ser obtido a partir da reta, medindo-se a variação de y para um aumento unitário em x. O coeficiente B é a altura da intersecção da reta com o eixo $\overrightarrow{Oy}$.

   7.3 Comparando a reta de regressão (problema 6) com a reta que você traçou em cada item, você está convencido de que a reta de regressão apresenta melhor ajuste que a reta que você traçou?

   7.4 Comparando os 4 itens do problema 6, qual deles apresenta melhor ajuste, na sua opinião?

RESPOSTAS

1.1

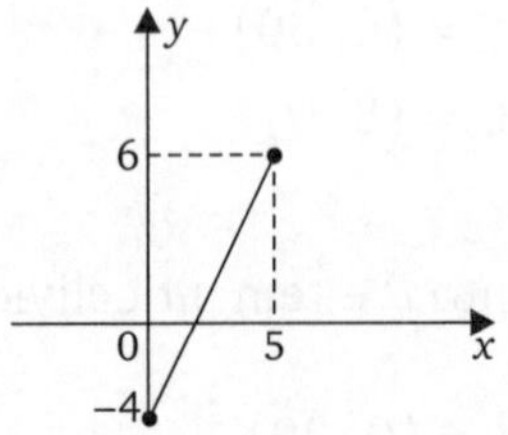

1.2

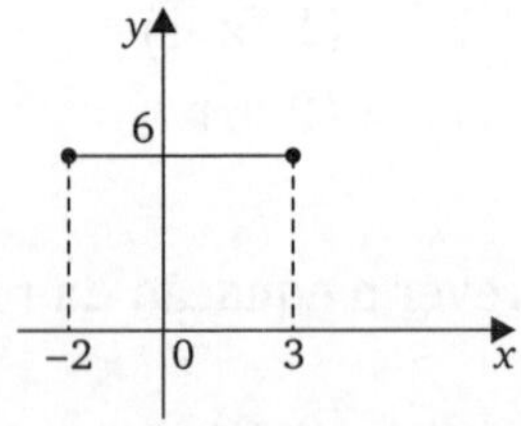

1.3

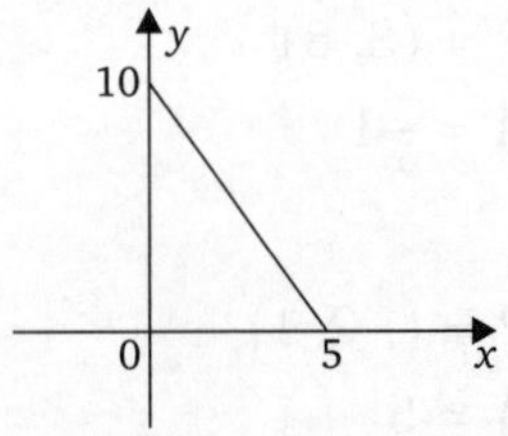

1.4

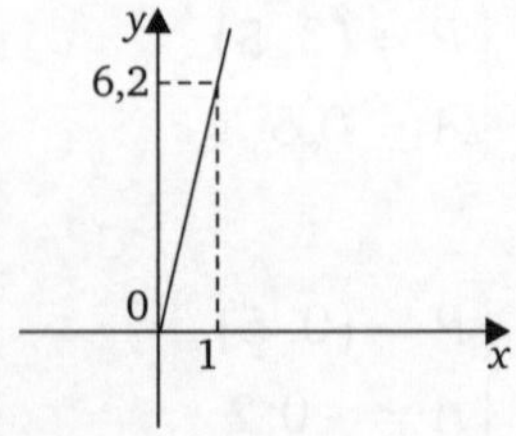

2.1

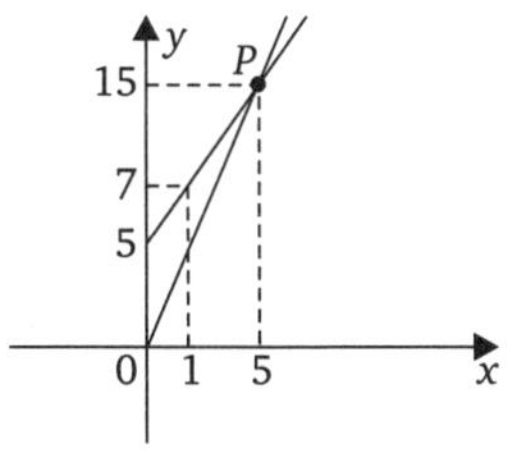

2.2

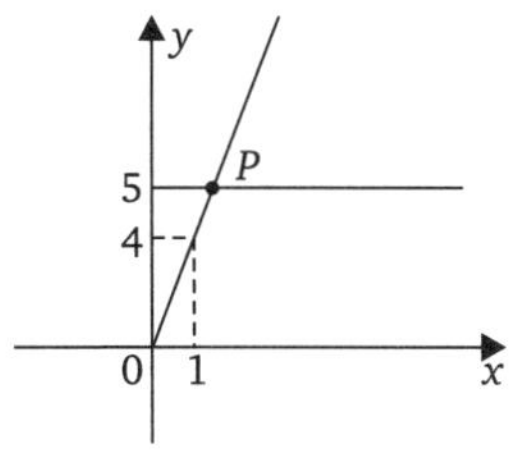

2.3

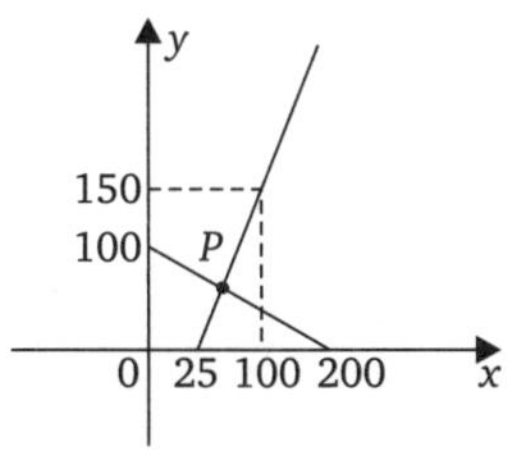

2.4

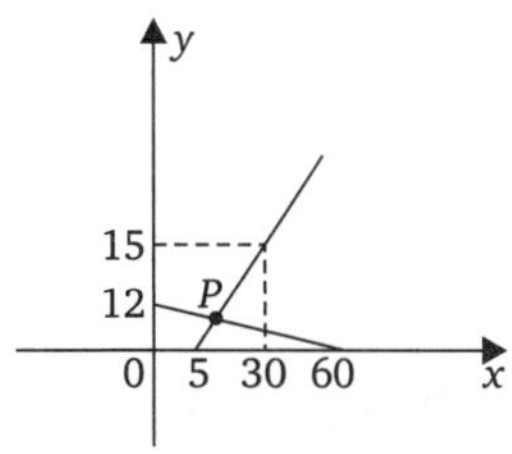

3.1 $P = (5, 15)$

3.2 $P = \left(\frac{5}{4}, 5\right)$

3.3 $P = (60, 70)$

3.4 $P = (18, 75; 8, 25)$

4.1 $y = 2x$

4.2 $y = 3$

4.3 $y = 4x - 2$

4.4 $y = -1{,}5x + 13$

4.5 $y = \frac{-5}{3}x + 20$

4.6 $y = -6{,}25x + 50$

5.1 $y = 3x$

5.2 $y = 0{,}5x + 3{,}5$

5.3 $y = -0{,}2x + 5$

5.4 $y = 2x + 20$

5.5 $y = -x + 16$

5.6 $y = 5x + 11$

6.1 $y = 2{,}3429x + 0{,}2286$

6.2 $y = 1{,}4x + 1{,}8$

6.3 $y = -2{,}4x + 18{,}1$

6.4 $y = 5{,}1016x + 15{,}4628$

7 FUNÇÃO QUADRÁTICA: $y = Ax^2 + Bx + C$

É a função f dada por $y = Ax^2 + Bx + C$, com $x \in R$ e onde A, B e C são números reais quaisquer, com $A \neq 0$.

A representação gráfica da função quadrática é uma parábola, cujos pontos principais são:

a. Cruzamento com o eixo $\overrightarrow{Ox}$

   São as raízes da equação $Ax^2 + Bx + C = 0$

b. Cruzamento com o eixo $\overrightarrow{Oy}$

   É o ponto correspondente a $x = 0 \therefore y = C$

c. Vértice

   Corresponde ao ponto $\begin{cases} x = \dfrac{-B}{2A} \\ y = \dfrac{-\left(B^2 - 4AC\right)}{4A} \end{cases}$

d. Eixo de simetria

   É a reta $x = \dfrac{-B}{2A}$

Exemplo 1:

Construir a representação gráfica da função quadrática $y = x^2 - 6x + 8$

Solução:

a. Cruzamento com o eixo $\overrightarrow{Ox}$:

$$x^2 - 6x + 8 = 0 \Rightarrow x_1 = \frac{6 \pm \sqrt{36 - 32}}{2} < \begin{matrix} x_1 = 2 \\ x_2 = 4 \end{matrix}$$

b. Cruzamento com o eixo $\overrightarrow{Oy}$:

   $x = 0 \Rightarrow y = 8$

c. Vértice:

$$\begin{cases} x = \dfrac{6}{2} = 3 \\ y = \dfrac{-4}{4} = -1 \end{cases}$$

d. Eixo de simetria $x = 3$

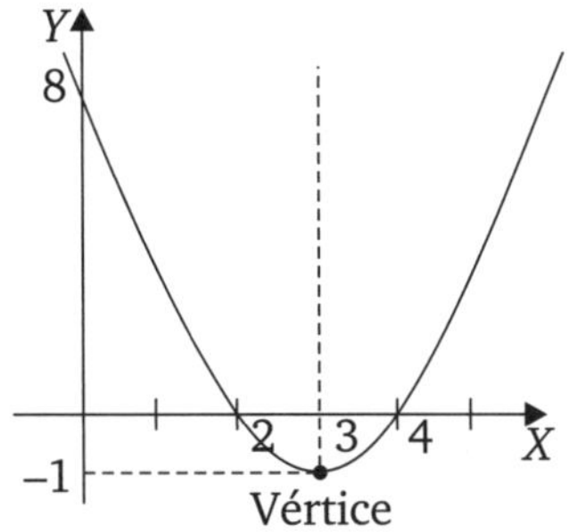

Exemplo 2:

Construir a representação gráfica da restrição da função quadrática $y = 10x - x^2$ no intervalo [0, 10]

Solução:

a. Cruzamento com o eixo $\overrightarrow{Ox}$:

$10x - x^2 = 0 \Rightarrow x = 0, x = 10$

b. Cruzamento com o eixo $\overrightarrow{Oy}$:

$x = 0 \Rightarrow y = 0$

c. Vértice:

$$\begin{cases} x = \dfrac{-10}{-2} = 5 \\ y = \dfrac{-100}{-4} = 25 \end{cases}$$

d. Eixo de simetria: $x = 5$

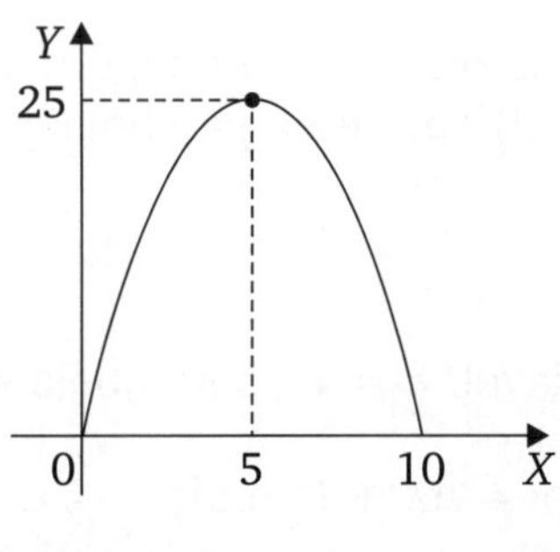

Exemplo 3:

Calcular a intersecção da reta $y = 3x + 2$ com a parábola $y = 6x - x^2$

Solução:

Resolvendo o sistema $\begin{cases} y = 6x - x^2 \\ y = 3x + 2 \end{cases}$ teremos:

$6x - x^2 = 3x + 2 \Rightarrow -x^2 + 3x - 2 = 0$

ou $x = \dfrac{-3 \pm \sqrt{9-8}}{-2} < \begin{matrix} x_1 = 1 \\ x_2 = 2 \end{matrix}$

Se $\begin{matrix} x_1 = 1 \Rightarrow y_1 = 5 \\ x_2 = 2 \Rightarrow y_2 = 8 \end{matrix}$

A intersecção se dá nos pontos $P_1 = (1, 5)$ e $P_2 = (2, 8)$

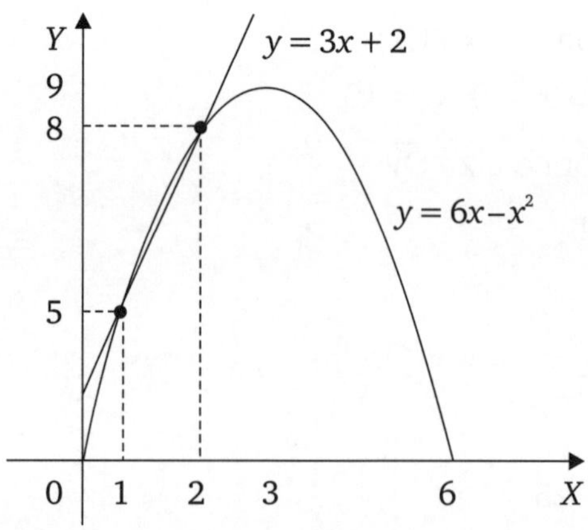

Exemplo 4:

Aproximar, usando o método dos mínimos quadrados os pontos {(0, 3), (1, 6), (2, 10), (3, 23), (4, 30)} por uma parábola da forma $y = Ax^2 + B$.

Solução:

Com a mudança da variável: $X = x^2$, a parábola se reduz a uma reta do tipo:

$$y = AX + B, \text{ onde } X = x^2$$

Construindo a tabela para o cálculo de A e B:

	$X = x^2$	y	$x \times y$	x^2
	0	3	0	0
	1	6	6	1
	4	10	40	16
	9	23	207	81
	16	30	480	256
Σ	30	72	733	354

$$A = \frac{733 - 5 \cdot \frac{30}{5} \cdot \frac{72}{5}}{354 - 5 \cdot \left(\frac{30}{5}\right)^2} = \frac{304}{174} = 1{,}730$$

$$B = \frac{72}{5} - 1{,}747 \times \frac{30}{5} = 4{,}021$$

Resposta: a parábola é dada por: $y = 1{,}730x^2 + 4{,}021$

EXERCÍCIOS PROPOSTOS

1. Representar graficamente as parábolas cujas equações são:

   1.1 $y = x^2$
   1.2 $y = -x^2$
   1.3 $y = x^2 + 1$
   1.4 $y = x^2 - 3x - 10$
   1.5 $y = -x^2 + 3x - 10$
   1.6 $y = 2 - x^2$
   1.7 $y = -x^2 + 8x - 17$
   1.8 $y = x^2 - 10x + 27$
   1.9 $y = x^2 - 0{,}9x + 0{,}7$
   1.10 $y = -x^2 + 10x - 16$

2. Representar graficamente as restrições das funções quadráticas:

   2.1 $y = x^2 - 9 \quad 0 \leq x \leq 3$
   2.2 $y = x^2 \quad 0 \leq x \leq 2$
   2.3 $y = x^2 + 2 \quad 0 \leq x \leq 3$
   2.4 $y = 16 - x^2 \quad 0 \leq x \leq 4$

3. Determinar as coordenadas dos pontos de intersecção para as seguintes curvas:

   3.1 $y = x^2 - 8x + 11; \quad y = 4$
   3.2 $y = -x^2 + 14; \quad y = 2 + 4x$
   3.3 $y = x^2 - 2; \quad y = x$
   3.4 $y = x^2 - 9x + 14; \quad y = 7 - x$

4. Aproximar, usando o método dos mínimos quadrados, os pontos: (1, 4); (2, 6); (3, 10); (4, 20) por uma parábola da forma $y = Ax^2 + B$

RESPOSTAS

3.1 (1, 4); (7, 4)
3.2 (– 6, – 22); (2, 10)
3.3 (2, 2); (– 1, – 1)
3.4 (1, 6); (7, 0)
4. $y = 1{,}07x^2 + 1{,}98$

8 APLICAÇÕES

8.1 Demanda de mercado

Seja U uma utilidade qualquer (bem ou serviço) e seja D a demanda ou procura de mercado desta utilidade a um preço P, isto é, a soma das quantidades que todos os compradores do mercado estão dispostos e aptos a adquirir ao preço P, em determinado período de tempo, que pode ser um dia, uma semana, um mês etc.

Insistimos que a demanda ou procura a que nos referimos é a de todos os compradores da utilidade e não a de um comprador individual.

A função que a todo preço P associa a demanda ou procura de mercado ao preço P é denominada *função demanda* ou *função procura de mercado da utilidade*, no período considerado.

A representação gráfica desta função constitui a curva de demanda ou de procura da utilidade.

Exemplos:

1. A função dada por $D = 45 - 5P$, onde P é o preço por unidade do bem ou serviço e D a demanda de mercado correspondente.

a. Intervalo de variação de P.

Para que haja demanda, isto é, para que $D = 45 - 5P$ seja positivo, devemos ter:

$$45 - 5P > 0 \text{ de onde vem } P < 9.$$

Portanto, o intervalo de variação de P é o intervalo $]0, 9[$.

b. Intervalo de variação de D.

Para determinar o intervalo de variação de D, basta isolar P a partir da equação $D = 45 - 5P$. Fazendo isso, obtemos $P = \dfrac{45 - D}{5}$.

Como P é positivo, devemos ter

$$\frac{45 - D}{5} > 0, \text{ isto é, } D < 45.$$

Portanto, D varia no intervalo $]0, 45[$.

c. Representação gráfica.

Conforme já estudamos, a função dada por $D = 45 - 5P$, com $P \in]0, 9[$, é uma função linear afim neste intervalo.

Portanto, sua representação gráfica é o segmento de reta que une os pontos $(P, D) = (0, 45)$ e $(P, D) = (9, 0)$, mas não os inclui:

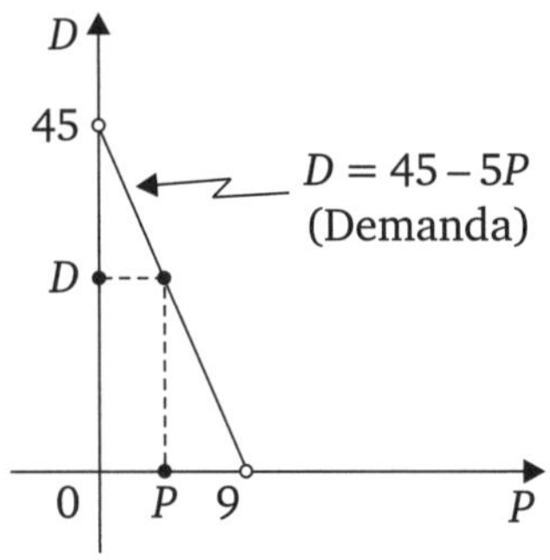

Obs.: A representação gráfica também poderia ter sido feita invertendo-se a posição dos eixos, isto é, fazendo P variar no eixo vertical e D no eixo horizontal, conforme costumam fazer os economistas (figura a seguir). Este procedimento equivale a representar graficamente P como função de D.

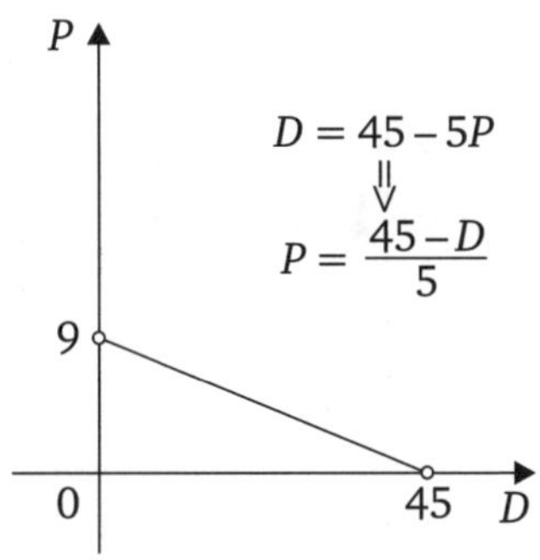

2. A função dada por $D = 16 - P^2$, em que P é o preço por unidade e D a demanda de mercado correspondente.

A função dada por $D = 16 - P^2$, com $P \in R$, é uma função quadrática. Como sabemos, sua representação gráfica é uma parábola que corta o eixo $\overrightarrow{Op}$ nos pontos $(4, 0)$ e $(-4, 0)$.

A restrição desta parábola aos pontos (P, D) do plano, com $P > 0$ e $D > 0$, é a representação gráfica da função demandada em estudo:

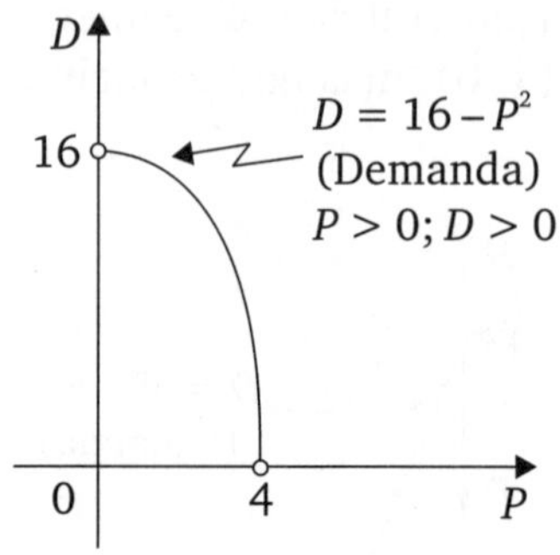

No caso, $P \in]0, 4[$ e $D \in]0, 16[$.

3. A função dada por $D = -2P^2 - 4P + 160$, onde P é o preço por unidade e D é a demanda ou procura de mercado correspondente.

A função dada por $D = -2P^2 - 4P + 160$, com $P \in R$, é uma função quadrática. Como sabemos, sua representação gráfica é uma parábola de vértice no ponto $(-1, 162)$ e que cruza o eixo $\overrightarrow{Op}$ nos pontos $(8, 0)$ e $(-10, 0)$ (figura a seguir). Sua restrição aos pontos (P, D) do plano com $P > 0$ e $D > 0$ constitui a representação gráfica da demanda em estudo.

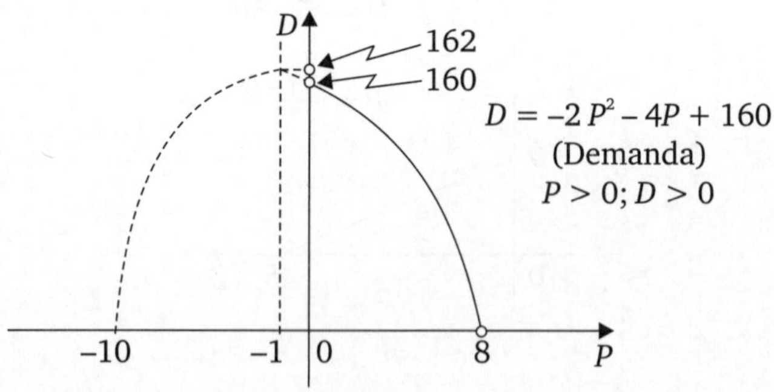

No caso $P \in]0, 8[$ e $D \in]0, 160[$.

EXERCÍCIOS RESOLVIDOS

1. Uma pesquisa sobre a demanda de mercado de um produto X levou à seguinte escala de demanda:

P = preço (R$/unidade)	D = quantidade demandada (em unidades)
20	3.500
30	2.600
40	1.800
50	1.000
60	500

1.1 Representar graficamente a escala de demanda.

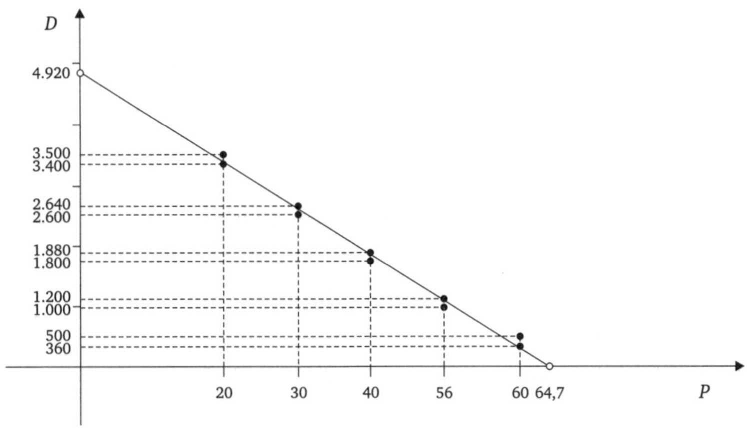

1.2 Identificar o modelo linear que melhor se ajusta à escala de demanda do produto X. Em seguida, representá-lo graficamente no mesmo sistema de coordenadas do item anterior.

Conforme já vimos, a reta que melhor se ajusta aos pares (P, D) da escala de demanda é dada por

$$(1)\ D = B + AP$$

onde

$$(2)\ B = \overline{D} - A\overline{P}$$

$$(3)\ \overline{P} = \frac{1}{5}\sum P$$

$$(4)\ \overline{D} = \frac{1}{5}\sum D$$

$$(5)\ A = \frac{\sum PD - 5\,\overline{P}\,\overline{D}}{\sum P^2 - 5\left(\overline{P}\right)^2}$$

Para facilitar os cálculos, vamos usar a tabela auxiliar:

Tabela Auxiliar			
P	D	PD	P^2
20	3.500	70.000	400
30	2.600	78.000	900
40	1.800	72.000	1.600
50	1.000	50.000	2.500
60	500	30.000	3.600
$\Sigma P = 200$	$\Sigma D = 9.400$	$\Sigma PD = 300.000$	$\Sigma P^2 = 9.000$

Fazendo os cálculos indicados em (3), (4) e (5), obtemos o valor de A.

$$A = -76$$

Em seguida, substituindo em (2), obtemos o valor de B.

$$B = 4.920$$

E, portanto, substituindo A e B em (1), temos:

$$\boxed{D = 4.920 - 76\,P}$$

A representação gráfica está na figura do exercício 1.1.

2. Suponhamos que a demanda de mercado de um produto, que é vendido em pacotes de 10 kg, seja dada por:

$$D = 4.000 - 50\,P \qquad (1)$$

2.1 Determinar o intervalo de variação de P.

$$\left.\begin{array}{l} D = 4.000 - 50P \\ D > 0 \end{array}\right\} \Rightarrow 4.000 - 50P > 0 \therefore P < 80$$

Resposta: P varia no intervalo]0, 80[.

2.2 Determinar o intervalo de variação de D.

$$D = 4.000 - 50P \Rightarrow P = 80 - \frac{1}{50}D$$

$$\left.\begin{array}{l} P = 80 - \dfrac{1}{50}D \\ P > 0 \end{array}\right\} \Rightarrow 80 - \frac{1}{50}D > 0 \therefore D < 4.000$$

Resposta: D varia no intervalo]0, 4.000[.

2.3 Representar graficamente a função demanda de mercado.

P	D
0	4.000
80	0

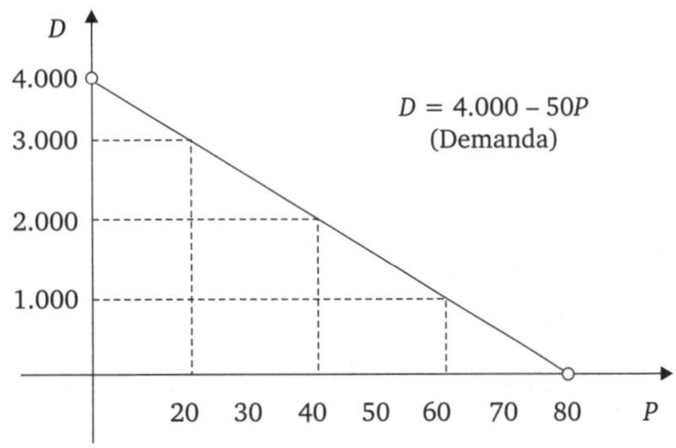

2.4 Determinar o valor da demanda para P = R\$ 60,00 e P = R\$ 40,00.

a. $\left.\begin{array}{l} D = 4.000 - 50P \\ P = 60 \end{array}\right\} \Rightarrow D = 1.000$

Resposta: 1.000 pacotes.

b. $\left.\begin{array}{l} D = 4.000 - 50P \\ P = 40 \end{array}\right\} \Rightarrow D = 2.000$

Resposta: 2.000 pacotes.

2.5 A que nível de preço a demanda será de 3.500 pacotes?

$$\left.\begin{array}{l} D = 4.000 - 50P \\ D = 3.500 \end{array}\right\} \Rightarrow P = 10$$

Resposta: R\$ 10,00 o pacote.

2.6 A partir de que preço a demanda será menor que 1.000 pacotes?

$$\left.\begin{array}{l} D = 4.000 - 50P \\ D < 1.000 \end{array}\right\} \Rightarrow 4.000 - 50P < 1.000 \therefore P > 60$$

Resposta: Para $P >$ R\$ 60,00.

2.7 A partir de que preço a demanda será maior que 2.000 pacotes?

$$\left.\begin{array}{l} D = 4.000 - 50P \\ D > 2.000 \end{array}\right\} \Rightarrow 4.000 - 50P > 2.000 \therefore P < 40$$

Resposta: Para $P <$ R\$ 40,00.

2.8 A que preços a demanda ficará entre 1.500 e 3.000 pacotes?

$$\left.\begin{array}{l} D = 4.000 - 50P \\ D > 1.500 \end{array}\right\} \Rightarrow 4.000 - 50P > 1.500 \therefore P < 50 \ (1)$$

$$\left.\begin{array}{l} D = 4.000 - 50P \\ D < 3.000 \end{array}\right\} \Rightarrow 4.000 - 50P < 3.000 \therefore P > 20 \ (2)$$

De (1) e (2) vem $20 < P < 50$.

Resposta: Para $P >$ R\$ 20,00 e $P <$ R\$ 50,00/pacote.

3. Supondo a demanda de mercado dada por $D = 16 - P^2$, resolver as questões seguintes.

3.1 Calcular o valor da demanda para $P = 3$.

$$\left.\begin{array}{l} D = 16 - P^2 \\ P = 3 \end{array}\right\} \Rightarrow D = 16 - 9 = 7$$

Resposta: $D = 7$.

3.2 Explicitar o valor de P como função de D.

$$D = 16 - P^2 \Rightarrow D - 16 = -P^2 \Rightarrow P^2 = 16 - D \therefore P = \pm\sqrt{16 - D}$$

$$\left.\begin{array}{l} P = \pm\sqrt{16 - D} \\ P > 0 \end{array}\right\} \Rightarrow P = \sqrt{16 - D}$$

Resposta: $P = \sqrt{16 - D}$.

3.3 A que preços a demanda ficará entre 7 e 15 unidades?

$$\left.\begin{array}{l} D = 16 - P^2 \\ D > 7 \end{array}\right\} \Rightarrow 16 - P^2 > 7 \Rightarrow P^2 < 9 \therefore P < 3 \ (1)$$

$$\left.\begin{array}{l} D = 16 - P^2 \\ D < 15 \end{array}\right\} \Rightarrow 16 - P^2 < 15 \Rightarrow P^2 > 1 \therefore P > 1 \ (2)$$

De (1) e (2) vem $1 < P < 3$

Resposta: Para $P >$ R\$ 1,00 e $P <$ R\$ 3,00.

3.4 Esboçar graficamente P como função de D.

$P = \sqrt{16 - D}$ (ver 3.2).

Tabela →

D	0	16	8	4	12	14	15	2
P	4	0	$\sqrt{8}$	$\sqrt{12}$	2	$\sqrt{2}$	1	$\sqrt{14}$

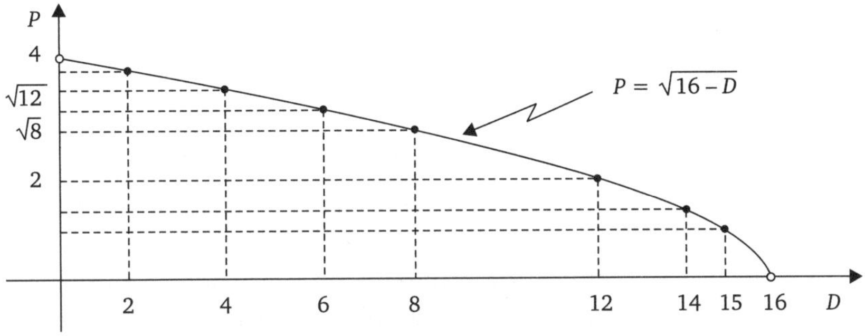

Obs.: Na tabela, empregamos os valores $D = 0$ e $D = 16$ apenas para facilitar o esboço gráfico. De fato, $D > 0$ e $D < 16$.

EXERCÍCIOS PROPOSTOS

1. Representar graficamente as demandas de mercado dadas por:

1.1 $D = 20 - 5P$

1.2 $D = 100 - 10P$

1.3 $D = 20 - 2P$

1.4 $D = 3 - 0{,}2P$

1.5 $D = 10 - 2P$

1.6 $D = 100 - \frac{4}{5}P$

1.7 $D = 25 - P^2$

1.8 $D = 49 - P^2$

1.9 $D = 121 - P^2$

1.10 $D = -P^2 - 7P + 30$

1.11 $D = -P^2 - 3P + 28$

1.12 $D = -P^2 - 3P + 18$

2. A demanda de mercado de um produto que é vendido em galões é dada por: $D = 8.000 - 100P$.

2.1 Determinar o intervalo de variação de P.

2.2 Determinar o intervalo de variação de D.

2.3 Representar graficamente a função de demanda.

2.4 Calcular os valores da demanda correspondentes aos preços $P =$ R\$ 40,00, $P =$ R\$ 50,00 e $P =$ R\$ 75,00.

2.5 A que preço a demanda será de 4.500 galões?

2.6 A que preços a demanda será menor que 2.000 galões?

2.7 A que preços a demanda será maior que 5.000 galões?

2.8 A que preços a demanda ficará entre 5.000 e 6.500 galões?

3. Responder às mesmas questões do exercício anterior quando a demanda de mercado passar a ser dada por $D = 9.600 - 120P$.

4. De um trimestre para outro, a demanda de mercado de determinado produto passou de:

$$D = 100 - 10P \ (1),$$

para $D = 150 - 10P$ (2).

4.1 Determinar os intervalos de variação de P e D nos dois casos.

4.2 Representar graficamente, num mesmo sistema de coordenadas, as duas estruturas de demanda.

4.3 Qual foi o percentual de aumento de demanda, na intersecção dos intervalos de preços correspondentes às situações (1) e (2)?

4.4 Em que intervalo de preços passou a haver demanda onde não havia no caso (1)?

5. Explicitar P como função de D nos exercícios 1.3, 1.6, 1.7, 1.9 e 1.12 e fazer um esboço gráfico para cada caso.

6. Sendo $D = -P^2 - P + 56$:

6.1 Qual o valor da demanda de mercado para $P =$ R$ 6,00?

6.2 Como fica P em função de D?

6.3 Qual o intervalo de variação de D?

6.4 Qual o intervalo de variação de P?

RESPOSTAS

2.1 $P \in \,]0, 80[$

2.2 $D \in \,]0, 8.000[$

2.4 4.000, 3.000 e 500 galões, respectivamente

2.5 R$ 35,00/galão

2.6 Para $P >$ R$ 60,00/galão

2.7 Para $P <$ R$ 30,00/galão

2.8 Para $P <$ R$ 30,00 e $P >$ R$ 15,00

3.1 $P \in \,]0, 80[$

3.2 $Q \in \,]0, 9.600[$

3.4 4.800, 3.600 e 600 galões, respectivamente

3.5 R$ 42,50/galão

3.6 $P >$ R$ 63,33

3.7 $P <$ R$ 38,33

3.8 $P <$ R$ 38,33 e $P >$ R$ 25,83/galão

4.1 Caso (1): $P \in \,]0, 10[$, $D \in \,]0, 100[$

Caso (2): $P \in \,]0, 15[$, $D \in \,]0, 150[$

4.3 $f(p) = \dfrac{5}{10 - p} \cdot 100$

4.4 [10, 15[

6.1 $D = 14$ unidades

6.2 $P = -\dfrac{1}{2} + \dfrac{1}{2}\sqrt{225 - 4D}$

6.3 $D \in \,]0, 56[$

6.4 $P \in \,]0, 7[$

8.2 Oferta de mercado

Consideremos uma utilidade qualquer (bem ou serviço) e seja S a oferta de mercado desta utilidade a um preço P, isto é, a soma das quantidades que todos os produtores estão dispostos e aptos a vender ao preço P, durante certo período de tempo.

No que se refere a este período de tempo, vale a mesma consideração feita no caso da demanda de mercado e, analogamente, insistimos no fato de que a oferta a que nos referimos é a oferta de todos os produtores da utilidade e não a de um produtor, individual.

A função que a todo preço P associa a oferta de mercado ao preço P é denominada função oferta de mercado da utilidade, no período considerado.

A representação gráfica desta função constitui a curva de oferta da utilidade, no período.

Exemplos:

1. A função dada por $S = -5 + \frac{1}{2}P$, com $10 < P \leq 20$, onde P é o preço por unidade e S é a correspondente oferta de mercado.

P	S
0	−5
10	0

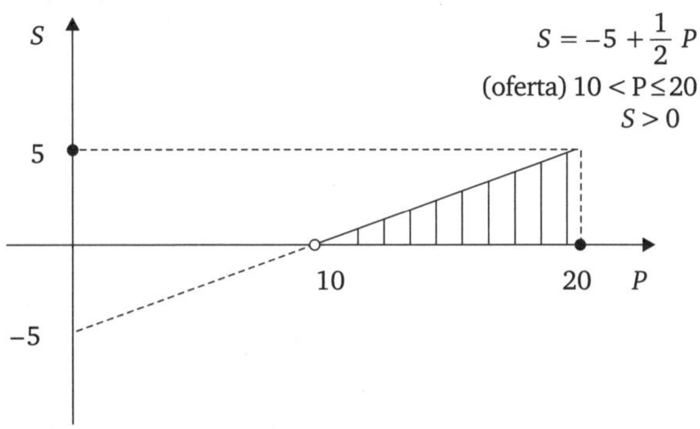

Obs.: Representação gráfica com os eixos invertidos.

$$S = -5 + \frac{1}{2}P$$
$$\Downarrow$$
$$P = 2S + 10$$

S	P
0	10
−5	0

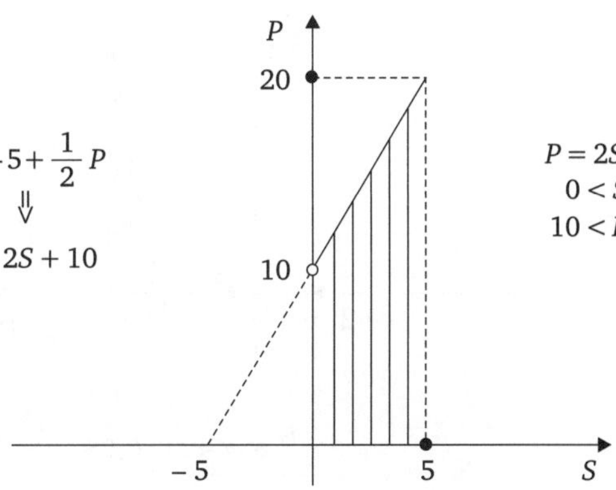

$$P = 2S + 10$$
$$0 < S \leq 5$$
$$10 < P \leq 20$$

2. A função dada por $S = P^2 - 9$ com $P \leq 5$, onde P é o preço por unidade e S é a oferta de mercado ao preço P.

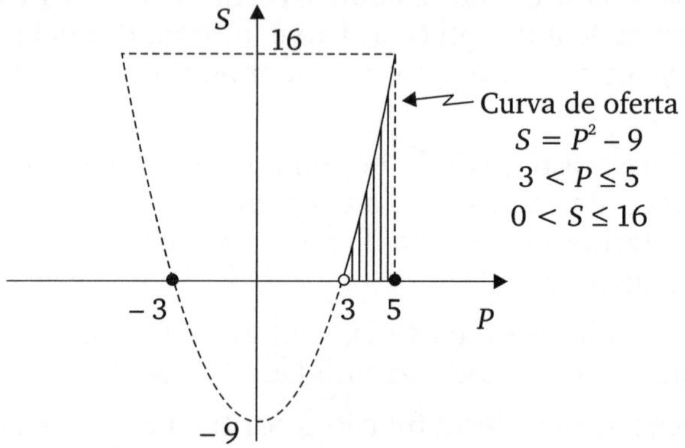

3. A função dada por $S = P^2 - 4P + 4$, com $P \leq 5$, onde P é o preço por unidade e S é a oferta de mercado correspondente.

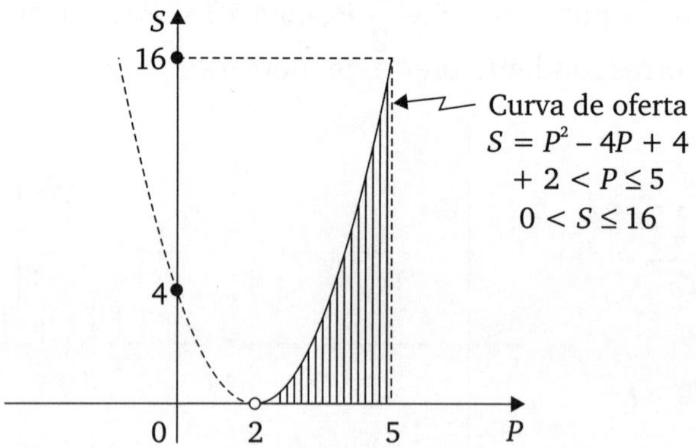

4. A função dada por $S = P^2 - P - 6$, com $P \leq 5$, onde P é o preço por unidade e S é a oferta de mercado correspondente.

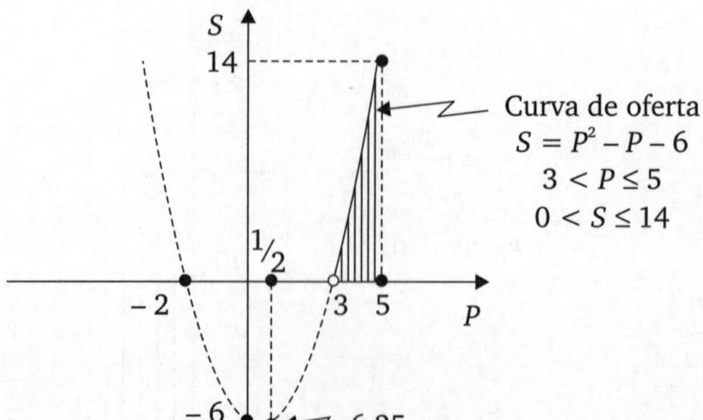

5. A função dada por $S = P^2 - 6P + 8$, com $P \leq 6$, onde P é o preço por unidade e S é a oferta de mercado correspondente.

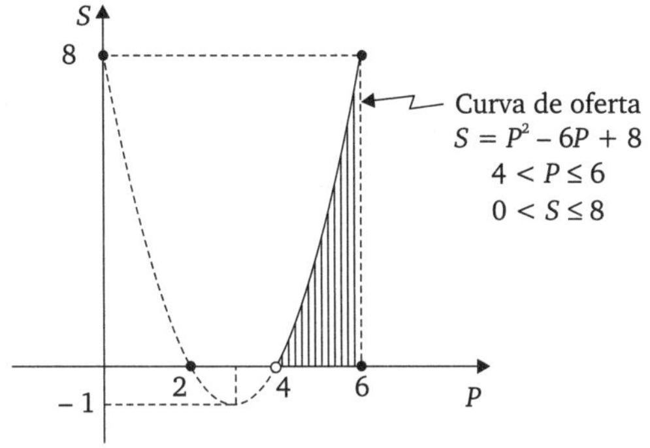

EXERCÍCIOS RESOLVIDOS

1. Uma pesquisa sobre a oferta de mercado de um produto Y levou à seguinte escala de oferta:

Escala de oferta de mercado do produto Y

P = Preço (R$/unidade)	S = Quantidade ofertada (em unidades/mês)
47	34
65	75
80	120
100	130
120	170

1.1 Representar graficamente a escala de oferta:

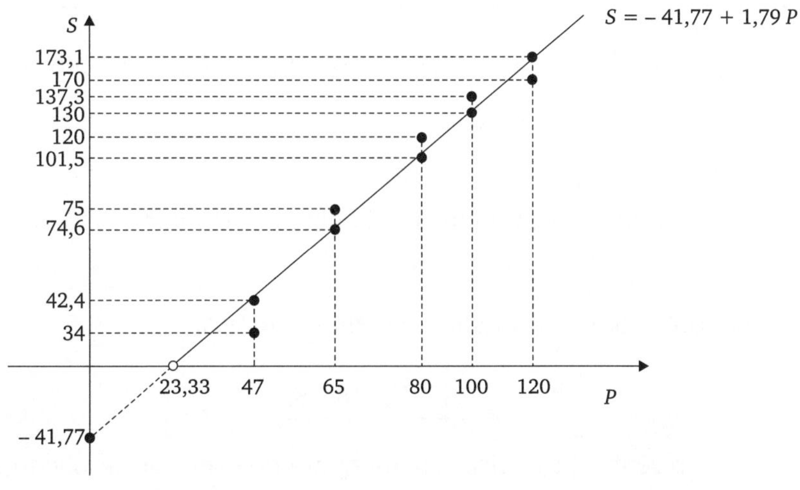

1.2 Identificar o modelo linear que melhor se ajusta à escala de oferta do produto *Y*. Em seguida, representá-lo graficamente no mesmo sistema de coordenadas do item anterior.

Conforme vimos anteriormente, a reta que melhor se ajusta aos pares (P, S) da escala de oferta é dada por:

$$S = B + AP \quad (1)$$

onde:

$$(2)\ B = \bar{S} - A\bar{P}$$

$$(3)\ \bar{P} = \frac{1}{5}\sum P$$

$$(4)\ \bar{S} = \frac{1}{5}\sum S$$

$$(5)\ A = \frac{\sum PS - 5\bar{P}\cdot\bar{S}}{\sum P^2 - 5\,(\bar{P})^2}$$

Para facilitar os cálculos, vamos usar a tabela auxiliar:

Tabela Auxiliar

P	S	PS	P^2
47	34	1.598	2.209
65	75	4.875	4.225
80	120	9.600	6.400
100	130	13.000	10.000
120	170	20.400	14.400
$\Sigma P = 412$	$\Sigma S = 529$	$\Sigma PS = 49.473$	$\Sigma P^2 = 37.234$

Fazendo os cálculos indicados em (3), (4) e (5), obtemos o valor de *A*. No caso,

$$A = 1{,}79$$

Em seguida, substituindo em (2) obtemos o valor de *B*.

$$B = -41{,}77$$

E, portanto, substituindo *A* e *B* em (1) temos:

$$\boxed{S = -41{,}77 + 1{,}79P}$$

A representação gráfica está na figura do exercício resolvido 1.1.

2. Suponha que a oferta de mercado de determinado produto seja dada por:

   (1) $S = -30 + 2P$, com $P \leq 1.300$

   2.1 A partir de que preço haverá oferta?

   Para que haja oferta, isto é, para que se tenha $S > 0$, devemos ter $-30 + 2P > 0$, de onde vem $P > 15$.

   2.2 Representar graficamente a oferta dada por $S = -30 + 2P, P \leq 1.300$:

P	S
15	0
1.300	2.570

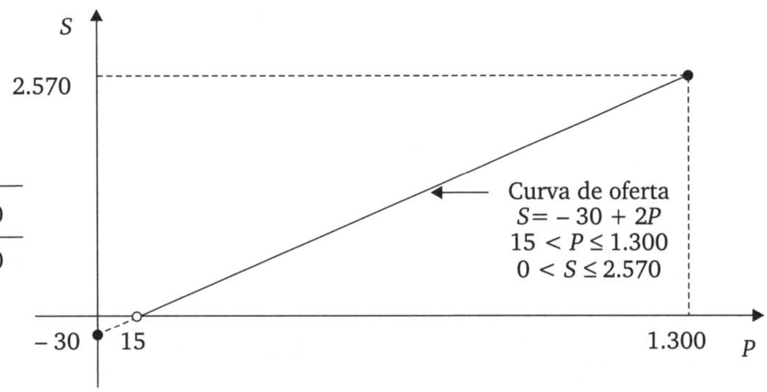

   2.3 Representar graficamente a oferta em questão, invertendo os eixos do sistema de coordenadas:

$$S = -30 + 2P$$

$$P = \frac{S + 30}{2}$$

S	P
2.570	1.300
0	15

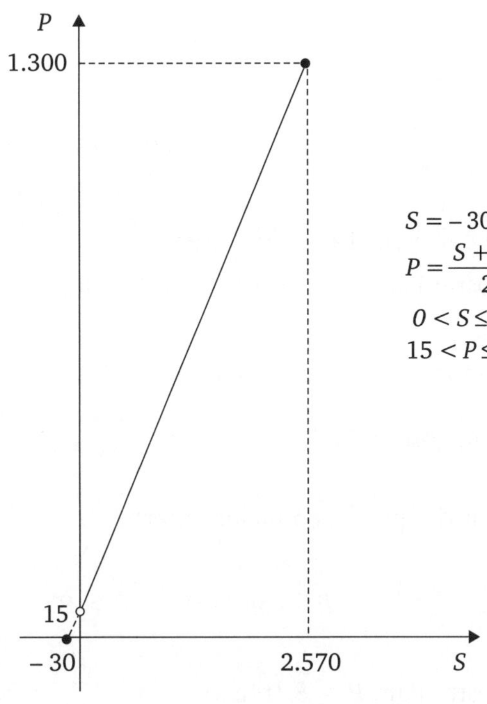

$$S = -30 + 2P$$

$$P = \frac{S + 30}{2}$$

$$0 < S \leq 2.750$$

$$15 < P \leq 1.300$$

2.4 A que preço a oferta será de 1.000 unidades?

$$\left.\begin{array}{l} S = -30 + 2P \\ S = 1.000 \end{array}\right\} \Rightarrow 1.000 = -30 + 2P \therefore P = 515$$

Resposta: Ao preço de R$ 515,00/unidade.

2.5 A partir de que preço a oferta será maior que 1.500 unidades?

$$\left.\begin{array}{l} S = -30 + 2P \\ S > 1.500 \end{array}\right\} \Rightarrow 1.500 > -30 + 2P \therefore P > 765$$

Resposta: Para $P >$ R$ 765,00.

2.6 A partir de que preço a oferta será menor que 2.500 unidades?

$$\left.\begin{array}{l} S = -30 + 2P \\ S < 2.500 \end{array}\right\} \Rightarrow -30 + 2P < 2.500 \therefore P < 1.265$$

Resposta: Para $P <$ R$ 1.265,00.

2.7 Para que preços a oferta ficará entre 250 e 750 unidades?

$$① \left.\begin{array}{l} S = -30 + 2P \\ S > 250 \end{array}\right\} \Rightarrow -30 + 2P > 250 \therefore P > 140$$

$$② \left.\begin{array}{l} S = -30 + 2P \\ P < 750 \end{array}\right\} \Rightarrow -30 + 2P < 750 \therefore P < 390$$

De ① e ② vem $140 < P < 390$

Resposta: Para $P >$ R$ 140,00 e $P <$ R$ 390,00.

3. Consideremos a oferta dada por:

$S = P^2 - 64$, com $P \leq 20$.

3.1 A partir de que preço haverá oferta?

$$\left.\begin{array}{l} S = P^2 - 64 \\ S > 0 \end{array}\right\} \Rightarrow P^2 - 64 > 0 \therefore P > 8$$

Resposta: Para $P > 8$ (reais).

3.2 Qual o valor da oferta para $P = 20$?

$$\left.\begin{array}{l} S = P^2 - 64 \\ P = 20 \end{array}\right\} \Rightarrow S = 400 - 64 = 336$$

Resposta: 336 unidades.

3.3 A que preço a oferta será de 300 unidades?

$$\left.\begin{array}{l} S = P^2 - 64 \\ S = 300 \end{array}\right\} \Rightarrow 300 = P^2 - 64 \Rightarrow P^2 = 364$$

$\therefore P = \pm\sqrt{364}$. Como P é positivo devemos ter $P = \sqrt{364} = 19{,}07$.

Resposta: Para $P = \sqrt{364} = 19{,}07$ (reais).

3.4 A partir de que preço a oferta será maior que 57 unidades?

$$\left.\begin{array}{l} S = P^2 - 64 \\ S > 57 \end{array}\right\} \Rightarrow P^2 - 64 > 57 \Rightarrow P^2 - 121 > 0 \;\therefore\; P > 11$$

Resposta: A partir de $P > 11$ (reais).

3.5 A partir de que preço a oferta será menor que 105 unidades?

$$\left.\begin{array}{l} S = P^2 - 64 \\ S < 105 \end{array}\right\} \Rightarrow P^2 - 64 < 105 \Rightarrow P^2 - 169 < 0 \;\therefore\; P < 13$$

Resposta: Para $P < 13$ (reais).

3.6 Para que valores de P a oferta ficará entre 36 e 132 unidades?

$$① \left.\begin{array}{l} S = P^2 - 64 \\ S > 36 \end{array}\right\} \Rightarrow P^2 - 64 > 36 \Rightarrow P^2 - 100 > 0 \;\therefore\; P > 10$$

$$② \left.\begin{array}{l} S = P^2 - 64 \\ S < 132 \end{array}\right\} \Rightarrow P^2 - 64 < 132 \Rightarrow P^2 - 196 < 0 \;\therefore\; P < 14$$

De ① e ② vem $10 < P < 14$

Resposta: Para $P > 10$ e $P < 14$ (reais).

3.7 Fazer um esboço gráfico da curva de oferta.

$$\left.\begin{array}{l} S = P^2 - 64 \\ S = 0 \end{array}\right\} \Rightarrow P^2 - 64 = 0 \Rightarrow P = \pm 8$$

$$\left.\begin{array}{l} S = P^2 - 64 \\ P = 20 \end{array}\right\} \Rightarrow S = 400 - 64 = 336$$

$$\left.\begin{array}{l} S = P^2 - 64 \\ P = 0 \end{array}\right\} S = -64$$

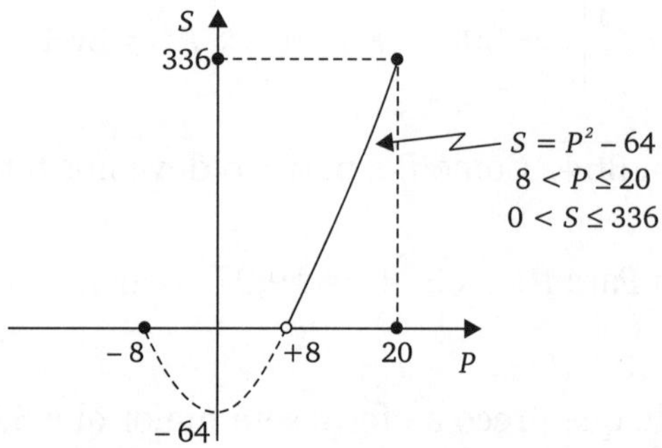

EXERCÍCIOS PROPOSTOS

1. Representar graficamente as ofertas de mercado dadas por:

   1.1 $S = -200 + 10P$, $P \leq 30$

   1.2 $S = -10 + \frac{1}{2}P$, $P \leq 30$

   1.3 $S = -5 + 0{,}5P$, $P \leq 20$

   1.4 $S = -20 + P$, $P \leq 40$

   1.5 $S = -1 + \frac{P}{10}$, $P \leq 40$

   1.6 $S = -30 + 6P$, $P \leq 15$

2. Representar graficamente as ofertas 1.1, 1.2 e 1.3 do exercício anterior, invertendo os eixos do sistema de coordenadas.
3. Representar graficamente as ofertas de mercado dadas por:

   3.1 $S = P^2 - 49$, $P \leq 10$

   3.2 $S = P^2 - 121$, $P \leq 12$

   3.3 $S = P^2 - 11P + 28$, $P \leq 10$

   3.4 $S = P^2 - 2P - 15$, $P \leq 10$

4. Seja a oferta de mercado de uma utilidade dada por:

   $S = -20 + 2P$, com $P \leq 270$ (reais).

   4.1 A partir de que preço haverá oferta?

   4.2 Qual o valor da oferta para $P = 270$ (reais).

   4.3 A que preço a oferta será de 80 unidades?

   4.4 A partir de que preço a oferta será maior que 150 unidades?

   4.5 A partir de que preço a oferta será menor que 250 unidades?

   4.6 Para que preços a oferta ficará entre 200 e 500 unidades?

5. Responder às questões do exercício anterior quando a oferta de mercado passar a ser dada por $S = -30 + 2P$, com $P \leq 300$ (reais).

6. Seja a oferta de mercado de um produto dada por $S = P^2 - 11P + 28$ com $P \leq 60$ (reais).

   6.1 A partir de que preço haverá oferta?

   6.2 Qual o valor da oferta para $P = 50$ reais?

   6.3 A que preço a oferta será de 40 unidades?

   6.4 A partir de que preço a oferta será maior que 108 unidades?

   6.5 A partir de que preço a oferta será menor que 154 unidades?

   6.6 Para que preços a oferta ficará entre 15 e 95 unidades?

RESPOSTAS

4.1 $P > 10$ reais

4.2 520 unidades

4.3 $P = 50$ reais

4.4 Para $P >$ R$ 85,00

4.5 Para $P <$ R$ 135,00

4.6 Para P entre R$ 110,00 e R$ 260,00

5.1 $P > 15$ reais

5.2 510 unidades

5.3 $P = 55$ reais

5.4 $P >$ R$ 90,00

5.5 $P <$ R$ 140,00

5.6 Para P entre R$ 115,00 e R$ 265,00

6.1 A partir de R$ 7,00/unidade

6.2 1.978 unidades

6.3 R$ 12,00

6.4 Para $P >$ R$ 16,00

6.5 Para $P <$ R$ 18,00

6.6 Para $P >$ R$ 9,65 e $P <$ R$ 15,36 (valores aproximados)

8.3 Preço de equilíbrio e quantidade de equilíbrio

O preço de equilíbrio de mercado (PE) para dada utilidade é o preço para o qual a demanda e a oferta de mercado desta utilidade coincidem.

A quantidade correspondente ao preço de equilíbrio é denominada *quantidade de equilíbrio de mercado da utilidade* (QE).

EXERCÍCIOS RESOLVIDOS

1. Dadas a demanda de mercado $D = 20 - P$ e a oferta $S = -\dfrac{20}{3} + \dfrac{5}{3}P$, com $P \leq 20$, determinar o preço de equilíbrio (PE) e a correspondente quantidade de equilíbrio (QE).

a. $D = S \Rightarrow 20 - P = -\dfrac{20}{3} + \dfrac{5}{3}P \Rightarrow P = 10$

Portanto, $PE = 10$ é o preço de equilíbrio.

b. $\left.\begin{matrix} D = 20 - P \\ P = 10 \end{matrix}\right\} \Rightarrow D = 10$

Logo, $QE = 10$ é a quantidade de equilíbrio.

c. Ilustração gráfica:

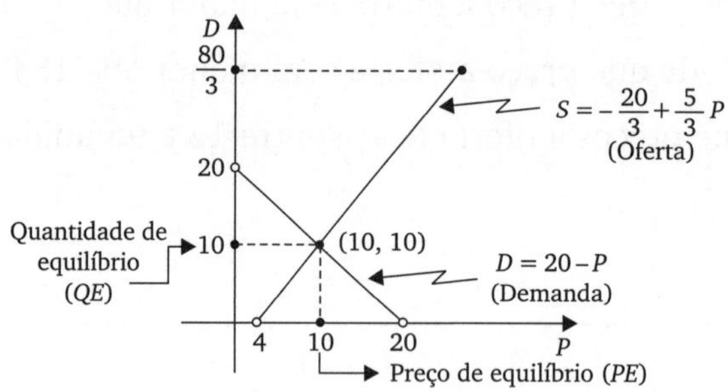

2. Dadas $D = 16 - P^2$ (demanda) e $S = -3{,}5 + 3{,}5P$ (oferta), com $P \leq 4$, determinar o preço de equilíbrio (PE) e a quantidade de equilíbrio (QE).

a. $D = S \Rightarrow 16 - P^2 = -3{,}5 + 3{,}5P \Rightarrow$

$$\Rightarrow P^2 + 3{,}5P - 19{,}5 = 0 \Rightarrow \begin{cases} P_1 = -6{,}5 \\ P_2 = 3 \end{cases}$$

Logo, $PE = 3$ é o preço de equilíbrio

b. $\left.\begin{matrix} D = 16 - P^2 \\ P = 3 \end{matrix}\right\} \Rightarrow D = 7 \therefore QE = 7$

Portanto, $QE = 7$ é a quantidade de equilíbrio.

c. Ilustração gráfica:

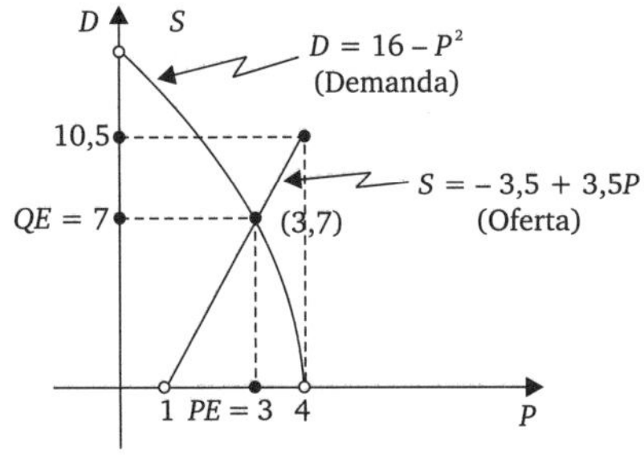

3. Dadas $D = 81 - P^2$ (demanda) e $S = P^2 - 36$, $P \leq$ (oferta), determinar o preço de equilíbrio (*PE*) e a quantidade de equilíbrio (*QE*).

a. $D = S \Rightarrow 81 - P^2 = P^2 - 36 \Rightarrow P = \pm\sqrt{\dfrac{117}{2}}$

Portanto, $PE = \sqrt{\dfrac{117}{2}} = 7{,}65$ é o preço de equilíbrio.

b. $\left.\begin{array}{l} D = 81 - P^2 \\ P = \sqrt{\dfrac{117}{2}} \end{array}\right\} \Rightarrow D = 81 - \dfrac{117}{2} = 22{,}5$

Logo, $QE = 22{,}5$ é a quantidade de equilíbrio.

c. Ilustração gráfica:

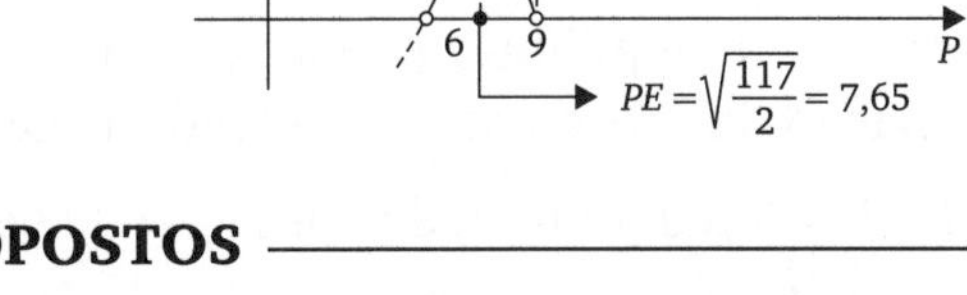

EXERCÍCIOS PROPOSTOS

1. Determinar o preço de equilíbrio e a quantidade de equilíbrio nos casos seguintes:

1.1 $D = 34 - 5P$, $S = -8 + 2P$

1.2 $D = 10 - 0{,}2P$, $S = -11 + \dfrac{1}{2}P$

2. Representar graficamente as demandas, ofertas e os preços e quantidades de equilíbrio referentes aos casos do exercício anterior.

3. Determinar o preço de equilíbrio e a quantidade de equilíbrio nos seguintes casos:

   3.1 $D = 16 - P^2, S = P^2 - 9$

   3.2 $D = 36 - P^2, S = P^2 - 16$

   3.3 $D = -2P^2 - 40P + 160, S = -1 + \frac{1}{2}P$

   3.4 $D = 81 - P^2, S = P^2 - P - 6$

4. Ilustrar graficamente a situação correspondente a cada um dos itens do exercício anterior.

   Obs.: Em qualquer um dos casos, tanto no exercício 1 quanto no exercício 3, para preços menores que o preço de equilíbrio, há um excesso de demanda (situação A), e para preços maiores que o preço de equilíbrio, há um excesso de oferta (situação B). Em consequência, na situação A, há pressão para aumento de preço, enquanto na situação B há pressão para diminuição de preço.

5. Demonstrar que, se $D = a - bP$ e $S = -c + dP$, com a, b, c, d constantes positivas, então, $PE = \dfrac{a + c}{b + d}$ e $QE = \dfrac{ad - bc}{b + d}$.

   Obs.: O sistema de equações:

$$\begin{cases} D = S \\ D = a - bp \quad (a, b > 0) \\ S = -c + dp \quad (c, d > 0) \end{cases}$$

em que D (demanda) e S (oferta) se referem a uma mesma mercadoria, é denominado "modelo de equilíbrio parcial de mercado", isto é, um "modelo de determinação de preço em um mercado isolado".

A igualdade $D = S$ é denominada condição de equilíbrio.

Resolver o modelo significa determinar a solução do sistema de equações que o constituem. Quando a solução de tal sistema tem significado econômico, ela é dada exatamente por $P = PE$ e $D = S = QE$, onde PE e QE são, respectivamente, o preço e a quantidade de equilíbrio a que nos referimos. Estes valores podem ser denominados de "valores de equilíbrio das variáveis".

6. Resolver os seguintes modelos de equilíbrio parcial de mercado:

$$6.1 \begin{cases} D = S \\ D = 50 - \dfrac{1}{3}P \\ S = -80 + 4P \end{cases}$$

$$6.2 \begin{cases} D = S \\ D = 100 - \dfrac{8}{7}P \\ S = \dfrac{-20}{6} + \dfrac{1}{3}P \end{cases}$$

7. Resolver graficamente os modelos do exercício anterior.

8. Dadas $D = a - bP$ (demanda) e $S = -c + dP$ (oferta), com $a, b, c, d > 0$, verificar, graficamente, o que ocorre nos seguintes casos:

   8.1 com a demanda e o preço de equilíbrio quando a passa para um valor $a' > a$ (aumento em a);

   8.2 com a demanda e o preço de equilíbrio quando b passa para um valor $b' > b$ (aumento em b);

   8.3 com a oferta e o preço de equilíbrio quando c passa para um valor $c' > c$ (aumento em c);

   8.4 com a oferta e o preço de equilíbrio quando d passa para um valor $d' > d$ (aumento em d).

RESPOSTAS

1.1 $PE = 6; QE = 4$

1.2 $PE = 30; QE = 4$

2.1

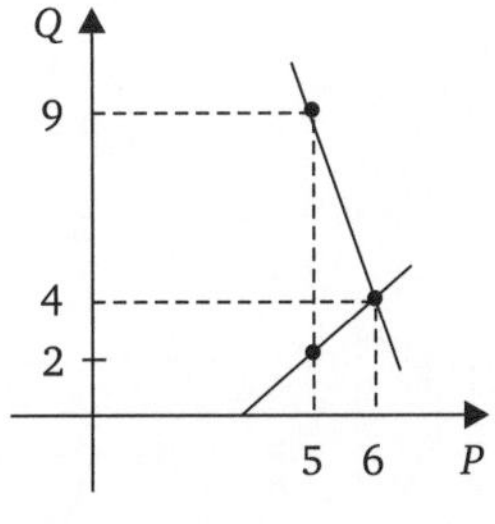

2.2

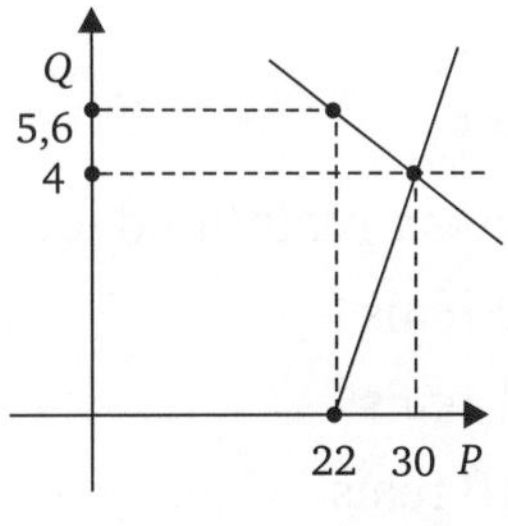

3.1 $PE = 3{,}5$; $QE = 3{,}5$

3.2 $PE = 5{,}1$; $QE = 10$

3.3 $PE = 3{,}4$; $QE = 0{,}7$

3.4 $PE = 6{,}85$; $QE = 34{,}07$

4.1

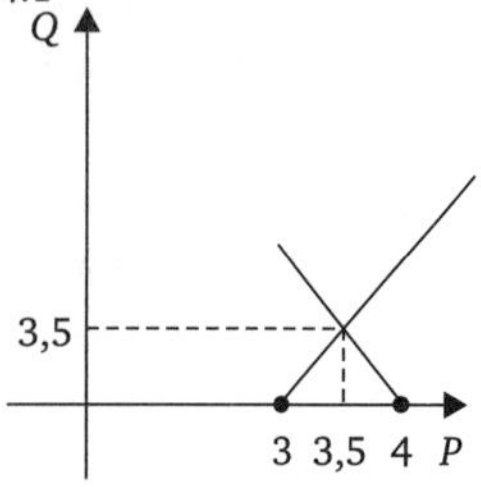

4.2

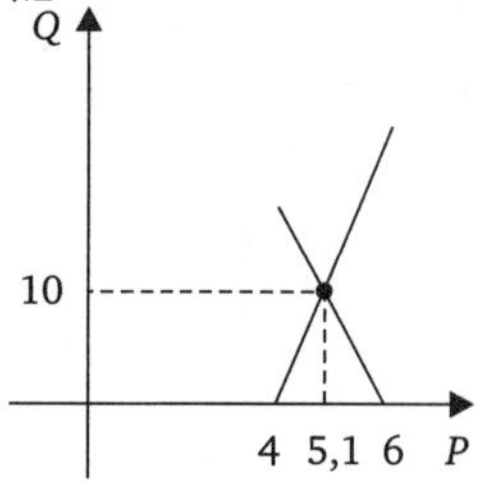

4.3

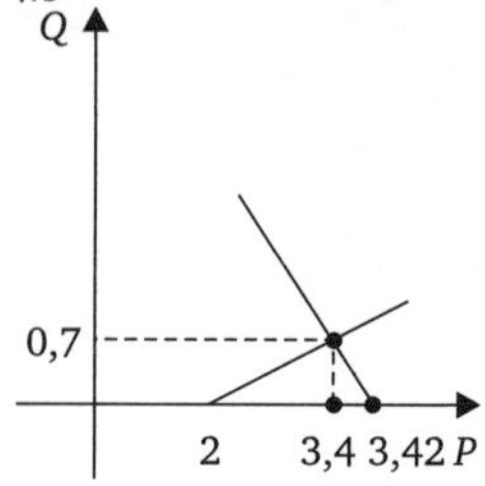

4.4

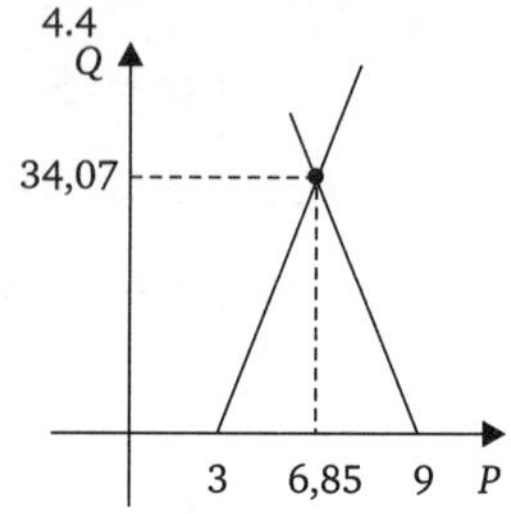

6.1 $PE = 30$; $QE = 40$

6.2 $PE = 70$; $QE = 20$

7.1

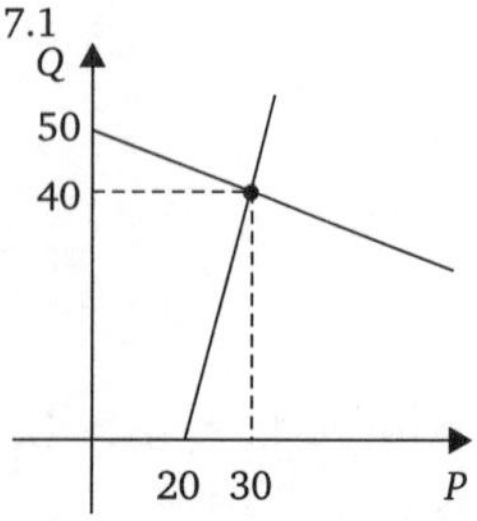

7.2

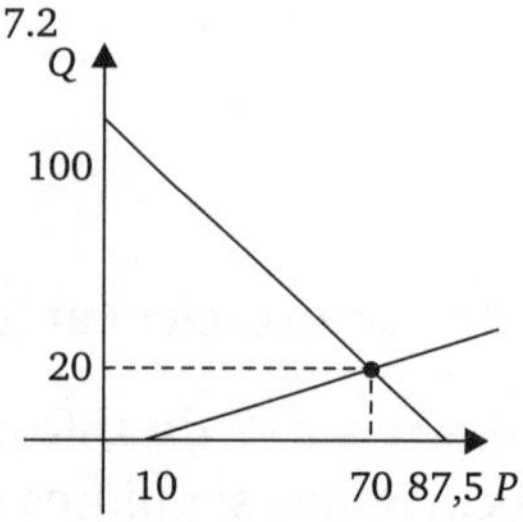

8.1 $\begin{cases} PE \text{ aumenta} \\ QE \text{ aumenta} \end{cases}$

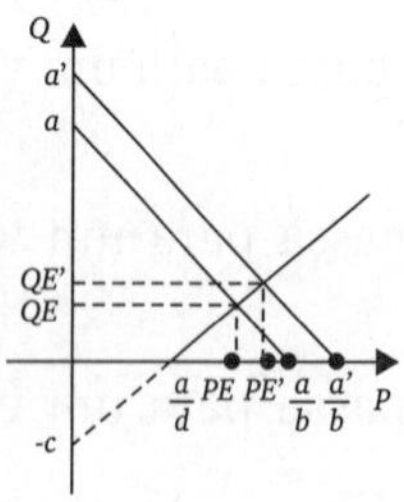

8.2 $\begin{cases} PE \text{ diminui} \\ QE \text{ diminui} \end{cases}$

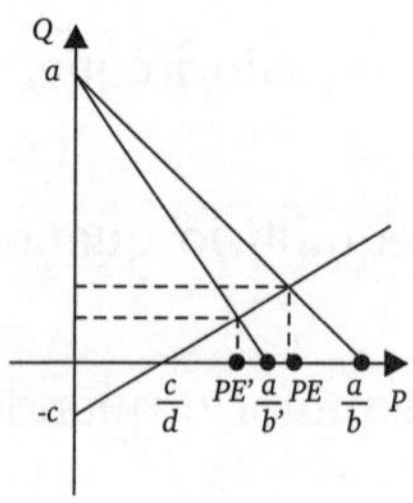

8.3 $\begin{cases} PE \text{ aumenta} \\ QE \text{ diminui} \end{cases}$

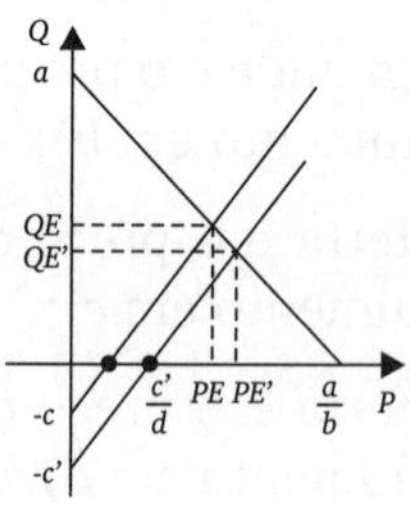

8.4 $\begin{cases} PE \text{ diminui} \\ QE \text{ aumenta} \end{cases}$

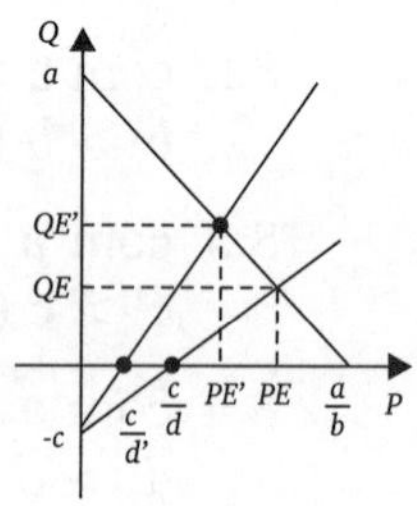

8.4 Receita total

Seja U uma utilidade (bem ou serviço) cujo preço de venda por unidade seja um preço fixo P_0, para quantidades compreendidas entre q_1 e q_2 unidades.

A função dada por $RT = P_0 \times q$, com $q_1 \leq q \leq q_2$, é denominada *função receita total* ou simplesmente *receita total*.

Exemplos:

1. $RT = 2q$, $0 \leq q \leq 5$.

   Se $P_0 = 2$ é dado em reais/unidade, então,

   $q = 1 \Rightarrow RT = 2$ reais

   $q = 4 \Rightarrow RT = 4$ reais

   $q = 5 \Rightarrow RT = 10$ reais

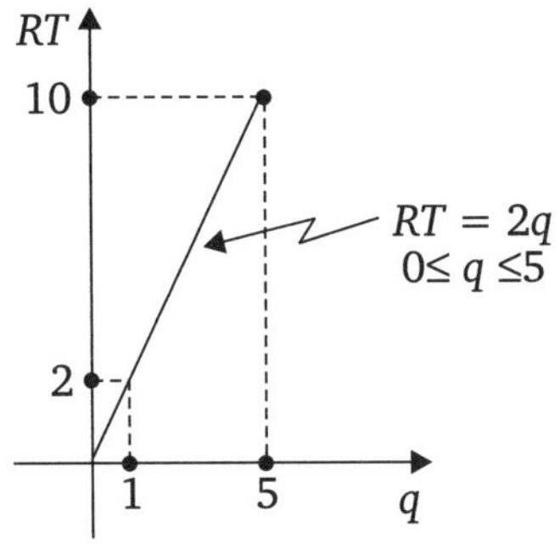

2. $RT = \frac{1}{2}q$, com $6 \leq q \leq 20$.

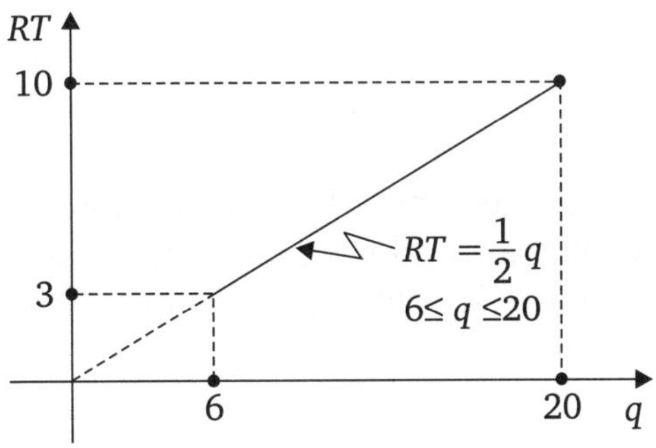

3. $RT = q$, com $20 \leq q \leq 100$.

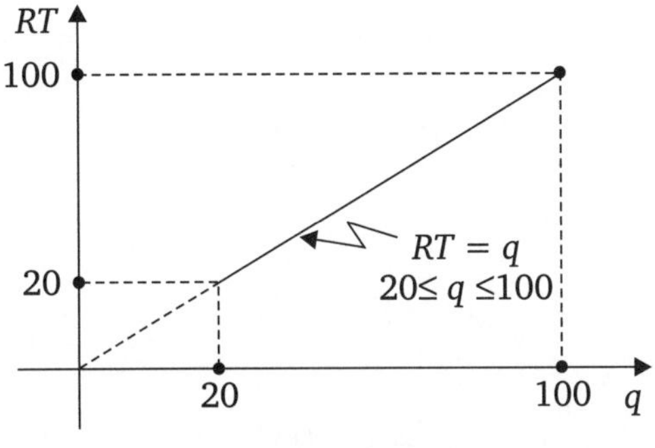

Consideremos agora a questão da receita, quando o preço de venda não é fixo.

Dada uma utilidade qualquer, seja A o conjunto de todos os pares (P, D) em que D é a demanda de mercado da utilidade ao preço P.

A função que a todo par $(P, D) \in A$ associa o número:

$$RT = P \times D \qquad (1)$$

é denominada *função receita total associada à venda da utilidade.*

O quadro abaixo ilustra a situação, mostrando os valores da receita total correspondentes a diversos preços e às respectivas demandas de mercado.

P	D	$RT = P \times D$
5	20	100
7	15	105
10	12	120
15	10	150

Conhecida a equação da demanda (D) como função do preço (P), podemos, a partir desta equação, explicitar o valor de P e substituí-lo na expressão (1). Com isso, teremos a receita total (RT) como função somente da variável D.

Exemplo 1:

Suponhamos que a demanda de mercado seja dada por $D = 40 - 5P$, em que $0 < P < 8$ e $0 < D < 40$. A partir de $D = 40 - 5P$, isolando o valor de P, obtemos:

$$\mathrm{P} = \frac{40 - D}{5}$$

e, portanto,

$$RT = P \times D = \left(\frac{40 - D}{5}\right) \cdot D = 8D - \frac{1}{5}D^2$$

ou seja, $RT = 8D - \frac{1}{5}D^2$, com $0 < D < 40$.

A figura a seguir mostra a representação gráfica da receita total (*RT*).

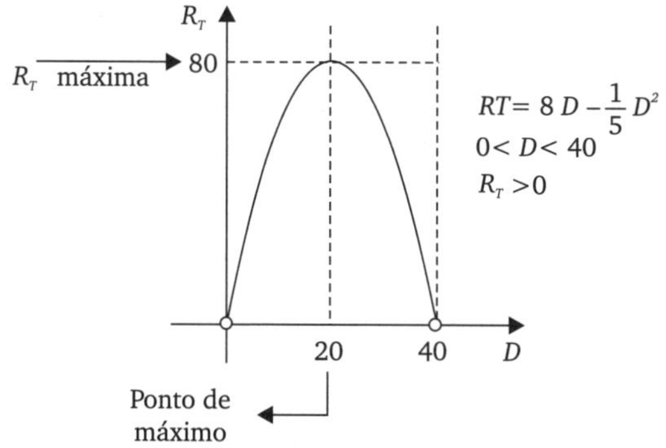

A representação gráfica da demanda (*D*) com os eixos invertidos é apresentada na figura a seguir.

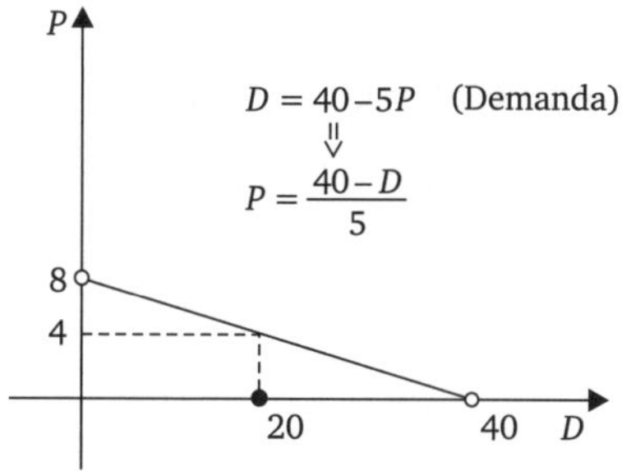

Exemplo 2:

Se a demanda de mercado for dada por $D = 36 - P^2$, resulta $P = \pm\sqrt{36 - D}$. Sendo $P > 0$, devemos escolher $P = \sqrt{36 - D}$.

Logo, $RT = P \times Q = \left(\sqrt{36 - D}\right) \times D$, ou seja, $RT = D \times \sqrt{36 - D}$.

A função receita total é dada, então, por

$RT = D \times \sqrt{36 - D}$, com $0 < D < 36$.

EXERCÍCIOS PROPOSTOS

1. Representar graficamente as funções de receita dadas por:

   1.1 $R = 0{,}4q,\ 0 \le q \le 10$

   1.2 $R = 2{,}5q,\ 1 \le q \le 20$

   1.3 $R = 4q,\ 2 \le q \le 8$

   1.4 $R = \frac{1}{5}q,\ 5 \le q \le 20$

2. Um vendedor obteve R$ 600,00 pela venda de 20 unidades de um produto. Qual deveria ter sido o preço de venda para que a receita superasse em 30% a obtida?

3. Durante os últimos 10 dias úteis, um comerciante obteve as seguintes receitas diárias em reais, pela venda de um produto, ao preço de 200 reais/unidade:

   $R_1 = 1.000$; $R_2 = 2.000$; $R_3 = 1.600$; $R_4 = 600$;
   $R_5 = 4.000$; $R_6 = 6.000$; $R_7 = 400$; $R_8 = 3.000$;
   $R_9 = 3.600$; e $R_{10} = 5.600$.

   a. Calcular a receita média do período;
   b. Qual deveria ter sido o preço de venda, para que a receita média tivesse sido 25% maior?

4. Dadas as demandas de mercado:

   4.1 $D = 20 - 2P$, completar o Quadro 1.

   4.2 $D = -P^2 + 49$, completar o Quadro 2.

   4.3 $D = -2P^2 - 4P + 160$, completar o Quadro 3.

P	*D*	*RT*
1		
3		
5		
7		
9		

Quadro 1

P	*D*	*RT*
1		
2		
3		
4		
5		

Quadro 2

P	*D*	*RT*
1		
2		
5		
6		
7		

Quadro 3

5. Estabelecer a expressão da receita total $RT = P \times D$ somente em função da variável D, nos seguintes casos:

   5.1 $D = 48 - 2P$

   5.2 $D = 18 - P$

   5.3 $D = 4 - \frac{1}{2}P$

   5.4 $D = 144 - P^2$

   5.5 $D = 121 - P^2$

   5.6 $D = -2P^2 - 4P + 160$

6. Calcular o valor máximo da receita total RT, no caso dos itens 5.1, 5.2 e 5.3 do exercício anterior.
7. Determinar o valor da receita total correspondente à solução de cada um dos modelos de equilíbrio parcial de mercado do exercício 6 do item 3 – preço de equilíbrio e quantidade de equilíbrio.

RESPOSTAS

2. $P =$ R\$ 39,00/unidade

3. a) R\$ 2.780,00; b) R\$ 250,00/unidade

5.1 $RT = 24D - \frac{1}{2}D^2$

5.2 $RT = 18D - D^2$

5.3 $RT = 8D - 2D^2$

5.4 $RT = D\sqrt{144 - D}$

5.5 $RT = D\sqrt{121 - D}$

5.6 $RT = -D + \frac{D}{4}\sqrt{1.296 - 8D}$

6. 5.1. 288; 5.2. 81; 5.3. 8

7. 6.1. 1.200; 6.2. 1.400

8.5 Custo total

Vamos examinar neste item o essencial sobre a questão do custo associado à produção de uma utilidade qualquer. Nas tabelas a seguir, estão explicitados os custos totais (CT), isto é, as quantias totais despendidas na produção de quantidades variáveis de três utilidades distintas.

q	CT
0	40
50	140
100	240
150	340
200	440
250	540
300	640
350	740
400	840
450	940
500	1.040

Tabela 1

q	CT
0	5
1	5,5
2	7,5
3	8,5
4	9,0
5	9,5
6	10
7	12
8	13
9	13,5
10	14

Tabela 2

q	CT
0	0
1	164
2	272
3	348
4	416
5	500
6	624
7	812
8	1.088
9	1.476
10	2.000

Tabela 3

Representando graficamente a Tabela 1, observamos que os pontos (q, CT) estão alinhados sobre a reta de equação $CT = 40 + 2q$.

Temos, então, o primeiro exemplo de uma função custo total. Precisamente, a função dada por

$$\boxed{CT = 40 + 2q \text{ com } 0 \leq q \leq 500}$$

em que $CF = 40$ é o Custo Fixo e $CV = 2q$ é o Custo Variável:

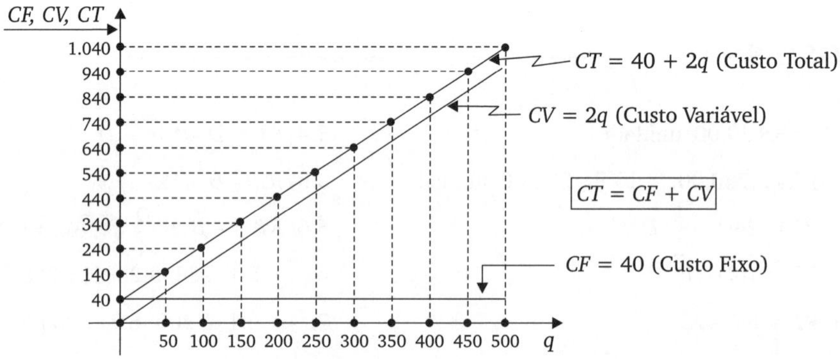

A representação gráfica da Tabela 2 mostra que os pontos (q, CT) não estão alinhados sobre uma mesma reta, como no caso da Tabela 1. No entanto, a distribuição destes pontos sugere que a função custo total pode ser obtida ajustando-se a eles uma reta, por regressão linear simples. Empregando esta técnica, chegamos à reta de equação $CT = 5{,}159 + 0{,}923q$. Temos, então, um segundo exemplo de função custo total. A função dada por

$$\boxed{CT = 5{,}159 + 0{,}923q, \text{ com } 0 \leq q \leq 10}$$

em que $CF = 5{,}159$ é o Custo Fixo e $CV = 0{,}923q$ é o Custo Variável:

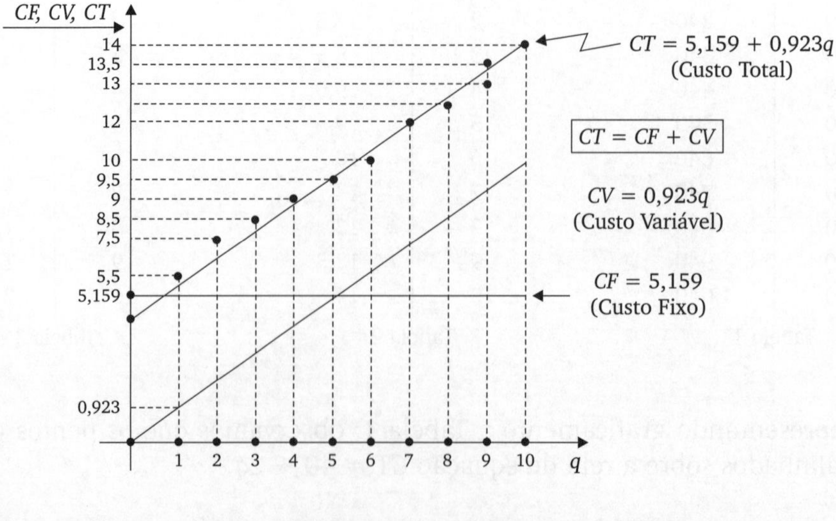

Representando graficamente a Tabela 3, podemos notar que os pontos (q, CT) não estão alinhados e que, neste caso, dada a distribuição dos pontos, a função custo total não deve ser obtida a partir do ajustamento de uma reta aos referidos pontos. Teríamos que identificar entre os polinômios (do 3º grau) o que melhor se ajusta a estes pontos, o que é possível por regressão linear múltipla. No entanto, os pontos da Tabela 3 estão exatamente sobre o gráfico da função dada por $CT = 4q^3 - 40q^2 + 200q$, o que nos poupa aquele trabalho.

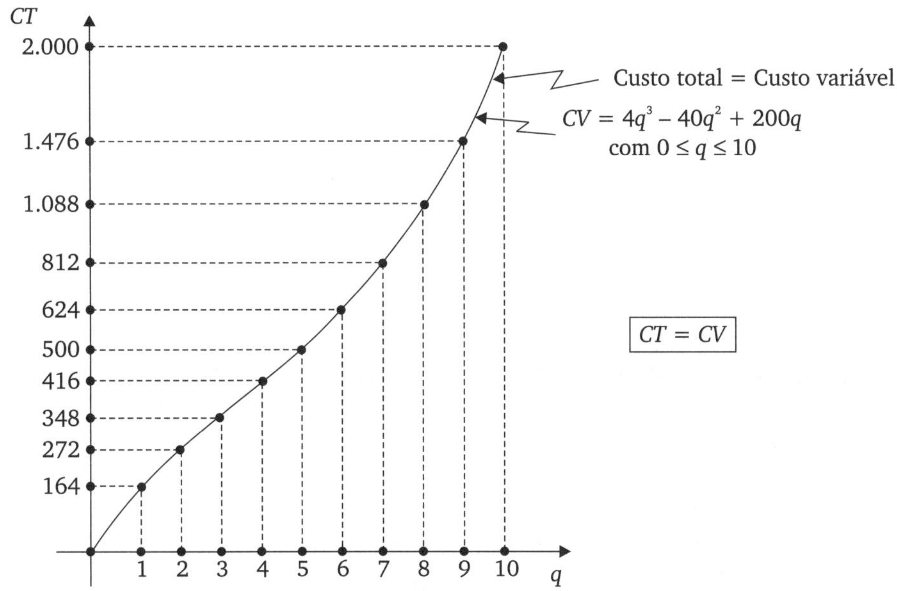

Temos, então, outro exemplo de função custo total. A função dada por:

$$CT = 4q^3 - 40q^2 + 200q, \text{ com } 0 \leq q \leq 10$$

Observemos que, neste caso, não há custo fixo, ou melhor, o custo fixo é zero. Então, o custo total é dado somente pelo custo variável. Trata-se, na verdade, de um exemplo de custo total de longo prazo, em que todos os insumos de produção são variáveis, como o leitor verá na disciplina que trata do assunto.

Observemos, finalmente, que as funções que obtivemos nos três exemplos tratados representam os custos totais associados a produções dentro das faixas consideradas. Assim, no primeiro caso, o custo total é dado por $CT = 40 + 2q$ para q variando entre zero e 500 unidades. No segundo caso, o custo total é dado por $CT = 5{,}159 + 0{,}923q$ para q de zero a 10 unidades e, no terceiro caso, o custo total é dado por $CT = 4q^3 - 40q^2 + 200q$ para q de zero a 10 unidades. Portanto, estes modelos representam custos totais dentro destas faixas. Fora delas, pode ocorrer que os referidos custos sejam dados por outras funções.

Obs.: *Custos unitários*

Seja $CT = CF + CV$, o custo total (CT) associado à produção de uma utilidade.

Os seguintes custos unitários, onde q é a quantidade produzida, são significativos:

a. Custo Fixo Médio: $CFM = \frac{CF}{q}$;

b. Custo Variável Médio: $CVM = \frac{CV}{q}$;

c. Custo Médio: $CM = \frac{CT}{q}$;

d. Custo Marginal CM_g, dado pela variação do custo total devido a uma variação unitária na produção.

$$CM_g = CT\ (q + 1) - CT(q)$$

onde $CT(q)$ indica o custo total pela produção de q unidades.

EXEMPLOS:

1. Se o custo total associado à produção de uma mercadoria é dado, em reais, por $CT = 20 + 4q$, para o $0 \leq q \leq 200$, então, para uma produção de 50 unidades, temos:

a. Custo Fixo: $CF = 20$ (reais).

b. Custo Fixo Médio: $CFM = \frac{CF}{50} = \frac{20}{50} = 0{,}4$ (reais).

c. Custo Variável: $CV = 4 \times 50 = 200$ (reais).

d. Custo Variável Médio: $CVM = \frac{CV}{50} = \frac{200}{50} = 4$ (reais).

e. Custo Médio: $CM = \frac{CT}{50} = \frac{20 + 4 \times 50}{50} = 4{,}4$ (reais).

f. Custo Marginal: $CM_g = 4$ (reais).

De fato, indiquemos por $CT(q)$ o custo total pela produção de q unidades. Temos, então,

$$CM_g = CT\ (q + 1) - CT(q) = 20 + 4\ (q + 1) - (20 + 4q) \quad \therefore$$

$$\therefore\ CM_g = CT\ (q + 1) - CT(q) = 4.$$

2. O quadro a seguir mostra os valores destes custos em vários níveis de produção, quando o custo total é dado por $CT = 10 + 2q$ com $0 \leq q \leq 10$.

q	*CF*	*CFM*	*CV*	*CVM*	*CT*	*CM*
2	10	5	4	2	14	7
4	10	2,5	8	2	18	4,5
6	10	1,66	12	2	22	3,66
8	10	1,25	16	2	26	3,25
10	10	1	20	2	30	3

Obs.: $CT = 10 + 2\,q \Rightarrow CM_g = 2$

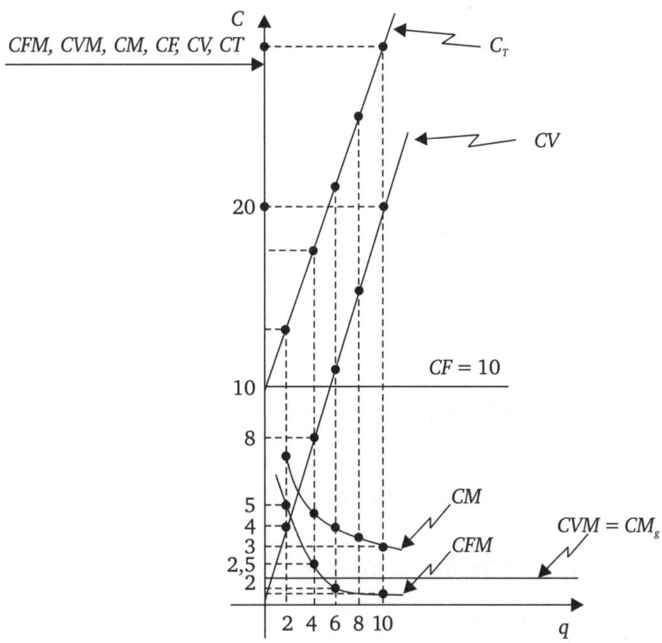

Obs.: Observemos que:

1. o custo fixo médio (*CFM*) é decrescente à medida que aumenta o nível de produção, o mesmo ocorrendo com o custo médio (*CM*);
2. quando o custo total (*CT*) é dado por modelos lineares do tipo $CT = B + Aq$, o custo variável médio (*CVM*) e o custo marginal (CM_g) são iguais.

8.6 Ponto de nivelamento (*break-even point*)

Sejam *CT* a função custo total associada à produção de uma utilidade e *RT* a função receita total relativa à venda da mesma utilidade.

A quantidade q_e para a qual

$$RT = CT$$

é denominada **ponto de nivelamento** (*break-even point*).

Exemplos:

1. Se *RT* e *CT* são dadas, respectivamente, por $RT = 0{,}4q$ e $CT = 0{,}1q + 3$, para $0 \leq q \leq 20$, então,

$RT = CT \Rightarrow 0{,}4q = 0{,}1q + 3$, de onde vem $q = 10$.

Portanto, $q_e = 10$ é o *break-even point*.

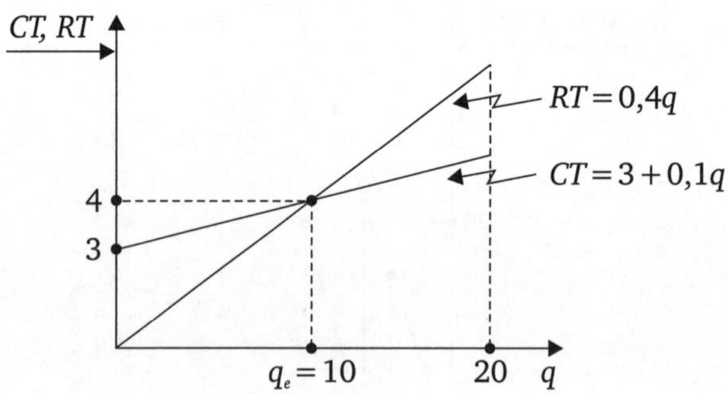

2. Se *RT* e *CT* são dadas, respectivamente, por $RT = 2q$ e $CT = 3 + \frac{1}{2}q$, para $0 \leq q \leq 4$, então,

$RT = CT \Rightarrow 2q = 3 + \frac{1}{2}q$, de onde vem $q = 2$.

Logo, $q_e = 2$ é o ponto de nivelamento:

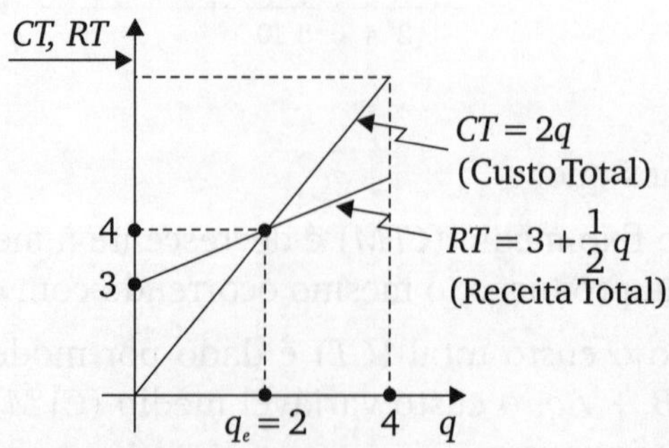

EXERCÍCIOS PROPOSTOS

1. Determinar o ponto de nivelamento (*break-even point*) nos seguintes casos:

1.1 $RT = 0{,}6q$, $CT = 2 + \frac{1}{2}q$, $0 \le q \le 30$

1.2 $RT = \frac{3}{2}q$, $CT = 4 + 0{,}5q$, $0 \le q \le 5$

1.3 $RT = 2q$, $CT = 2 + q$, $0 \le q \le 4$

1.4 $RT = 8q - \frac{1}{5}q^2$, $CT = 12 + 1{,}6q$, $0 \le q \le 40$

1.5 $RT = 18q - q^2$, $CT = 39 + 2q$, $0 \le q \le 18$

RESPOSTAS

1.1 $q_e = 20$

1.2 $q_e = 4$

1.3 $q_e = 2$

1.4 $q_e = 2$; $q_n = 30$

1.5 $q_e = 3$; $q_n = 13$

8.7 Lucro total

Sejam *CT* o custo total associado à produção de uma utilidade e *RT* a receita total referente à venda desta utilidade.

A função lucro total (*LT*) associada à produção e venda da utilidade é dada por

$$LT = RT - CT$$

Exemplos:

1. Se $RT = 2q$ e $CT = 3 + \frac{1}{2}q$, com $0 \le q \le 5$, então $LT = RT - CT = 2q - 3 - \frac{1}{2}q$, ou seja,

$LT = \frac{3}{2}q - 3$, com $0 \le q \le 5$:

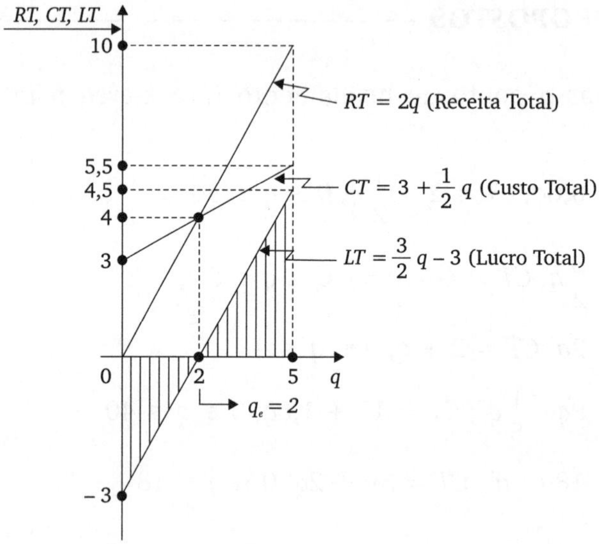

Obs.: 1. $0 \leq q < 2 \Rightarrow LT < 0$ (Prejuízo)
2. $q = 2 \Rightarrow LT = 0$
3. $2 < q \leq 5 \Rightarrow LT > 0$
4. $q_e = 2$

2. Se $RT = 8q - \frac{1}{5}q^2$ e $CT = 12 + 1{,}6q$ com $0 \leq q \leq 40$, então, $LT = RT - CT$ $= 8q - \frac{1}{5}q^2 - 12 - 1{,}6q$, ou seja,

$$LT = -\frac{1}{5}q^2 + 6{,}4q - 12 \text{ com } 0 \leq q \leq 40$$

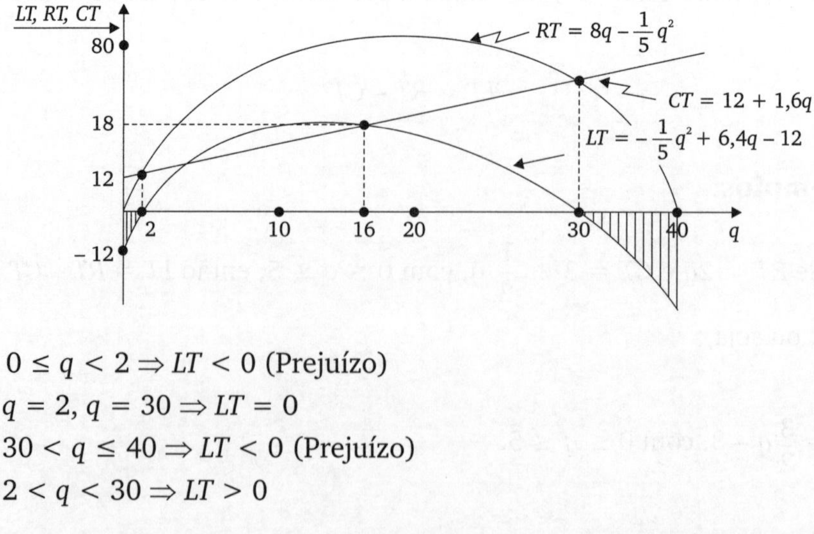

Obs.: $0 \leq q < 2 \Rightarrow LT < 0$ (Prejuízo)
$q = 2, q = 30 \Rightarrow LT = 0$
$30 < q \leq 40 \Rightarrow LT < 0$ (Prejuízo)
$2 < q < 30 \Rightarrow LT > 0$

EXERCÍCIOS RESOLVIDOS

1. O custo variável médio (custo unitário) de produção de certo bem é de R\$ 12,00 e o custo fixo associado à produção é de R\$ 60,00 para quantidades variáveis na faixa de zero a 1.000 unidades. Se o preço de venda na mesma faixa é de R\$ 20,00/unidade, identificar:

   1.1 a função custo total (*CT*)

$$\left.\begin{aligned} CT &= CF + CV \\ CF &= 60 \\ CVM &= \frac{CV}{q} = 12 \therefore CV = 12q \end{aligned}\right\} \Rightarrow \begin{aligned} &CT = 60 + 12q \\ &(0 \le q \le 1.000) \end{aligned}$$

   1.2 a função receita total (*RT*)

$$\left.\begin{aligned} RT &= P_0 \cdot q \\ P_0 &= 20 \end{aligned}\right\} \Rightarrow R = 20q,\ 0 \le q \le 1.000$$

   1.3 a função lucro total (*LT*)

$$\left.\begin{aligned} LT &= RT - CT \\ RT &= 20q \\ CT &= 60 + 12q \end{aligned}\right\} \Rightarrow \begin{aligned} &LT = 8q - 60 \\ &(0 \le q \le 1.000) \end{aligned}$$

   1.4 o *break-even point* (ponto de nivelamento)

$$\left.\begin{aligned} RT &= 20q \\ CT &= 60 + 12q \\ RT &= CT \end{aligned}\right\} \Rightarrow \begin{aligned} &20q = 60 + 12q \Rightarrow q = 7,5 \\ &\therefore q_e = 7,5 \text{ (unidades)} \end{aligned}$$

   1.5 a produção necessária para um lucro total de R\$ 3.940,00

$$\left.\begin{aligned} LT &= 8q - 60 \\ LT &= 3.940 \end{aligned}\right\} \Rightarrow \begin{aligned} &8q - 60 = 3.940 \\ &\therefore q = 500 \text{ (unidades)} \end{aligned}$$

2. O preço de venda de um produto é de R\$ 15,00/unidade, na faixa de zero a 30.000 unidades. A venda de 5.000 unidades dá um lucro total de R\$ 10.000,00. Sabendo que o custo fixo de produção na mesma faixa é de R\$ 1.800,00, calcular:

   2.1 O custo variável para uma produção de 5.000 unidades.

$$LT = RT - CT \qquad ①$$

Para $q = 5.000$ unidades, temos:

$LT = 10.000$ ②

$RT = 15 \times 5.000 = 75.000$ ③

$CT = CF + CV = 1.800 + CV$ ④

Substituindo ②, ③ e ④ em ①, vem:

$$10.000 = 75.000 - 1.800 - CV$$

$$\therefore \boxed{CV = 63.200}$$

2.2 O custo unitário de produção.

Custo unitário de produção = Custo variável médio (CVM)

Para $q = 5.000$ unidades, temos:

$$CVM = \frac{CV}{5.000} = \frac{63.200}{5.000} = 12{,}64$$

$\therefore$ Custo unitário de produção = R$ 12,64.

2.3 O *break-even point* (q_e).

$$\left.\begin{aligned} RT &= 15 \cdot q \\ CT &= CF + CV = 1.800 + 12{,}64q \\ RT &= CT \end{aligned}\right\} \Rightarrow \begin{aligned} 15q &= 1.800 + 12{,}64q \\ \therefore\ q &= 762{,}71 \end{aligned}$$

$\therefore q_e = 762{,}71$ (unidades)

2.4 A produção necessária para um lucro de R$ 50.000,00.

$LT = RT - CT$ ①

$LT = 50.000$ ②

$RT = 15 \times q$ ③

$CT = CF + CV = 1.800 + 12{,}64q$ ④

Substituindo ②, ③ e ④ em ①, vem:

$50.000 = 15q - 1.800 - 12{,}64q$

$\therefore \boxed{q = 21.949{,}15 \text{ (unidades)}}$

3. Um empresário emprega mensalmente R$ 120.000,00 na produção de determinado bem para obter um lucro total de pelo menos 10% ao mês. O preço de venda é de R$ 4,00/unidade, a capacidade de produção está limitada a 15.000 unidades mensais e o *break-even point* se dá quando a produção atinge 4.000 unidades/mês. Qual a produção mensal mínima para que o empresário alcance o lucro pretendido, sabendo que o custo unitário de produção é de R$ 2,00?

   a. Lucro total pretendido pelo empresário: pelo menos R$ 12.000,00 (pelo menos 10% de 120.000,00).

   b. $LT = RT - CT = RT - (CF + CV) =$

   $= 4q - (CF + 2q) \geq 12.000$ ①

   c. $\left.\begin{array}{l} RT = 4q \\ CT = CF + 2q \\ q = 4.000 \end{array}\right\} \Rightarrow CF = 8.000$ ②

   Substituindo ② em ① vem:

   $4q - (8.000 + 2q) \geq 12.000$

   $4q - 2q \geq 20.000$

   $4q \geq 20.000 \therefore \boxed{q \geq 10.000}$ (unidades)

4. A função de custo total de um monopolista é dada por $CT = q^2 + q + 10$ para $0 \leq q \leq 100$. A demanda de mercado é dada por $D = 500 - 4P$. Calcular o valor de q para lucro máximo (PM) e o correspondente valor máximo (VM).

   $LT = RT - CT$ ①

   $CT = q^2 + q + 10$ ②

   $$\left.\begin{array}{l} RT = P \cdot q \\ D = 500 - 4P \end{array}\right\} \Rightarrow RT = \left(\frac{500 - D}{4}\right) q = 125q - \frac{1}{4} D \cdot q$$

   Mas, para o monopolista, $D = q$ (pois a quantidade procurada D, a qualquer preço, é idêntica à quantidade q que ele produzirá ao preço P). Portanto:

   $RT = 125q - \frac{1}{4} q^2$ ③

Substituindo ③ e ② em ①, resulta:

$LT = 125q - \frac{1}{4}q^2 - q^2 - q - 10$, ou seja,

$LT = -\frac{5}{4}q^2 + 124q - 10$, que é uma função quadrática (o valor máximo corresponde à ordenada do vértice).

$$\left.\begin{array}{l} a = -\frac{5}{4} \\ b = 124 \\ c = -10 \end{array}\right\} \Rightarrow \Delta = b^2 - 4ac = 15.326 > 0$$

$$\therefore \text{vértice} = \left(-\frac{b}{2a}, -\frac{\Delta}{4a}\right) = (49{,}6;\ 3.065{,}2)$$

Portanto, o ponto de máximo (*PM*) é dado por $q = 49{,}6$ e o valor máximo (*VM*) é dado por $LT = 3.065{,}2$.

5. *A função de custo total de um monopolista é dada por $CT = 1{,}75\,q^2 + 3q$ para $0 \leq q \leq 800$. A demanda de mercado é dada por $D = 900 - 10P$. O governo deve instituir um imposto específico para o produto do monopolista, arrecadando uma receita tributária T calculada por $T = t \times q^*$, onde t representa o imposto cobrado em reais por unidade de produto físico e q^* representa o nível de produção de equilíbrio do monopolista após a imposição do imposto. Calcular a renda tributária T para o nível $t = 5$.

Solução. A renda tributária $T = t \times q = 5q$ passa a integrar o custo do monopolista:

$$CT = 1{,}75\,q^2 + 3q + 5q = 1{,}75q^2 + 8q$$

A receita total é $R = P \times D$. Da demanda de mercado $P = \frac{900 - D}{10}$, e como neste caso o monopolista produz exatamente a demanda $D = q$ teremos: $P = \frac{900 - q}{10}$. Assim,

$$R = \left(\frac{900 - q}{10}\right) q = 90q - 0{,}1q^2$$

* Exemplo específico de um problema geral proposto por CHIANG, A. C. *Matemática para economistas*. São Paulo: McGraw-Hill do Brasil. Edusp, 1982.

O lucro do monopolista é $LT = RT - CT = 90q - 0{,}1q^2 - 1{,}75q^2 - 8q$ ou

$LT = 82q - 1{,}85q^2$

A meta do monopolista é atingida no vértice da parábola de lucro:

$$q = \frac{-B}{2A} = \frac{-82}{2 \times (-1{,}85)} = 22{,}16$$

A receita tributária é: $T = 5q = 5 \times 22{,}16 = 110{,}80$

EXERCÍCIOS PROPOSTOS

1. A função custo total de um monopolista é dada por $CT = 3q + 65$, para $0 \leq q \leq 100$. A demanda de mercado é dada por $D = 100 - 5P$. Calcular:

   1.1 o menor valor de q para um lucro total de R$ 265,00 e o respectivo preço de venda;

   1.2 o valor de q para lucro máximo (PM), o correspondente valor máximo (VM) e o respectivo preço de venda.

2. A função custo total de um monopolista é dada por

   $$CT = \begin{cases} -q^2 + 10q + 10 \text{ se } q \leq 4 \\ q^2 - 6q + 42 \text{ se } q > 4 \end{cases}$$

   A demanda de mercado é dada por $D = 500 - 2P$. Determinar o valor q para o qual o lucro total é máximo (PM), o valor máximo correspondente (VM) e o preço de venda.

3. A função custo total de um monopolista é dada por $CT = 2q^2 + q + 15$, para $0 \leq q \leq 1.000$. A demanda de mercado é dada por $D = 800 - 4P$. Calcular o valor de q que maximiza o lucro total e o correspondente valor máximo.

4. No exercício resolvido 5 anterior, calcular a receita tributária do governo para os níveis $t = 20$, $t = 40$ e $t = 80$.

Obs.: As respostas encontradas para essa simulação sugerem que deve existir um valor para o tributo t entre $t = 20$ e $t = 80$ que maximiza a receita tributária T. O exercício para o cálculo do valor desse tributo pode ser encontrado em Problemas e Exercícios Complementares – Problema 1 no APÊNDICE).

RESPOSTAS

1.1 $q = 30$ (unidades); $P =$ R\$ 14,00

1.2 $PM = 42{,}5$ (unidades); $VM =$ R\$ 296,25; $P =$ R\$ 11,50

2. $PM = 85{,}33$ (unidades); $VM = 10.880{,}67$; $P = 207{,}33$

3. $PM = 44{,}22$ (unidades); $VM = 4.385{,}11$ (reais)

4. $T = 362{,}00$; $T = 508{,}11$; $T = 151{,}20$.

9 OUTRAS FUNÇÕES USUAIS

9.1 Função polinômio

É a função f: $\begin{cases} D = R \\ y = A_0\, x^n + A_1\, x^{n-1} + A_2\, x^{n-2} + \ldots + An \end{cases}$

onde:

$A_0, A_1, \ldots, An$	são números reais
$A_0 \neq 0$ e n	é um número inteiro e positivo

Exemplo:

A função dada por $y = 2x^3 - 4x^2 + 6x + 10$ é uma função polinômio do 3º grau.

A função dada por $y = x^{10} - 4x^3 + 5$ é uma função polinômio do 10º grau.

9.2 Função potência de expoente racional

É a função dada por

$$y = x^{m/n} = \left(\sqrt[n]{x}\right)^m \text{ ou } y = x^{-\frac{m}{n}} = \frac{1}{x^{\frac{m}{n}}} = \frac{1}{\left(\sqrt[n]{x}\right)^m}$$

onde m e n são números inteiros e positivos.

Exemplos:

A função dada por $y = x^{3/4}$ é a função:

$$f: \begin{cases} D = \{x \in R \mid x \geq 0\} \\ y = \left(\sqrt[4]{x}\right)^3 \end{cases}$$

A função dada por $y = x^{-\frac{2}{5}}$ é a função

$$f: \begin{cases} D = \{x \in R \mid x \neq 0\} \\ y = \dfrac{1}{\left(\sqrt[5]{x}\right)^2} \end{cases}$$

Obs.: Se o expoente da função racional estiver escrito na forma de um número decimal, vamos entender que o seu domínio será o conjunto dos números reais não negativos (se o expoente for positivo) ou o conjunto dos números reais positivos (se o expoente for negativo).

Exemplo:

A função dada por $y = x^{0,25}$ é a função:

$$f: \begin{cases} D = \{x \in R \mid x \geq 0\} \\ y = x^{0,25} \end{cases}$$

A função dada por $y = x^{-0,3}$ é a função:

$$f: \begin{cases} D = \{x \in R \mid x > 0\} \\ y = \dfrac{1}{x^{0,3}} \end{cases}$$

9.3 Função exponencial (de base a)

É a função dada por $y = a^x$, onde a é um número real positivo, $a \neq 1$, definida no conjunto de todos os números reais.

Exemplo:

A função dada por $y = 2^x$ é a função:

$$f: \begin{cases} D = R \\ y = 2^x \end{cases}$$

chamada função exponencial de base 2.

A função dada por $y = 4{,}93^x$ é a função:

$$f: \begin{cases} D = R \\ y = 4{,}93^x \end{cases}$$

chamda função exponencial de base 4,93.

A função dada por $y = e^x$ é a função:

$$f: \begin{cases} D = R \\ y = e^x \end{cases}$$

onde e é um número real de valor aproximado $e = 2{,}71828$, chamada base natural.

9.4 Função logaritmo

É a função:

$$f: \begin{cases} D = \{x \in R \mid x > 0\} \\ y = \ln x \end{cases}$$

onde $\ln x$ é o logaritmo de x na base natural $e = 2{,}71828$.

Obs.: A representação gráfica das funções apresentadas neste item 9, a esta altura, é trabalhosa, pois deve ser feita com o auxílio de uma tabela de valores (x, y), resultando em representações grosseiras do gráfico destas funções.

Voltaremos ao assunto quando for possível conhecer o comportamento destas funções com o auxílio do cálculo diferencial, assunto do próximo capítulo.

10 FUNÇÕES CRESCENTES E FUNÇÕES DECRESCENTES NUM INTERVALO

Seja I um intervalo qualquer da reta e f uma função definida em I. Sejam x_1 e x_2 com $x_1 < x_2$ dois pontos quaisquer de I.

10.1 Função crescente

f é *crescente* em I quando $f(x_1) \leq f(x_2)$

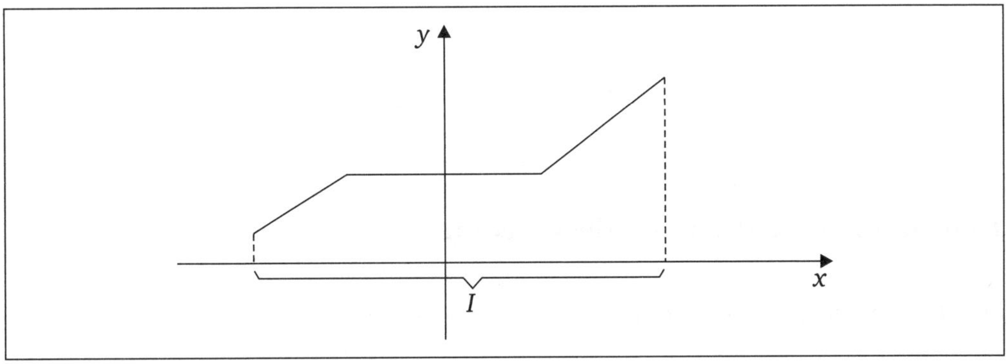

10.2 Função estritamente crescente

f é *estritamente crescente* em I quando $f(x_1) < f(x_2)$

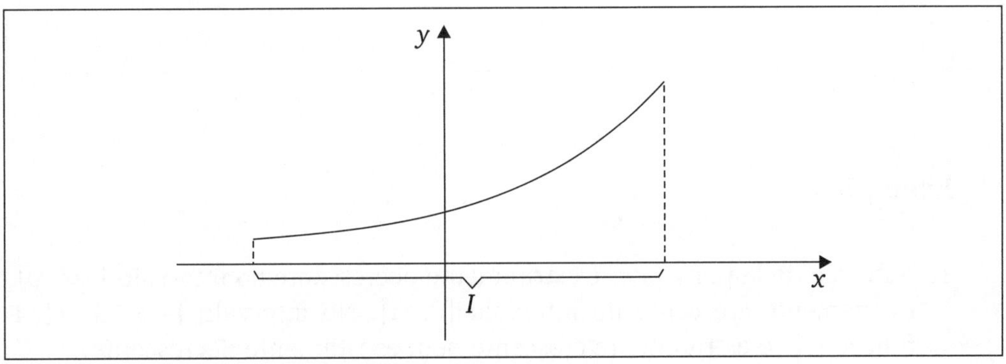

10.3 Função decrescente

f é *decrescente* em I quando $f(x_1) \geq f(x_2)$

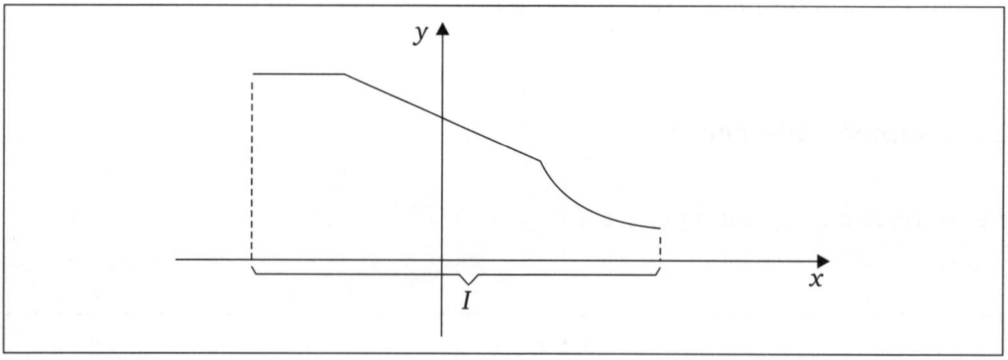

10.4 Função estritamente decrescente

f é *estritamente decrescente* em I quando $f(x_1) > f(x_2)$

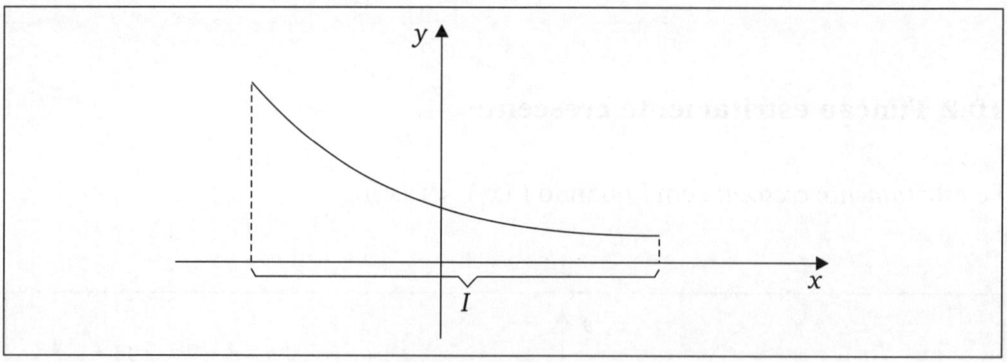

Exemplos:

1. A função dada por $y = x^2$ é estritamente decrescente no intervalo $]-\infty, 0]$, estritamente crescente no intervalo $[0, \infty[$. No intervalo $]-\infty, +\infty[$, a função não é estritamente crescente nem estritamente decrescente.

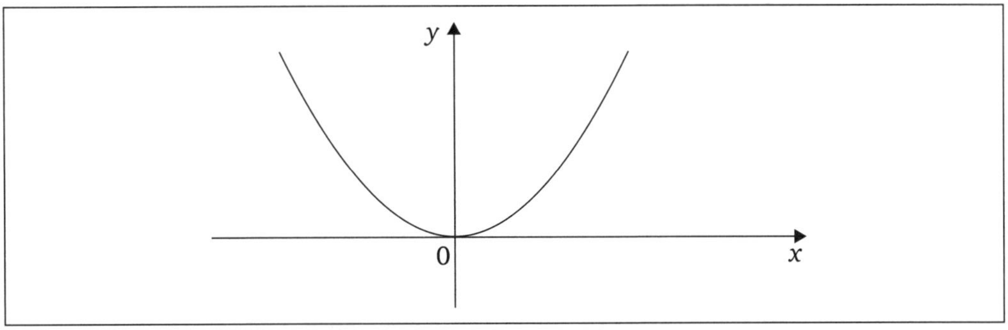

2. A função dada por $y = \sqrt{x}$ é estritamente crescente no intervalo [0, + ∞[.

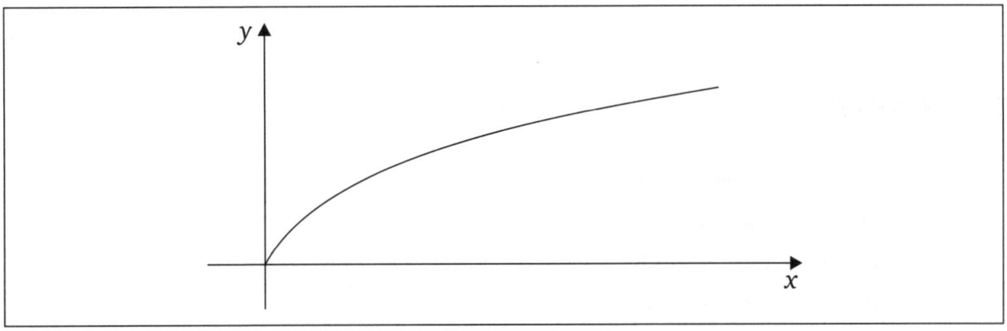

3. A função dada por $y = \begin{cases} x^2 \text{ se } x \leq 0, \\ x \text{ se } 0 < x \leq 2 \text{ e} \\ 2 \text{ se } x > 2, \end{cases}$ é:

a. estritamente decrescente no intervalo]– ∞, 0];
b. estritamente crescente no intervalo [0, 2];
c. crescente no intervalo [0, + ∞[.

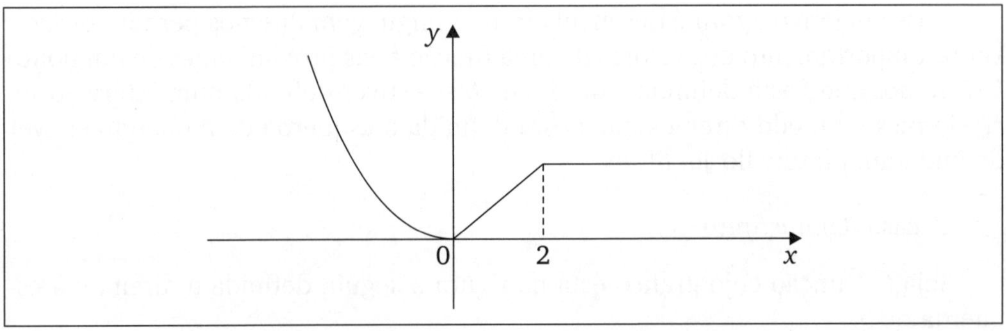

EXERCÍCIOS PROPOSTOS

Estudar, no que se refere ao crescimento, as funções dadas por:

1. $y = x^3$
2. $y = e^x$
3. $y = \ln x$
4. $y = e^{-x}$
5. $y = \dfrac{1}{x}$
6. $y = \begin{cases} -x^2 \text{ se } x \leq 0, \\ x+1 \text{ se } 0 < x \leq 2 \text{ e} \\ 3 \quad \text{ se } x > 2 \end{cases}$
7. $y = |x|$
8. $y = \dfrac{1}{|x|}$

RESPOSTAS

1. Estritamente crescente em R.
2. Estritamente crescente em R.
3. Estritamente crescente em $]0, +\infty[$.
4. Estritamente decrescente em R.
5. Estritamente decrescente em $]0, +\infty[$; estritamente decrescente em $]-\infty, 0[$.
6. Estritamente crescente em $]-\infty, 2]$; crescente em $[-\infty, +\infty[$.
7. Estritamente decrescente em $]-\infty, 0]$; estritamente crescente em $[0, +\infty[$.
8. Estritamente crescente em $]-\infty, 0[$; estritamente decrescente em $]0, +\infty[$.

11 LIMITE DE UMA FUNÇÃO

11.1 Limite de uma função num ponto

Nosso objetivo agora é desenvolver uma linguagem que nos permita descrever o comportamento dos valores de uma função f nas proximidades de um ponto b. Diremos que f está definida à direita de b se estiver definida num intervalo $]b, c[$; do mesmo modo diremos que f está definida à esquerda de b quando estiver definida num intervalo $]a, b[$.

1º caso: *Limite finito.*

Seja f a função cujo gráfico está na figura a seguir, definida à direita e à esquerda de b.

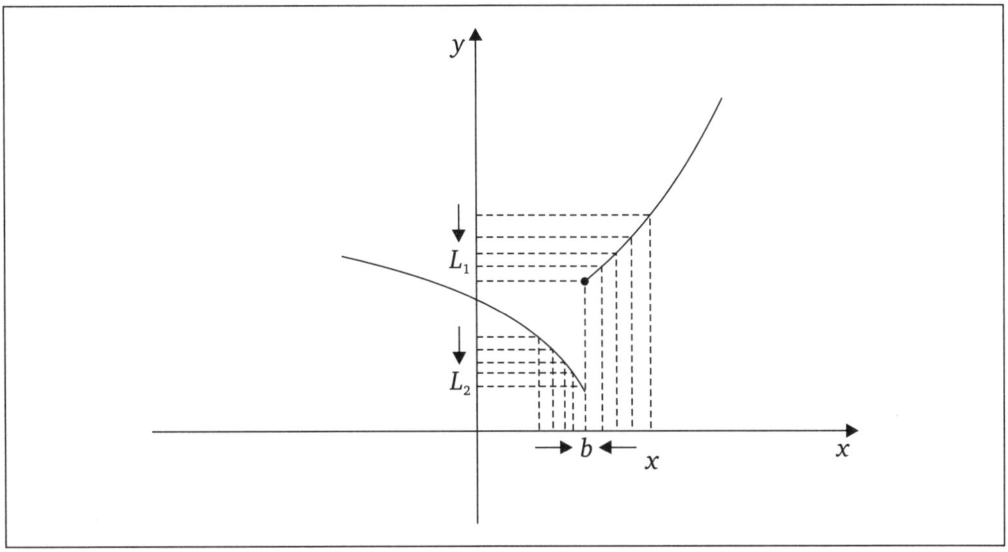

Observemos que quando x assume valores que se aproximam do ponto b pela direita, isto é, por valores maiores que b, os correspondentes valores $f(x)$ se aproximam do número L_1. Para descrever este comportamento dizemos que o limite lateral direito de f no ponto b é o número L_1 e escrevemos:

$$\lim_{x \to b+} f(x) = L_1$$

(limite de $f(x)$ para x tendendo a b pela direita é igual a L_1).

Observemos, por outro lado, que quando x assume valores que se aproximam de b pela esquerda, isto é, por valores menores que b, os correspondentes valores $f(x)$ se aproximam do número L_2. De novo, para descrever este comportamento dos valores $f(x)$, dizemos que o limite lateral esquerdo de f no ponto b é o número L_2 e escrevemos:

$$\lim_{x \to b-} f(x) = L_2$$

(limite de $f(x)$ para x tendendo a b pela esquerda é igual a L_2).

No presente caso os limites laterais L_1 e L_2 não são iguais.

Consideremos agora a função g cujo gráfico está na figura seguinte.

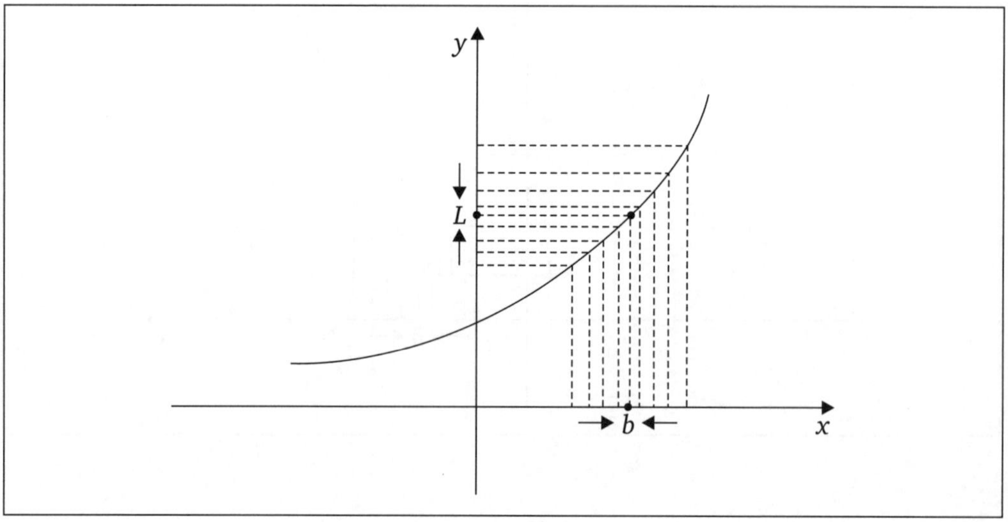

Observando a figura, podemos afirmar que:

$$\lim_{x \to b+} g(x) = L \quad \text{e} \quad \lim_{x \to b-} g(x) = L,$$

isto é, os limites laterais de g no ponto b são iguais.

Neste caso, dizemos que a função g tem limite L no ponto b e escrevemos:

$$\lim_{x \to b} g(x) = L$$

(limite de $g(x)$ no ponto b é igual a L).

No exemplo anterior os limites laterais L_1 e L_2 são distintos, e por isso dizemos que a função f não tem limite no ponto b.

Em particular se

$$\lim_{x \to b} g(x) = g(b),$$

isto é, se g tem limite no ponto b e tal limite coincide com o valor de g no ponto b, dizemos que g é uma *função contínua* no ponto b.

Exemplos:

1. Se $f(x) = x^2$ temos:

$$\left.\begin{array}{l}\lim\limits_{x \to 2+} f(x) = 4 \\ \lim\limits_{x \to 2-} f(x) = 4\end{array}\right\} \Rightarrow \lim_{x \to 2} f(x) = 4$$

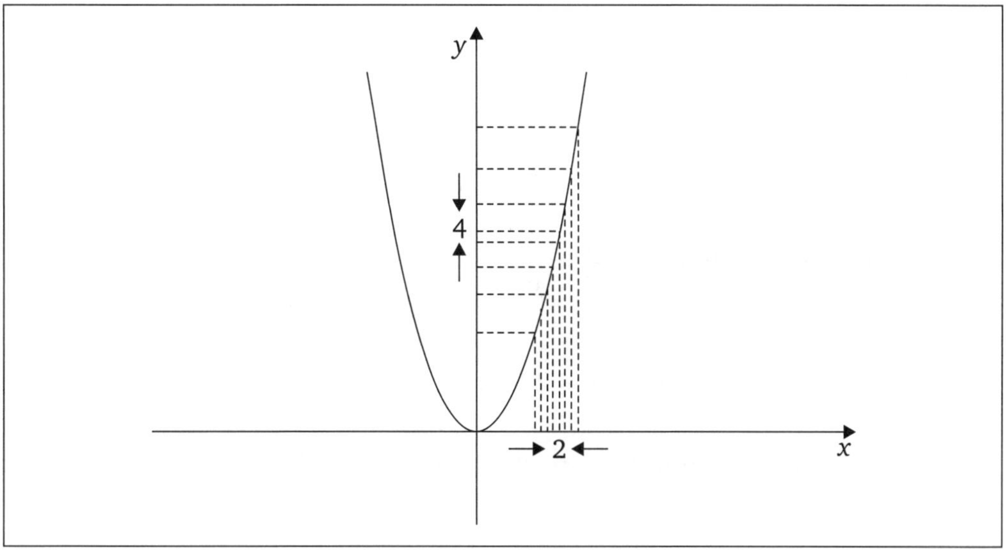

Observemos que $\lim\limits_{x \to 2} f(x) = 4 = f(2)$. Logo, f é contínua no ponto 2.

2. Se $f(x) = \begin{cases} x^2 & \text{se } x \leq 0 \\ 1 + x^2 & \text{se } x > 0 \end{cases}$ temos:

$$\lim_{x \to 0-} f(x) = 0 \quad \text{e} \quad \lim_{x \to 0+} f(x) = 1$$

Logo, f não tem limite no ponto $b = 0$ e portanto não é contínua no ponto $b = 0$.

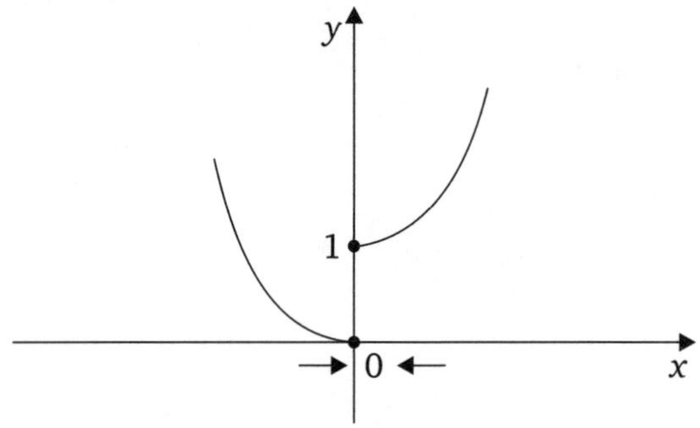

3. Se $f(x) = \dfrac{x+1}{x+2}$, $x \neq -2$, temos:

$$\lim_{x \to 4+} f(x) = \lim_{x \to 4+} \frac{x+1}{x+2} = \frac{5}{6}$$

$$\lim_{x \to 4-} f(x) = \lim_{x \to 4-} \frac{x+1}{x+2} = \frac{5}{6}$$

Logo, $\displaystyle\lim_{x \to 4} f(x) = \lim_{x \to 4} \frac{x+1}{x+2} = \frac{5}{6}$

Neste caso, f é contínua no ponto 4, pois $\dfrac{5}{6} = f(4)$.

4. Seja $f(x) = \dfrac{x^2-4}{x-2}$, $x \neq 2$.

Observemos que quando $x \to 2$ o numerador e o denominador tendem a zero, o que não deixa claro o valor do limite. Essa dificuldade pode ser contornada com a simplificação da expressão

$\dfrac{x^2-4}{x-2}$. Ora, $\dfrac{x^2-4}{x-2} = \dfrac{(x-2)\,(x+2)}{(x-2)} = x + 2.$

Então:

$$\lim_{x \to 2+} \frac{x^2-4}{x-2} = \lim_{x \to 2+} (x+2) = 4$$

$$\lim_{x \to 2-} \frac{x^2-4}{x-2} = \lim_{x \to 2-} (x+2) = 4$$

Logo, $\lim\limits_{x \to 2} \dfrac{x^2 - 4}{x - 2} = 4.$

Como f não está definida no ponto $b = 2$, resulta que f não é contínua neste ponto.

5. Seja $f(x) = \dfrac{1}{x}$, $x \neq 0$.

Então:

$$\left.\begin{array}{l} \lim\limits_{x \to 4+} \dfrac{1}{x} = \dfrac{1}{4} \\ \lim\limits_{x \to 4-} \dfrac{1}{x} = \dfrac{1}{4} \end{array}\right\} \Rightarrow \lim\limits_{x \to 4} \dfrac{1}{x} = \dfrac{1}{4}$$

Como $f(4) = \dfrac{1}{4}$; f é contínua no ponto $b = 4$.

6. Seja $f(x) = \sqrt{x}$, $x \geq 0$.

$$\left.\begin{array}{l} \lim\limits_{x \to 9+} \sqrt{x} = 3 \\ \lim\limits_{x \to 9-} \sqrt{x} = 3 \end{array}\right\} \Rightarrow \lim\limits_{x \to 9} \sqrt{x} = 3$$

Como $f(9) = 3$, f é contínua no ponto $b = 9$.

7. Seja $f(x) = \sqrt{x}$, $x \geq 0$.

$$\lim_{x \to 0+} \sqrt{x} = 0$$

Não podemos, agora, calcular $\lim\limits_{x \to 0-} \sqrt{x}$, pois a função não está definida para valores $x < 0$. Logo, não existe $\lim\limits_{x \to 0} \sqrt{x}$.

Em consequência, a função não é contínua no ponto $b = 0$.

EXERCÍCIOS PROPOSTOS

Avaliar os limites indicados e determinar, em cada caso, se a função é contínua no ponto dado.

1. $\lim\limits_{x \to 2} (x^2 - 1)$
2. $\lim\limits_{x \to 3} \dfrac{x + 1}{x + 2}$
3. $\lim\limits_{x \to 1} (x^3 - 1)$
4. $\lim\limits_{x \to -2} \left(\dfrac{3x + 1}{5}\right)$
5. $\lim\limits_{x \to 0} (x^4 - 3x^2)$
6. $\lim\limits_{x \to 1} \dfrac{x^2 - 1}{x - 1}$
7. $\lim\limits_{x \to 3} \dfrac{9 - x^2}{x - 3}$
8. $\lim\limits_{x \to 0} \dfrac{x^3 - x}{x}$
9. $\lim\limits_{x \to 2} \dfrac{x^2 - 5x + 6}{x - 2}$
10. $\lim\limits_{x \to 0} \dfrac{|x|}{x}$
11. $\lim\limits_{x \to 1} \dfrac{x^2 - 3x + 4}{1 + x + x^2}$
12. $\lim\limits_{x \to 1} \sqrt{1 - x^2}$
13. $\lim\limits_{x \to 0} e^x$
14. $\lim\limits_{x \to 0} e^{-x^2}$
15. $\lim\limits_{x \to 2} f(x)$ onde $f(x) = \begin{cases} x^2 & \text{se } x \geq 2 \\ x + 1 & \text{se } x < 2 \end{cases}$
16. $\lim\limits_{x \to 1} f(x)$ onde $f(x) = \begin{cases} 3x + 1 & \text{se } x \neq 1 \\ 0 & \text{se } x = 1 \end{cases}$

RESPOSTAS

1. 3. Contínua
2. $\frac{4}{5}$. Contínua
3. 0. Contínua
4. – 1. Contínua
5. 0. Contínua
6. 2. Não é contínua
7. – 6. Não é contínua
8. – 1. Não é contínua
9. – 1. Não é contínua
10. Não tem limite. Não é contínua
11. $\frac{2}{3}$. Contínua
12. Não tem limite. Não é contínua
13. 1. Contínua
14. 1. Contínua
15. Não tem limite. Não é contínua
16. 4. Não é contínua

2º caso: *Limite infinito*

Seja f uma função definida à direita de um ponto b. Dizemos que f tem limite lateral direito $+\infty$ (mais infinito) no ponto b e escrevemos

$$\lim_{x \to b+} f(x) = +\infty$$

quando, qualquer que seja o número $k > 0$, existe $x > b$, tal que $f(x) > k$.

De modo análogo, se f está definida à esquerda de b, dizemos que f tem limite lateral esquerdo $+\infty$ (mais infinito) no ponto b e escrevemos

$$\lim_{x \to b-} f(x) = +\infty$$

quando para todo $k > 0$ existe $x < b$ tal que $f(x) > k$.

Se $\lim\limits_{x \to b+} f(x) = \lim\limits_{x \to b-} f(x) = +\infty$, dizemos que f tem limite $+\infty$ (mais infinito) no ponto b e escrevemos

$$\lim_{x \to b} f(x) = +\infty$$

Por exemplo, se $f(x) = \dfrac{1}{|x|}$ temos:

$$\lim_{x \to 0+} f(x) = +\infty \quad \text{e} \quad \lim_{x \to 0-} f(x) = +\infty$$

e, portanto,

$$\lim_{x \to 0} f(x) = \lim_{x \to 0} \frac{1}{|x|} = +\infty$$

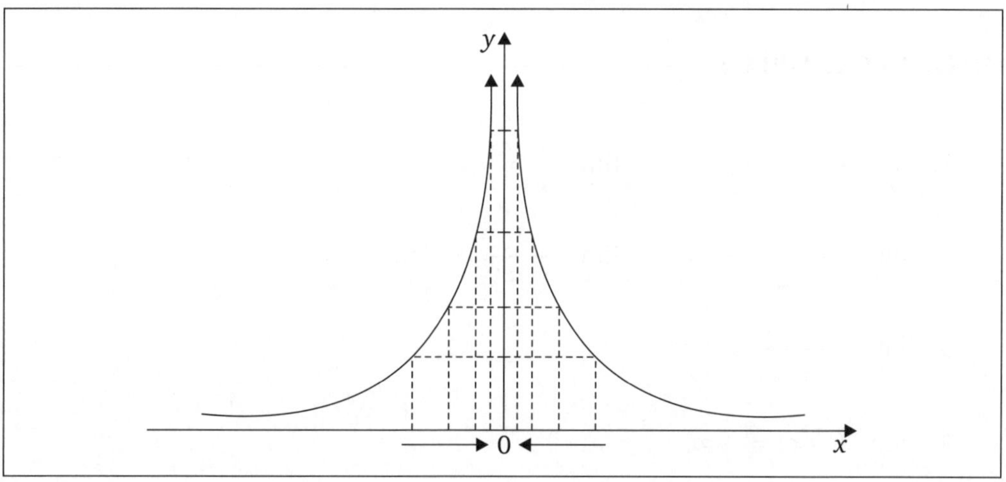

De modo análogo podemos definir o limite:

$$\lim_{x \to b} f(x) = -\infty$$

Por exemplo, se $f(x) = -\dfrac{1}{x^2}$ temos:

$$\lim_{x \to 0+} f(x) = -\infty \quad \text{e} \quad \lim_{x \to 0-} f(x) = -\infty.$$

Portanto,

$$\lim_{x \to 0} f(x) = \lim_{x \to 0} -\frac{1}{x^2} = -\infty.$$

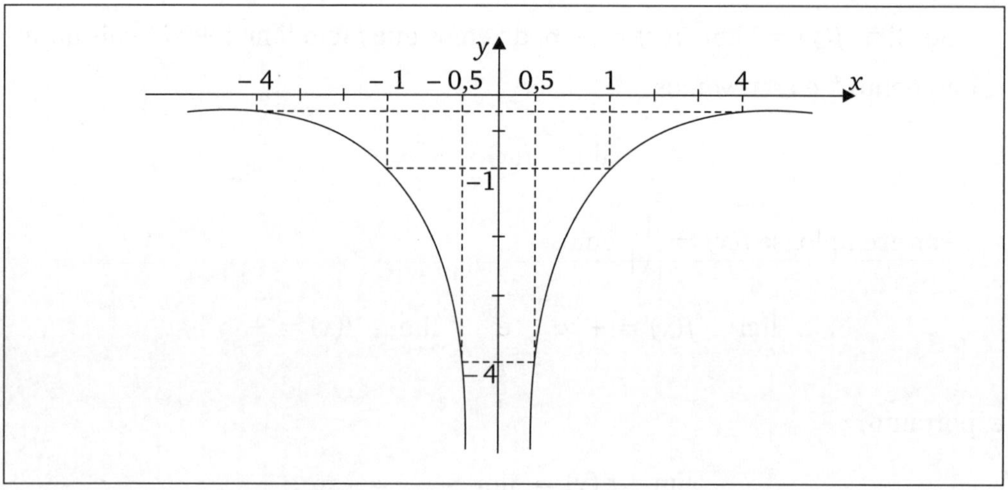

OUTROS EXEMPLOS

1. $\lim\limits_{x \to 0+} \dfrac{1}{x} = +\infty$; $\quad \lim\limits_{x \to 0-} \dfrac{1}{x} = -\infty$

2. $\lim\limits_{x \to 2+} \dfrac{1}{x-2} = +\infty$; $\quad \lim\limits_{x \to 2-} \dfrac{1}{x-2} = -\infty$

3. $\lim\limits_{x \to 4} \dfrac{1}{|x-4|} = +\infty$

4. $\lim\limits_{x \to 0+} (\ell n\, x) = -\infty$

5. $\lim_{x \to 0+} \frac{1}{\sqrt{x}} = +\infty$

6. $\lim_{x \to 0} \frac{1}{\sqrt{|x|}} = +\infty$

7. $\lim_{x \to 0+} \frac{x^2 + 1}{x} = +\infty; \quad \lim_{x \to 0-} \frac{x^2 + 1}{x} = -\infty$

EXERCÍCIOS PROPOSTOS

Avaliar os limites, em cada caso.

1. $\lim_{x \to 5+} \frac{1}{x - 5}$
2. $\lim_{x \to 5-} \frac{1}{x - 5}$
3. $\lim_{x \to 0+} \frac{1}{x^2}$
4. $\lim_{x \to 0-} \frac{1}{x^2}$
5. $\lim_{x \to 2+} \frac{x + 2}{2 - x}$
6. $\lim_{x \to 2-} \frac{x + 2}{2 - x}$
7. $\lim_{x \to 0+} \frac{3 - x}{x^2}$
8. $\lim_{x \to 0-} \frac{3 - x}{x^2}$

RESPOSTAS

1. $+\infty$
2. $-\infty$
3. $+\infty$
4. $+\infty$
5. $-\infty$
6. $+\infty$
7. $+\infty$
8. $+\infty$

11.2 Limite no infinito

Seja f uma função definida num intervalo $]a, +\infty[$. Se à medida que x assume valores cada vez maiores no intervalo $]a, +\infty[$ os correspondentes valores $f(x)$ se aproximam de um número L, dizemos que o limite de f para x tendendo a $+\infty$ é L e escrevemos:

$$\lim_{x \to +\infty} f(x) = L.$$

Por exemplo, se $f(x) = \frac{1}{x} + 1, x > 0$, temos:

$$\lim_{x \to +\infty} f(x) = \lim_{x \to +\infty} \frac{1}{x} + 1 = 1.$$

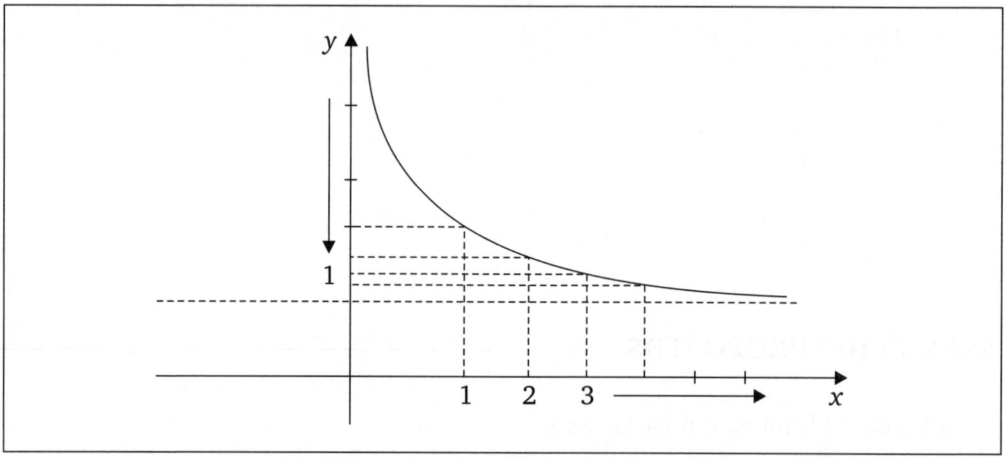

Se $f(x) = \dfrac{2x+1}{x-2}$ temos:

$$\lim_{x \to +\infty} f(x) = \lim_{x \to +\infty} \frac{2x+1}{x-2} = \lim_{x \to +\infty} \frac{\frac{2x+1}{x}}{\frac{x-2}{x}} =$$

$$= \lim_{x \to +\infty} \frac{2 + \frac{1}{x}}{1 - \frac{2}{x}} = \frac{2}{1} = 2.$$

Se à medida que x assume valores cada vez maiores no intervalo $]a, +\infty[$ os correspondentes valores $f(x)$ crescem indefinidamente (ou decrescem indefinidamente) dizemos que o limite de f quando $x \to +\infty$ é $+\infty$ (respectivamente $-\infty$) e escrevemos:

$$\lim_{x \to +\infty} f(x) = +\infty \text{ (respectivamente } \lim_{x \to +\infty} f(x) = -\infty).$$

Por exemplo, se $f(x) = x$ temos:

$$\lim_{x \to +\infty} f(x) = \lim_{x \to +\infty} (x) = +\infty.$$

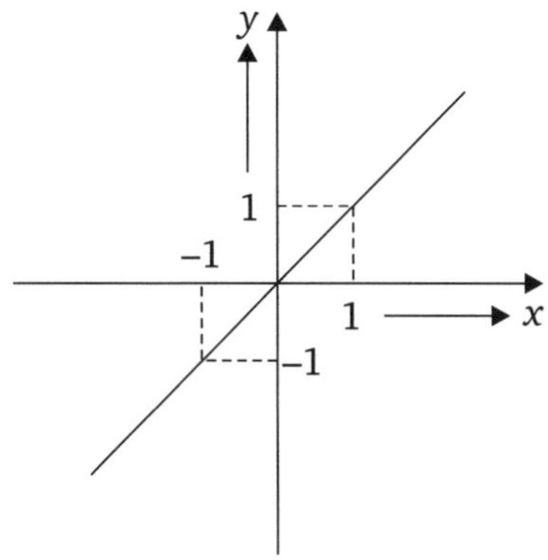

Se $f(x) = -x$, então $\lim_{x \to +\infty} f(x) = -\infty$, como mostra a figura seguinte.

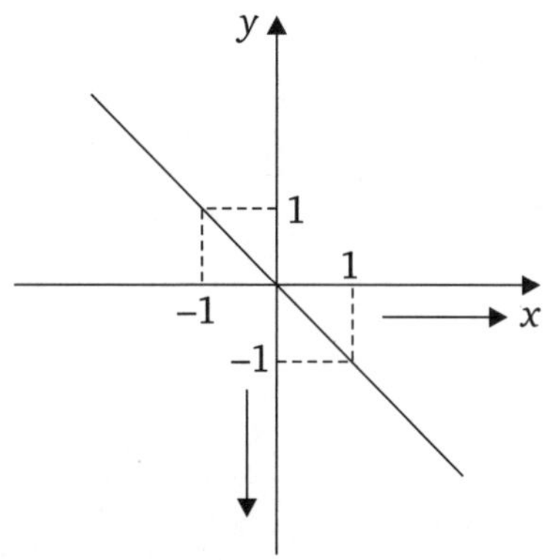

Seja agora f uma função definida num intervalo do tipo $]-\infty, a[$. De modo análogo, podemos definir os limites:

$$\lim_{x \to -\infty} f(x) = L, \quad \lim_{x \to -\infty} f(x) = +\infty \text{ e } \lim_{x \to -\infty} f(x) = -\infty.$$

Por exemplo, se $f(x) = -x$, então $\lim_{x \to -\infty} f(x) = +\infty$.

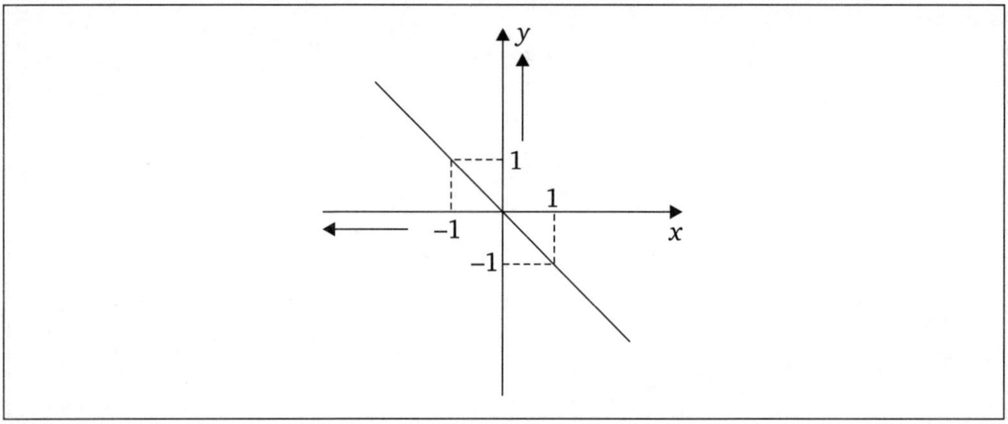

Se $f(x) = x$, então $\lim_{x \to -\infty} f(x) = -\infty$.

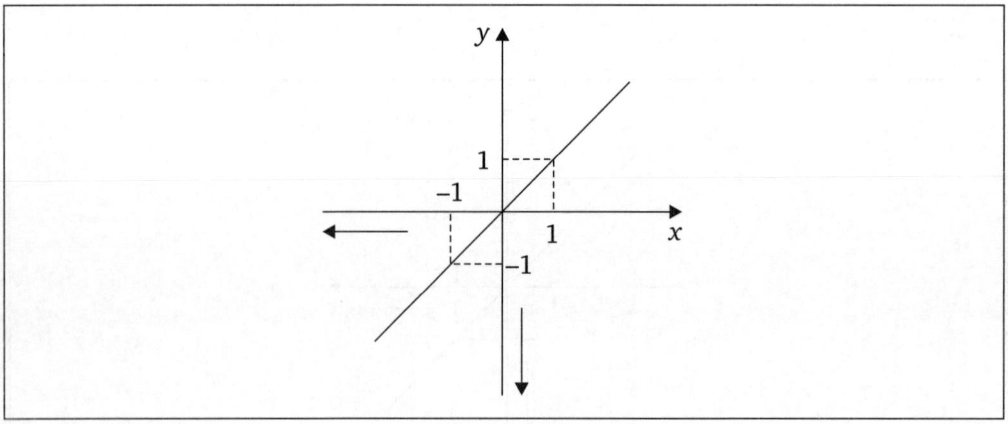

OUTROS EXEMPLOS

1. $\lim_{x \to -\infty} x^2 = +\infty$; $\lim_{x \to +\infty} x^2 = +\infty$
2. $\lim_{x \to -\infty} x^3 = -\infty$; $\lim_{x \to +\infty} x^3 = +\infty$;
3. $\lim_{x \to -\infty} e^x = 0$; $\lim_{x \to +\infty} e^x = +\infty$
4. $\lim_{x \to +\infty} (\ln x) = +\infty$
5. $\lim_{x \to -\infty} e^{-x} = +\infty$; $\lim_{x \to +\infty} e^{-x} = 0$
6. $\lim_{x \to +\infty} x^2 - 10x + 1 = +\infty$; $\lim_{x \to -\infty} x^2 - 10x + 1 = +\infty$.

EXERCÍCIOS PROPOSTOS

Avaliar os limites indicados:

1. $\lim\limits_{x \to +\infty} \left(\dfrac{1}{x+2}\right)$

2. $\lim\limits_{x \to +\infty} \left(\dfrac{1}{x} + 2\right)$

3. $\lim\limits_{x \to -\infty} (2x + 1)$

4. $\lim\limits_{x \to +\infty} \dfrac{1}{x^2 - 1}$

5. $\lim\limits_{x \to -\infty} \dfrac{x^2}{x + 1}$

6. $\lim\limits_{x \to +\infty} \dfrac{x^2}{x + 1}$

7. $\lim\limits_{x \to -\infty} \dfrac{2x}{x^2 - 1}$

8. $\lim\limits_{x \to +\infty} \dfrac{2x}{x^2 - 1}$

9. $\lim\limits_{x \to -\infty} \dfrac{x^3 + 2x - 1}{3x - 4}$

10. $\lim\limits_{x \to +\infty} \dfrac{x^3 + 2x - 1}{3x - 4}$

11. $\lim\limits_{x \to +\infty} \dfrac{4x - 1}{3x + 2}$

12. $\lim\limits_{x \to -\infty} \dfrac{4x - 1}{3x + 2}$

13. $\lim\limits_{x \to +\infty} \dfrac{x^2 + x + 1}{2x^2 - 3}$

14. $\lim\limits_{x \to -\infty} \dfrac{x^2 + x + 1}{2x^2 - 3}$

15. $\lim\limits_{x \to +\infty} \dfrac{-x^3 + 3x^2}{x^3 - 1}$

16. $\lim\limits_{x \to -\infty} \dfrac{-x^3 + 3x^2}{x^3 - 1}$

17. $\lim\limits_{x \to +\infty} \left(x^2 + \dfrac{1}{x}\right)$

18. $\lim\limits_{x \to +\infty} (2 - e^x)$

19. $\lim\limits_{x \to -\infty} (2 - e^x)$

20. $\lim\limits_{x \to +\infty} e^{1-x^2}$

21. $\lim\limits_{x \to -\infty} e^{1-x^2}$

22. $\lim\limits_{x \to +\infty} \ell n \left(\dfrac{1}{x}\right)$

23. $\lim\limits_{x \to +\infty} \dfrac{x + 1}{x - 1}$

24. $\lim\limits_{x \to -\infty} \dfrac{x + 1}{x - 1}$

25. $\lim\limits_{x \to +\infty} (10 + e^{-x})$

26. $\lim\limits_{x \to -\infty} \dfrac{1}{x^3}$

27. $\lim\limits_{x \to +\infty} \dfrac{1}{x^3}$

RESPOSTAS

1. 0	8. 0	15. -1	22. $-\infty$
2. 2	9. $+\infty$	16. -1	23. 1
3. $-\infty$	10. $+\infty$	17. $+\infty$	24. 1
4. 0	11. $\frac{4}{3}$	18. $-\infty$	25. 10
5. $-\infty$	12. $\frac{4}{3}$	19. 2	26. 0
6. $+\infty$	13. $\frac{1}{2}$	20. 0	27. 0
7. 0	14. $\frac{1}{2}$	21. 0	

11.3 Limite da soma, do produto e do quociente

Dentre as diversas propriedades dos limites destacam-se as seguintes:

TEOREMA

Se u e v são duas funções tais que

$$\lim_{x \to b} u(x) = L_1 \quad \text{e} \quad \lim_{x \to b} v(x) = L_2,$$

onde L_1 e L_2 são números, então:

a. $\lim\limits_{x \to b} (u(x) \pm v(x)) = L_1 \pm L_2$ (limite da soma);

b. $\lim\limits_{x \to b} (u(x) \times v(x)) = L_1 \times L_2$ (limite do produto);

c. $\lim\limits_{x \to b} \dfrac{u(x)}{v(x)} = \dfrac{L_1}{L_2}$ se $L_2 \neq 0$ (limite do quociente);

d. $\lim\limits_{x \to b} \ell n\,(u(x)) = \ell n\left[\lim\limits_{x \to b} u(x)\right] = \ell n[L_1]$, se $L_1 > 0$

EXERCÍCIOS RESOLVIDOS

1. Calcular: $\lim\limits_{x \to 2} (x^3 - 5x + 2)$

$$\left.\begin{array}{l} \lim\limits_{x \to 2} x^3 = 8 \\ \lim\limits_{x \to 2} -5x = -10 \\ \lim\limits_{x \to 2} (2) = 2 \end{array}\right\} \Rightarrow \lim_{x \to 2} (x^3 - 5x + 2) = 8 - 10 + 2 = 0$$

2. Calcular: $\lim\limits_{x \to 5} \dfrac{x^2 + 10}{x + 5}$

$$\left.\begin{array}{l} \lim\limits_{x \to 5} (x^2 + 10) = 35 \\ \lim\limits_{x \to 5} (x + 5) = 10 \end{array}\right\} \Rightarrow \lim\limits_{x \to 5} \frac{x^2 + 10}{x + 5} = \frac{35}{10}$$

3. Calcular: $\lim\limits_{x \to 1} x^2 \cdot e^x$

$$\left.\begin{array}{l} \lim\limits_{x \to 1} x^2 = 1 \\ \lim\limits_{x \to 1} e^x = e \end{array}\right\} \Rightarrow \lim\limits_{x \to 1} x^2 \cdot e^x = 1 \cdot e = e$$

EXERCÍCIOS PROPOSTOS

Calcular os limites seguintes:

1. $\lim\limits_{x \to 1} x^2 - 5x + 4$
2. $\lim\limits_{x \to 2} \dfrac{3x^2 - 1}{x + 3}$
3. $\lim\limits_{x \to 0} (x^2 + 1)\, e^{2x}$
4. $\lim\limits_{x \to e} x^2 \cdot \ell n\, x$
5. $\lim\limits_{x \to 6} \dfrac{\sqrt{x + 3}}{1 - x^2}$
6. $\lim\limits_{x \to 2} \dfrac{\frac{1}{x} + 5}{\sqrt{x^2 + 5}}$
7. $\lim\limits_{x \to 2} (4 + x)^2$
8. $\lim\limits_{x \to -3} - x^2 + 5x$
9. $\lim\limits_{x \to 0} \left(\sqrt{x + 1}\ \sqrt[3]{1 - x^2}\right)$
10. $\lim\limits_{x \to 64} \left(\sqrt{x} - \sqrt[3]{x}\right)$
11. $\lim\limits_{x \to 0} \dfrac{e^x + e^{-x}}{1 + e^x}$
12. $\lim\limits_{x \to 2} \left(\dfrac{1}{x - 1} - \dfrac{2 + x}{x + 1}\right)$
13. $\lim\limits_{x \to 0} \left[\ell n\,(1 + x - x^2)\right]$
14. $\lim\limits_{x \to 3} \dfrac{1}{\sqrt{2x^2 - 2}}$

RESPOSTAS

1. 0
2. $\dfrac{11}{5}$
3. 1
4. e^2
5. $-\dfrac{3}{35}$
6. $\dfrac{11}{6}$
7. 4
8. – 24
9. 1
10. 4
11. 1
12. $-\dfrac{1}{3}$
13. 0
14. $\dfrac{1}{4}$

3

DERIVADAS

1 TAXA MÉDIA DE VARIAÇÃO

Seja f uma função definida num conjunto D e x_0 e $x_0 + \Delta x$ dois pontos de D. Quando a variável x passa do valor x_0 para o valor $x_0 + \Delta x$ sofrendo uma variação Δx, o correspondente valor da função passa de $f(x_0)$ para o valor $f(x_0 + \Delta x)$ sofrendo, portanto, uma variação.

$$\Delta y = f(x_0 + \Delta x) - f(x_0)$$

Conforme mostra a figura seguinte:

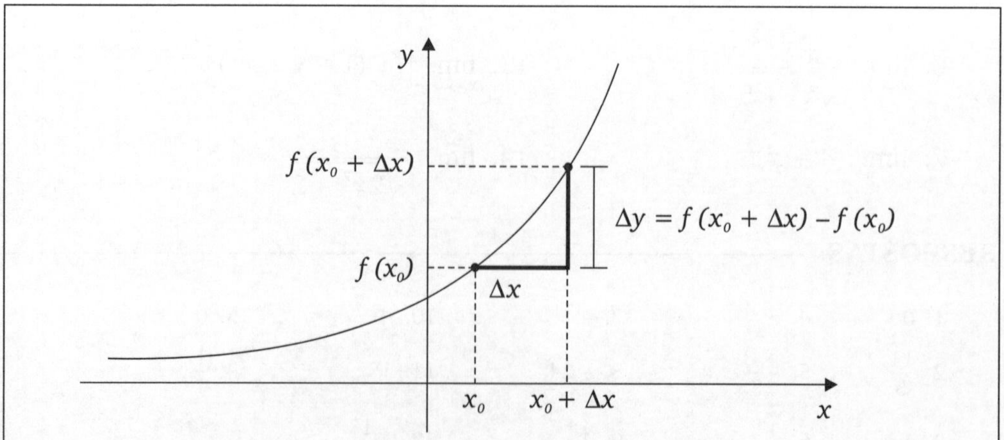

O quociente

$$\frac{\Delta y}{\Delta x} = \frac{f(x_0 + \Delta x) - f(x_0)}{\Delta x}$$

recebe o nome de *taxa média de variação* da função quando x passa do valor x_0 para o valor $x_0 + \Delta x$ e expressa a variação média sofrida pelos valores da função entre estes dois pontos.

Exemplos:

1. Seja a função f tal que $f(x) = 3x + 1$, com $x \in R$

   Sejam $x_0 = 1$ e $x_0 + \Delta x = 4 \therefore \Delta x = 3$

   Então: $f(x_0) = 4$ e $f(x_0 + \Delta x) = 13$

   Logo, $\dfrac{\Delta y}{\Delta x} = \dfrac{f(x_0 + \Delta x) - f(x_0)}{\Delta x} = \dfrac{13 - 4}{3} = \dfrac{9}{3} = 3$

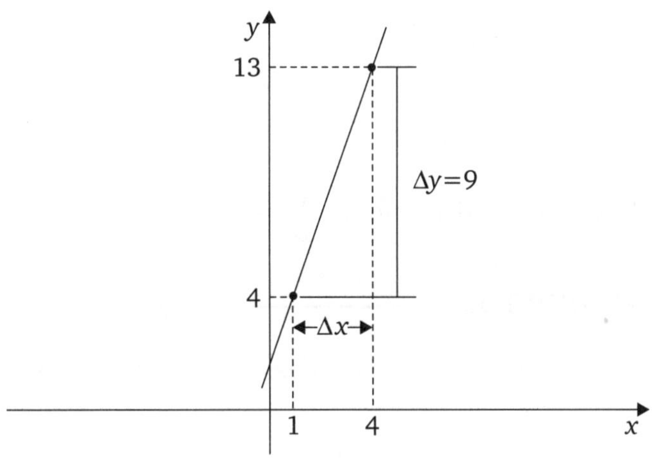

2. Seja a função f tal que $f(x) = x^2 + 5, x \in R$

   Se $x_0 = 2$ e $x_0 + \Delta x = 4$, temos $\Delta x = 2$

   Então: $f(x_0) = 9$ e $f(x_0 + \Delta x) = 21$

   Logo, $\dfrac{\Delta y}{\Delta x} = \dfrac{f(x_0 + \Delta x) - f(x_0)}{\Delta x} = \dfrac{21 - 9}{2} = \dfrac{12}{2} = 6$

3. Seja a função f tal que $f(x) = x^3 - 1, x \in R$

   Se $x_0 = 4$ e $x_0 + \Delta x = 0$, temos $\Delta x = -4$

   Então: $f(x_0) = 63$ e $f(x_0 + \Delta x) = -1$

   Logo, $\dfrac{\Delta y}{\Delta x} = \dfrac{f(x_0 + \Delta x) - f(x_0)}{\Delta x} = \dfrac{-1 - 63}{-4} = 16$

4. Seja a função f tal que $f(x) = x^2, x \in R$.

   Quaisquer que sejam dois pontos x_0 e $x_0 + \Delta x$, temos:

$$\frac{\Delta y}{\Delta x} = \frac{f(x_0 + \Delta x) - f(x_0)}{\Delta x} = \frac{(x_0 + \Delta x)^2 - x_0^2}{\Delta x} =$$

$$= \frac{x_0^2 + 2x_0\,\Delta x + (\Delta x)^2 - x_0^2}{\Delta x} = \frac{2x_0\,\Delta x + (\Delta x)^2}{\Delta x} =$$

$$= 2x_0 + \Delta x \quad \therefore \quad \frac{\Delta y}{\Delta x} = 2x_0 + \Delta x$$

isto é, a taxa média de variação de f entre dois pontos quaisquer x_0 e $x_0 + \Delta x$ é, neste caso, $2x_0 + \Delta x$.

Se, por exemplo, $x_0 = 4$ e $\Delta x = 0{,}2$, temos:

$$\frac{\Delta y}{\Delta x} = 8 + 0{,}2 = 8{,}2.$$

Se $x_0 = -1$ e $\Delta x = -0{,}1$, temos $\dfrac{\Delta y}{\Delta x} = -2 - 0{,}1 = -2{,}1$.

EXERCÍCIOS PROPOSTOS

1. Calcular a Taxa Média de Variação das funções seguintes entre os pontos indicados:

1.1	$y = 4$;	2 e 4
1.2	$y = -5$;	1 e 1,2
1.3	$y = -x$;	5 e 8
1.4	$y = -x$;	– 1 e 4
1.5	$y = 4x$;	2 e 3
1.6	$y = -4x$;	2 e 5
1.7	$y = x + 1$;	4 e 10
1.8	$y = -x + 1$;	– 2 e 6

1.9 $y = 2x + 3;$	-5 e 5
1.10 $y = -4x + 5;$	0 e 10
1.11 $y = x^2;$	0 e 3
1.12 $y = -x^2;$	-2 e 4
1.13 $y = x^2 + x;$	-1 e 1
1.14 $y = 2x^2 + 3x + 4;$	2 e 4
1.15 $y = \frac{1}{2}x^2 + x - 1;$	10 e 12
1.16 $y = x^3 - 2x^2 + x + 1;$	0 e 3
1.17 $y = x^4 - 2x^3 + 2;$	1 e 2
1.18 $y = \frac{1}{x};$	1 e 3
1.19 $y = 1 - \frac{1}{x};$	2 e 5
1.20 $y = \frac{x}{x+1};$	0 e 3
1.21 $y = \frac{x+1}{x-1};$	-1 e 0,5
1.22 $y = \frac{2x+4}{3x-2};$	0 e 1
1.23 $y = \frac{x^2+4}{x+3};$	-2 e 2
1.24 $y = \sqrt{x};$	1 e 4
1.25 $y = \sqrt[3]{x};$	8 e 64
1.26 $y = \sqrt[3]{x} + 1;$	8 e 27
1.27 $y = \frac{\sqrt{x+1}}{\sqrt{x}};$	4 e 9
1.28 $y = x^{\frac{3}{2}};$	1 e 4
1.29 $y = x^{\frac{5}{2}};$	0 e 2
1.30 $y = 2^x;$	3 e 5
1.31 $y = 2^{3x+1};$	$-\frac{1}{3}$ e 1
1.32 $y = \ln x;$	1 e e
1.33 $y = \log x;$	10 e 100

2. Interpretar o valor obtido em cada item do exercício anterior.

RESPOSTAS

1.1 0	1.12 − 2	1.23 −1,6
1.2 0	1.13 1	1.24 $\frac{1}{3}$
1.3 − 1	1.14 15	1.25 $\frac{1}{28}$
1.4 − 1	1.15 12	1.26 $\frac{1}{19}$
1.5 4	1.16 4	1.27 $\frac{\sqrt{5}(2\sqrt{2}-3)}{30}$
1.6 − 4	1.17 1	1.28 $\frac{7}{3}$
1.7 1	1.18 $-\frac{1}{3}$	1.29 $2\sqrt{2}$
1.8 − 1	1.19 $\frac{1}{10}$	1.30 12
1.9 2	1.20 $\frac{1}{4}$	1.31 11,25
1.10 − 4	1.21 − 2	1.32 $\frac{1}{e-1}$
1.11 3	1.22 8	1.33 $\frac{1}{90}$

2.1 A função é constante no intervalo.

2.3 No intervalo [5, 8] a função decresce em média 1 unidade, para cada unidade acrescida a x.

2.5 No intervalo [2, 3] a função cresce em média 4 unidades para cada unidade acrescida a x.

2.10 No intervalo [0,1 0] a função decresce em média 4 unidades para cada unidade acrescida a x.

As outras respostas são semelhantes.

2 APLICAÇÕES

2.1 Taxas crescentes a taxas decrescentes

Consideremos as funções dadas por $y = x^2$ com $x \geq 0$ e $y = \sqrt{x}$ com $x \geq 0$.

Não é difícil verificar que ambas são funções crescentes no intervalo $[0, +\infty[$. No entanto, o crescimento destas funções tem características diferentes.

A taxa média de variação da função dada por $y = x^2$ quando x passa de um valor x_0 para outro valor $x_0 + \Delta x$ com $\Delta x > 0$ é dada por:

$$\frac{\Delta y}{\Delta x} = 2x_0 + \Delta x$$

Observemos que, fixado o acréscimo Δx, a taxa média de variação desta função cresce à medida que aumenta o valor de x_0.

Trata-se, portanto, de uma função crescente a taxas crescentes.

Por outro lado, a taxa média de variação da função dada por $y = \sqrt{x}$, entre os pontos x_0 e $x_0 + \Delta x$, com $\Delta x > 0$ é dada por:

$$\frac{\Delta y}{\Delta x} = \frac{1}{\sqrt{x_0} + \sqrt{x_0 + \Delta x}}$$

Uma vez fixado o acréscimo Δx, $\frac{\Delta y}{\Delta x}$ decresce à medida que cresce o valor de x_0.

Temos, assim, o exemplo de uma função crescente a taxas decrescentes.

De modo análogo é possível dar exemplo de funções decrescentes a taxas crescentes (como por exemplo $y = \frac{1}{x}$ com $x > 0$) e de funções decrescentes a taxas decrescentes (por exemplo, $y = 4 - x^2$ com $0 \leq x \leq 2$).

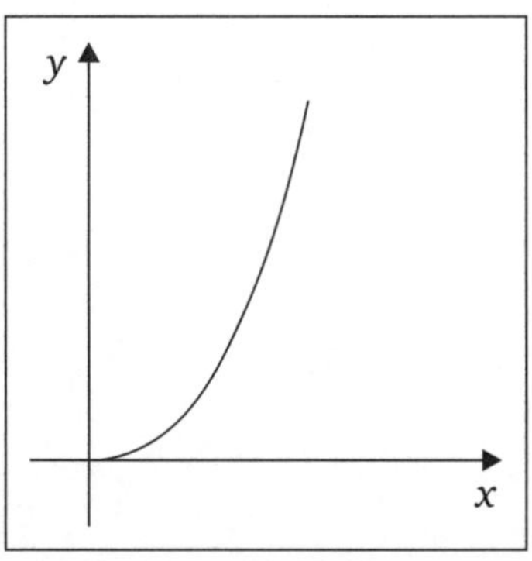

$y = x^2, x \geq 0$
Crescente a taxas crescentes.

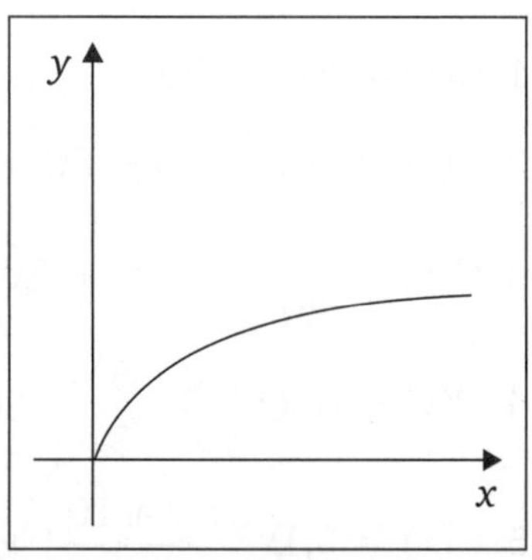

$y = \sqrt{x}, x \geq 0$
Crescente a taxas decrescentes.

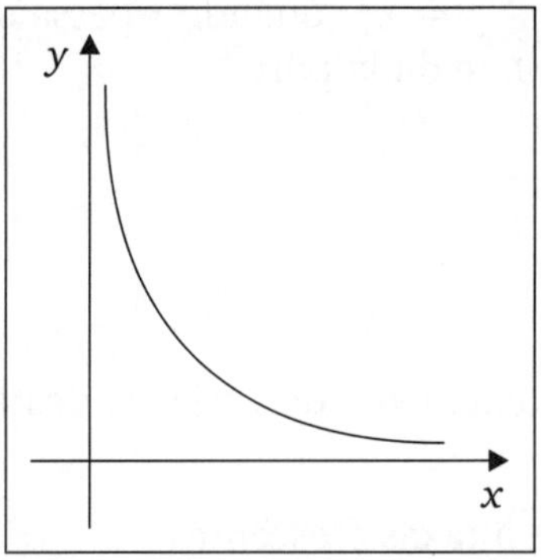

$y = \frac{1}{x}, x > 0$

Decrescente a taxas crescentes.

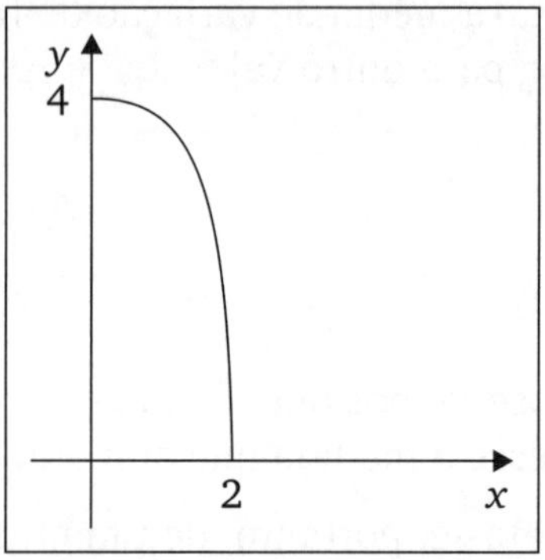

$y = 4 - x^2, 0 \leq x \leq 2$

Decrescente a taxas decrescentes.

2.2 Exercícios propostos

1. A função custo associada à produção de x unidades de determinado bem é dada por: $C(x) = 10.000 + 2x + \frac{1}{10}x^2$. Determinar:

1.1 o custo médio da produção, $\left(\frac{C(x)}{x}\right)$;

1.2 o custo variável médio de produção C_{VM} (taxa média de variação da função C entre os pontos 0 e x unidades).

2. Responda as perguntas do exercício anterior para cada uma das funções de custo seguintes:

2.1 $C(x) = 2x + 100$

2.2 $C(x) = \sqrt{2x + 10} + 50$

2.3 $C(x) = \frac{1}{20}x^3 - 5x^2 + 8x + 100$

2.4 $C(x) = 0{,}2x\left(\frac{x+5}{x+3}\right) + 250$

2.5 $C(x) = 0{,}1x^2\left(\frac{x+10}{x+12}\right) + 350$

2.6 $C(x) = 150e^{0{,}1x}$

3. Se a equação de demanda de determinado bem é dada por $x = 10 - p$, onde x representa a quantidade demandada e p o preço do bem, determinar:

3.1 a receita total (R_T) em função de x;

3.2 a receita média (R_M) para as x primeiras unidades (taxa média de variação de R_T entre 0 e x unidades).

4. Responda as perguntas do exercício anterior quando a quantidade demandada é dada por cada uma das expressões seguintes:

4.1 $x = \dfrac{200}{p + 5} - 10$

4.2 $x = \dfrac{400 - p^2}{5}$

4.3 $x = \dfrac{10 - \sqrt{p}}{2}$

4.4 $x = 10 - 0{,}2\,p$.

RESPOSTAS

1.1 $\dfrac{C(x)}{x} = \dfrac{10.000}{x} + 2 + \dfrac{1}{10}x$

1.2 $C_{VM} = 2 + \dfrac{x}{10}$ (cresce com x)

2.1 $\dfrac{C(x)}{x} = 2 + \dfrac{100}{x}$; $C_{VM} = 2$

2.2 $\dfrac{C(x)}{x} = \dfrac{\sqrt{2x + 10}}{x} + \dfrac{50}{x}$; $C_{VM} = \dfrac{2}{\sqrt{2x + 10} + \sqrt{10}}$

2.3 $\dfrac{C(x)}{x} = \dfrac{1}{20}x^2 - 5x + 8 + \dfrac{100}{x}$; $C_{VM} = \dfrac{1}{20}x^2 - 5x + 8$

2.4 $\dfrac{C(x)}{x} = 0{,}2\left(\dfrac{x + 5}{x + 3}\right) + \dfrac{250}{x}$; $C_{VM} = 0{,}2\left(\dfrac{x + 5}{x + 3}\right)$

2.5 $\dfrac{C(x)}{x} = 0{,}1x\dfrac{x + 10}{x + 12} + \dfrac{350}{x}$; $C_{VM} = 0{,}1x\,\dfrac{x + 10}{x + 12}$

2.6 $\dfrac{C(x)}{x} = \dfrac{150}{x}e^{0{,}1x}$; $C_{VM} = \dfrac{150e^{0{,}1x} - 150}{x}$

3.1 $R_T = 10x - x^2$

3.2 $R_M = 10 - x$

4.1 $R_T = \dfrac{150x - 5x^2}{x + 10}$; $R_M \dfrac{150 - 5x}{x + 10}$

4.2 $R_T = x\sqrt{400 - 5x}$; $R_M = \sqrt{400 - 5x}$

4.3 $R_T = x\,(10 - 2x)^2$; $R_M = (10 - 2x)^2$

4.4 $R_T = 50x - 5x^2$; $R_M = 50 - 5x$

3 DERIVADA DE UMA FUNÇÃO NUM PONTO

3.1 Introdução

No item anterior estudamos o quociente

$$\frac{\Delta y}{\Delta x} = \frac{f(x_0 + \Delta x) - f(x_0)}{\Delta x}$$

que, como vimos, expressa a taxa média de variação da função f quando x passa do valor x_0 para o valor $x_0 + \Delta x$.

Estamos agora interessados em estudar o comportamento dos valores desta taxa média para pequenas variações Δx.

Uma das maneiras de examinarmos este comportamento consiste em avaliar o limite do quociente $\dfrac{\Delta y}{\Delta x}$ quando $\Delta x \to 0$, pois tal limite, caso exista, nos fornece um valor aproximado do quociente $\dfrac{\Delta y}{\Delta x}$ para pequenos valores de Δx.

Por exemplo, se $f(x) = x^2$, a taxa média de variação entre os pontos x_0 e $x_0 + \Delta x$ é dada por

$$\frac{\Delta y}{\Delta x} = 2x_0 + \Delta x$$

Mas, $\lim\limits_{\Delta x \to 0} \dfrac{\Delta y}{\Delta x} = \lim\limits_{\Delta x \to 0} (2x_0 + \Delta x) = 2x_0$

que é um valor aproximado de $\dfrac{\Delta y}{\Delta x}$, para pequenos valores de Δx.

3.2 Definição

Seja f uma função definida num intervalo aberto]a, b[e x_0 um ponto deste intervalo.

O limite,

$$\lim_{\Delta x \to 0} \frac{\Delta y}{\Delta x} = \lim_{\Delta x \to 0} \frac{f(x_0 + \Delta x) - f(x_0)}{\Delta x}$$

quando existe, isto é, quando é um número real, recebe o nome de *derivada da função f no ponto x_0*.

Neste caso, dizemos também que f é derivável no ponto x_0. A derivada de f no ponto x_0 será indicada por uma das notações seguintes:

$$f'(x_0), \ \frac{df}{dx}(x_0), \ \frac{dy}{dx}(x_0), \text{ ou ainda por } \ y'(x_0).$$

A definição anterior nos conduz a uma importante interpretação do significado da derivada de uma função num ponto.

Dizer que $f'(x_0) = \lim_{\Delta x \to 0} \frac{\Delta y}{\Delta x}$ significa dizer que $f'(x_0)$ mede aproximadamente $\frac{\Delta y}{\Delta x}$ para pequenos valores de Δx.

$$\frac{\Delta y}{\Delta x} \simeq f'(x_0), \text{ para pequenos valores de } \Delta x.$$

Observemos também que a variação Δy da função, entre os pontos x_0 e $x_0 + \Delta x$, é dada aproximadamente por $f'(x_0)\,\Delta x$ para pequenas variações Δx.

$$\Delta y = f(x_0 + \Delta x) - f(x_0)$$
$$\Delta y \simeq f'(x_0) \cdot \Delta x, \text{ para pequenos valores de } \Delta x.$$

Exemplo 1:

Calcular e interpretar o valor da derivada da função $y = x^2$ no ponto $x_0 = 2$.

Solução:

A derivada de $y = x^2$, no ponto $x_0 = 2$, é dada pelo limite:

$$y'(2) = \lim_{\Delta x \to 0} \frac{f(2 + \Delta x) - f(2)}{\Delta x}$$

Como $f(2 + \Delta x) = (2 + \Delta x)^2 = 4 + 4\Delta x + (\Delta x)^2$ e $f(2) = 2^2 = 4$

então, $\dfrac{f(2 + \Delta x) - f(2)}{\Delta x} = \dfrac{4 + 4\Delta x + (\Delta x)^2 - 4}{\Delta x} = 4 + \Delta x$

e $y'(2) = \lim\limits_{\Delta x \to 0} (4 + \Delta x) = 4$

Interpretação:

a. A taxa média de variação da função nas proximidades do ponto $x_0 = 2$ é aproximadamente 4.

Isso significa que, em pequenos intervalos contendo o ponto $x_0 = 2$, a variação Δy correspondente é dada aproximadamente por:

$$\Delta y = 4\Delta x$$

Assim: no intervalo [1,9; 2] $\quad \Delta y \simeq 4 \cdot (0,1) = 0,4;$

no intervalo [1,95; 2,01] $\quad \Delta y \simeq 4 \cdot (0,15) = 0,6;$

no intervalo [2; 2,01] $\quad \Delta y \simeq 4 \cdot (0,1) = 0,4.$

b. A derivada da função no ponto pode também ser interpretada como valor marginal ou tendência neste ponto. No caso, a tendência da função $y = x^2$ no ponto $x_0 = 2$ é de crescimento 4.

Exemplo 2:

Calcular e interpretar o valor da derivada função $y = \dfrac{1}{x}$ no ponto $x_0 = 3$.

Solução:

A derivada de $y = \dfrac{1}{x}$, no ponto $x_0 = 3$, é o limite:

$$y'(3) = \lim_{\Delta x \to 0} \frac{f(3 + \Delta x) - f(3)}{\Delta x}$$

$$x = 3 + \Delta x \qquad \Rightarrow f(3 + \Delta x) = \frac{1}{3 + \Delta x}$$

$$x = 3 \qquad \Rightarrow f(3) = \frac{1}{3}$$

Então: $f(3 + \Delta x) - f(3) = \dfrac{1}{3 + \Delta x} - \dfrac{1}{3} = \dfrac{3 - 3 - \Delta x}{3\,(3 + \Delta x)} = \dfrac{-\Delta x}{3(3 + \Delta x)}$

ou: $\dfrac{f(3 + \Delta x) - f(3)}{\Delta x} = \dfrac{\dfrac{-\Delta x}{3\,(3 + \Delta x)}}{\Delta x} = -\dfrac{1}{3\,(3 + \Delta x)}$

Então: $y'(3) = \lim\limits_{\Delta x \to 0} - \dfrac{1}{3\,(3 + \Delta x)} = -\dfrac{1}{9}$

Interpretação:

a. A taxa média de variação de $y = \dfrac{1}{x}$, nas proximidades do ponto $x_0 = 3$, é aproximadamente – 1/9.

Isso significa que, em pequenos intervalos contendo $x_0 = 3$, a variação Δy correspondente é dada aproximadamente por:

$$\Delta y = -\frac{1}{9} \cdot \Delta x$$

No intervalo: [3; 3,1] $\qquad \Delta y = -\dfrac{1}{9} \cdot (0{,}1) = -\dfrac{1}{90}$

[2,85; 3,05] $\qquad \Delta y = -\dfrac{1}{9} \cdot (0{,}2) = \dfrac{-1}{45}$

b. A margem ou tendência (no caso ao decrescimento) da função no ponto $x_0 = 3$ é $-\dfrac{1}{9}$.

Exemplo 3:

Função não derivável num ponto:

Consideremos a função $y = f(x) = |x|$ e seja $x_0 = 0$.

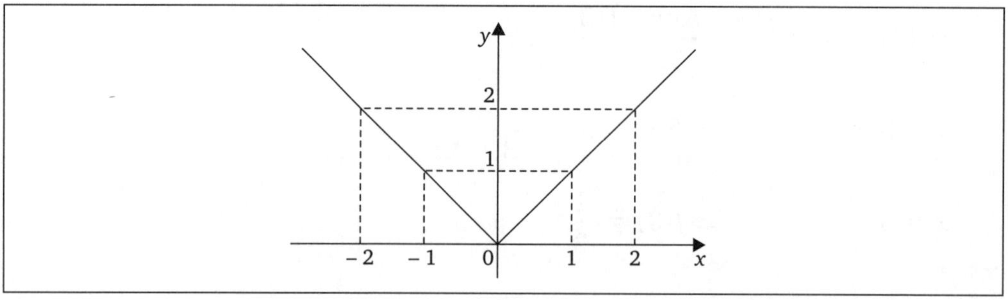

A taxa média de variação entre os pontos 0 e $0 + \Delta x$ é:

$$\frac{\Delta y}{\Delta x} = \frac{f(0 + \Delta x) - f(0)}{\Delta x} = \frac{|0 + \Delta x| - |0|}{\Delta x} = \frac{|\Delta x|}{\Delta x}$$

$$\therefore \ \frac{\Delta y}{\Delta x} = \begin{cases} \dfrac{\Delta x}{\Delta x} = 1 & \text{se } \Delta x > 0, \text{ e} \\ \dfrac{-\Delta x}{\Delta x} = -1 & \text{se } \Delta x < 0. \end{cases}$$

Logo: $\lim\limits_{\Delta x \to 0+} \dfrac{\Delta y}{\Delta x} = \lim\limits_{\Delta x \to 0+} (1) = 1$ e

$$\lim_{\Delta x \to 0-} \frac{\Delta y}{\Delta x} = \lim_{\Delta x \to 0-} (-1) = -1$$

Como os limites laterais de $\dfrac{\Delta y}{\Delta x}$ no ponto $\Delta x = 0$ não são iguais, resulta que não existe o limite de $\dfrac{\Delta y}{\Delta x}$ quando $\Delta x \to 0$. Portanto, a função $f(x) = |x|$ não é derivável no ponto $x_0 = 0$.

Observação:

Seja f uma função definida num intervalo I de extremos a e b.

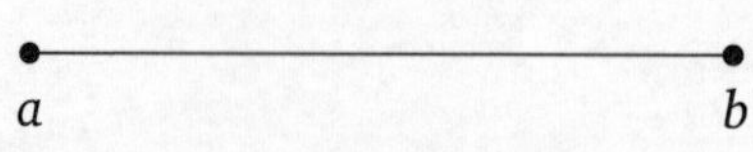

O limite

$$\lim_{\Delta x \to 0+} \frac{\Delta y}{\Delta x} = \lim_{\Delta x \to 0+} \frac{f(a + \Delta x) - f(a)}{\Delta x}$$

quando existe (isto é, quando é um número real) recebe o nome de derivada à direita de f, no ponto a, e será indicado por uma das notações:

$$f'(a+), \quad \frac{df}{dx}(a+), \quad \frac{dy}{dx}(a+) \quad \text{ou} \quad y'(a+).$$

De modo análogo, o limite

$$\lim_{\Delta x \to 0-} \frac{\Delta y}{\Delta x} = \lim_{\Delta x \to 0-} \frac{f(b + \Delta x) - f(b)}{\Delta x}$$

recebe o nome de derivada à esquerda de f, no ponto b e será indicada por uma das notações:

$$f'(b-), \quad \frac{df}{dx}(b-), \quad \frac{dy}{dx}(b-) \quad \text{ou} \quad y'(b-)$$

Exemplo:

Seja a função $f(x) = x^2$, com $x \in [2, 6]$.

Temos:

a. $\displaystyle\lim_{\Delta x \to 0+} \frac{\Delta y}{\Delta x} = \lim_{\Delta x \to 0+} \frac{f(2 + \Delta x) - f(2)}{\Delta x} = 4 \quad \therefore \quad f'(2+) = 4$

b. $\displaystyle\lim_{\Delta x \to 0-} \frac{\Delta y}{\Delta x} = \lim_{\Delta x \to 0-} \frac{f(6 + \Delta x) - f(6)}{\Delta x} = 12 \quad \therefore \quad f'(6-) = 12$

Interpretação:

a. Para pequenos intervalos à direita do ponto $x_0 = 2$, a variação correspondente Δy é dada aproximadamente por:

$$\Delta y = 4\,\Delta x$$

ou, ainda, a margem ou tendência da função à direita do ponto $x_0 = 2$ é 4.

b. Para pequenos intervalos à esquerda do ponto $x_0 = 6$, a variação correspondente Δy é dada aproximadamente por:

$$\Delta y = 12\,\Delta x$$

ou, ainda, a margem ou tendência da função à esquerda do ponto $x_0 = 6$ é 12.

EXERCÍCIOS PROPOSTOS

1. Calcular a derivada de cada uma das funções seguintes, nos pontos indicados.

1.1 $y = 5$	$x_0 = 4$	1.5 $y = \frac{1}{x}$	$x_0 = -2$
1.2 $y = 3x$	$x_0 = 2$	1.6 $y = \frac{x}{x+1}$	$x_0 = 3$
1.3 $y = 2x + 1$	$x_0 = -3$	1.7 $y = 1 - x^2$	$x_0 = 0$
1.4 $y = x^2 + 4$	$x_0 = \frac{1}{2}$	1.8 $y = 3x^2 + 10x - 1$	$x_0 = 1$

2. Interprete o resultado obtido em cada item do exercício anterior.
3. Mostrar que cada uma das funções abaixo não tem derivada no ponto indicado

3.1 $y = \sqrt{x}$ $\quad x_0 = 0$ $\qquad$ 3.2 $y = \frac{1}{x}$ $\quad x_0 = 0$

4 Calcular e interpretar o valor das derivativas laterais nos extremos dos intervalos

4.1 $y = x$ $\qquad 0 \leq x \leq 5$

4.2 $y = x^2 + 10$ $\qquad 4 \leq x \leq 7$

4.3 $y = \frac{1}{x}$ $\qquad -3 \leq x \leq -1$

RESPOSTAS

1. 1.1 $y' = 0$ $\qquad$ 1.5 $y' = -\frac{1}{4}$

1.2 $y' = 3$ $\qquad$ 1.6 $y' = \frac{1}{16}$

1.3 $y' = 2$ $\qquad$ 1.7 $y' = 0$

1.4 $y' = 1$ $\qquad$ 1.8 $y' = 16$

4. 4.1 $f'(0+) = 1$ 4.2 $f'(4+) = 8$ 4.3 $f'(-3+) = -\frac{1}{9}$

$f'(5-) = 1$ $f'(7-) = 14$ $f'(-1-) = -1$

4 FUNÇÃO DERIVADA

Seja f uma função derivável em todo ponto x de um intervalo aberto I.

A função que a todo x associa o número $f'(x)$ recebe o nome de função derivada de f em I, e será indicada por qualquer das notações:

$$f', \frac{df}{dx}, \frac{dy}{dx} \text{ ou } y'$$

Exemplos:

1. Calcular a função derivada de $y = 3x + 4, x \in R$.

Solução:

$$\frac{\Delta y}{\Delta x} = \frac{f(x + \Delta x) - f(x)}{\Delta x} = \frac{3(x + \Delta x) + 4 - (3x + 4)}{\Delta x} = \frac{3\Delta x}{\Delta x} = 3$$

$$y' = \lim_{\Delta x \to 0} (3) = 3$$

Portanto, a função derivada de $y = 3x + 4$ é $y' = 3$ para todo $x \in R$.

2. Calcular a função derivada de $y = x^2$, $x \in R$.

Solução:

$$\frac{\Delta y}{\Delta x} = \frac{f(x + \Delta x) - f(x)}{\Delta x} = \frac{(x + \Delta x)^2 - x^2}{\Delta x} = \frac{2x\,\Delta x + \Delta x^2}{\Delta x} = 2x + \Delta x$$

$$y' = \lim_{\Delta x \to 0} (2x + \Delta x) = 2x$$

Portanto, a função derivada de $y = x^2$ é $y' = 2x$ para todo $x \in R$.

3. Calcular a função derivada de $y = 2x - x^2$, $x > 0$

Solução:

$$\frac{\Delta y}{\Delta x} = \frac{f(x + \Delta x) - f(x)}{\Delta x} = \frac{2\,(x + \Delta x) - (x + \Delta x)^2 - (2x - x)^2}{\Delta x} = \frac{2\Delta x - 2x\,\Delta x - \Delta x^2}{\Delta x} =$$

$$= 2 - 2x - \Delta x$$

$$y' = \lim_{\Delta x \to 0} (2 - 2x - \Delta x) = 2 - 2x$$

Portanto, a função derivada de $y = 2x - x^2$ é $y' = 2 - 2x$ para $x > 0$.

EXERCÍCIOS PROPOSTOS

1. Mostre que a derivada da função $y = k$ onde k é uma constante, é zero para todo $x \in R$.
2. Mostre que a derivada de $y = Ax$ onde A é um número real, é $y' = A$ para todo $x \in R$.
3. Mostre que a derivada de $y = x^2 + 3x + 10$ é $y = 2x + 3$ para todo $x \in R$.

5 DERIVADA DAS FUNÇÕES USUAIS

A derivada das funções usuais pode ser obtida rapidamente com o auxílio das fórmulas de derivação. Estas fórmulas podem ser mais facilmente obtidas a partir de dois resultados básicos que passaremos a descrever.

5.1 Derivada da função logaritmo, $y = ln\, x$

Pela definição, a derivada de $y = ln\, x$, em um ponto $x > 0$, é dado pelo limite:

$$y' = \lim_{\Delta x \to 0} \frac{ln(x + \Delta x) - ln\, x}{\Delta x} = \frac{1}{x}$$

A demonstração desta igualdade pode ser vista no APÊNDICE, A1.

5.2 Funções compostas

Vimos no item anterior que o cálculo da derivada da função dada por $y = ln\, x$, $x > 0$, aplicando a definição, não é um problema de solução imediata. Imaginem, então, o grau de dificuldade que teríamos pela frente se tentássemos calcular, aplicando a definição, a derivada, por exemplo, da função h dada por

$$① \ h(x) = \ln(10x^4 + 50), \quad x \in R$$

Este mesmo comentário é válido para o caso de inúmeras outras funções. Mas o problema pode ficar menos complicado se conseguirmos expressar a função h em termos de duas funções mais simples que já conhecemos e sabemos derivar.

Consideremos, então, a função u tal que,

$$u(x) = 10x^4 + 50, \quad x \in R$$

A igualdade ① pode, então, ser reescrita na forma:

$$② \ h(x) = \ln(u(x)), \quad x \in R$$

Consideremos, em seguida, a função v, tal que $v(t) = \ln(t)$, $t > 0$, o que nos permite reescrever a expressão ② do seguinte modo:

$$h(x) = \ln(u(x)) = v(u(x)), \quad x \in R$$

ou seja,

$$h(x) = \ln(10x^4 + 50) = v(u(x)), \quad x \in R$$

ou, ainda,

$$h(x) = v(u(x)), \quad x \in R$$

Diremos, então, que a função h é composta das funções u e v. Veremos, no item seguinte, que a regra de derivação da função h pode ser expressa em termos das derivadas de u e v que já sabemos calcular.

No momento, sem o intuito de derivar, temos de nos exercitar na composição de funções, prestando especial atenção aos seus domínios.

Exemplos:

1. A função h é tal que $h(x) = (20x + 15)^{10}$, $x \in R$. Sejam u e v funções tais que $u(x) = 20x + 15$, $x \in R$ e $v(t) = t^{10}$, $t \in R$.

   Podemos escrever, então,

   $$h(x) = (20x + 15)^{10} = (u(x))^{10} = v(u(x)), \quad x \in R$$

2. A função h é tal que $h(x) = \dfrac{1}{(10x^2 + 20)^4}$ com $x \in R$. Sejam as funções u e v tais que $u(x) = (10x^2 + 20)^4$, $x \in R$ e $v(t) = \dfrac{1}{t}$, $t \in R$, $t \neq 0$.

   Então, $h(x) = \dfrac{1}{(10x^2 + 20)^4} = \dfrac{1}{u(x)} = v(u(x))$, $x \in R$

   ou seja, $h(x) = v(u(x))$

3. A função h é tal que $h(x) = e^{x^2 - 1}$, $x \in R$. Sejam u e v funções tais que $u(x) = x^2 - 1$, $x \in R$ e $v(t) = e^t$, $t \in R$

   Temos, então,

   $h(x) = e^{x^2 - 1} = e^{u(x)} = v(u(x))$, $x \in R$

   ou seja,

   $h(x) = v(u(x))$, $x \in R$

4. A função h é tal que $h(x) = \sqrt{\dfrac{x+1}{x-1}}$, $x \leq -1$ ou $x > 1$. Sejam u e v funções tais que $u(x) = \dfrac{x+1}{x-1}$, com $x \neq 1$ e $v(t) = \sqrt{t}$, $t \geq 0$. Devemos restringir o domínio de u para que se tenha $u(x) \geq 0$. Mas isto implica em fazer $x \leq -1$ ou $x > 1$.

   Podemos escrever então,

   $h(x) = \sqrt{\dfrac{x+1}{x-1}} = \sqrt{u(x)} = v(u(x))$, ou

   $h(x) = v(u(x))$, com $x \leq -1$ ou $x > 1$

EXERCÍCIOS PROPOSTOS

Determinar as funções u e v tais que $h(x) = v(u(x))$

1. $h = \sqrt{2x + 1}$, $x > 0$
2. $h = e^{4x - 3}$

3. $h = (2x + 4)^{0,5}, x \geq 0$
4. $h = (\ell n\, x)^5, x > 0$
5. $h = \sqrt{1 - \ell n\, x}\,, 0 < x < e$
6. $h = \left(\dfrac{1 + 2x}{x}\right)^{1/3}, x \neq 0$
7. $h = e^{\frac{1-x}{4}}$
8. $h = \ell n\,(2x - 1), x > 1$
9. $h = e^{2\ell n\, x}, x > 0$
10. $h = e^{-\frac{1}{2}(x-2)^2}$
11. $h = (\sqrt{1 - x})^4, x \leq 1$
12. $h = e^{1 + \ell n\, x}, x > 0$
13. $h = (0{,}2)^{1-x}$
14. $h = \sqrt{\ell n(2x - 1)}\,, x > 10$
15. $h = \left(\dfrac{2x + 5}{4}\right)^{\ell n\, 2}$

RESPOSTAS

1. $u\,(x) = 2x + 1, x > 0$ e $v\,(x) = \sqrt{x}$
2. $u\,(x) = 4x - 3, x \in R$ e $v\,(x) = e^x$
3. $u\,(x) = 2x + 4, x \geq 0$ e $v\,(x) = \sqrt{x}$
4. $u\,(x) = \ell n\, x, x > 0$ e $v\,(x) = x^5$
5. $u\,(x) = 1 - \ell n\, x, 0 < x < e$ e $v\,(x) = \sqrt{x}$
6. $u\,(x) = \dfrac{1 + 2x}{x}, x \neq 0$ e $v\,(x) = \sqrt[3]{x}$
7. $u\,(x) = \dfrac{1 - x}{4}, x \in R$ e $v\,(x) = e^x$
8. $u\,(x) = 2x - 1,\ x > 1$ e $v\,(x) = \ell n\, x$
9. $u\,(x) = 2\ \ell n\, x, x > 0$ e $v\,(x) = e^x$
10. $u\,(x) = -\dfrac{1}{2}\,(x - 2)^2, x \in R$ e $v\,(x) = e^x$
11. $u\,(x) = \sqrt{1 - x}\,, x \leq 1$ e $v\,(x) = x^4$

12. $u(x) = 1 + \ln x, x > 0$ e $v(x) = e^x$

13. $u(x) = 1 - x, x \in R$ e $v(x) = (0{,}2)^x$

14. $u(x) = \ln(2x - 1), x > 10$ e $v(x) = \sqrt{x}$

15. $u(x) = \frac{2x + 5}{4}, x \in R$ e $v(x) = x^{\ln 2}$

5.3 Derivada de funções compostas

Seja u uma função derivável no ponto x e v uma função derivável no ponto correspondente $u(x)$.

Então a função composta, $h(x) = v(u(x))$ é derivável no ponto x e

$$h'(x) = v'(u) \cdot u'(x)$$

A demonstração desta igualdade pode ser vista no APÊNDICE, A2.

5.4 Derivada da função potência $y = x^\alpha$, $x \in R$

Se $y = x^\alpha$, definida em todo o conjunto dos números reais, então sua derivada é dada por:

$$y' = \alpha x^{\alpha - 1}$$

A demonstração desta igualdade pode ser vista no APÊNDICE, A5.

Obs.: essa igualdade continua válida para restrições de $y = x^\alpha$, a subconjuntos de R como nos casos a seguir:

a) Se a função está definida para $x \neq 0$ como nos casos de potência de expoente negativo, a derivada também estará definida para $x \neq 0$.

b) Caso a função esteja restrita a $x \geq 0$, a derivada correspondente estará restrita a $x > 0$, já que a função não está definida à esquerda de $x = 0$.

c) Se a restrição for $x > 0$, a derivada também estará definida para $x > 0$.

5.5 Derivada da função constante $y = k$, $x \in R$.

Usando a definição de derivada, o resultado é imediato: $y' = 0$.

5.6 Derivada do produto de uma constante por uma função

Se f é uma função derivável no ponto x e k é uma constante, então $y = k f(x)$ é derivável no ponto x e

$$y' = kf'(x)$$

ou seja, a constante pode ser colocada para fora do sinal de derivação. A demonstração pode ser vista no APÊNDICE, A7.

5.7 Derivada da soma ou diferença de funções

Se u e v são funções deriváveis no ponto x, então $h(x) = u(x) \pm v(x)$ é derivável no ponto x e

$$h'(x) = u'(x) \pm v'(x)$$

A demonstração pode ser vista no APÊNDICE, A8.

Os resultados obtidos de **5.4** a **5.7** permitem o cálculo da função derivada de um grande número de funções usuais, como mostraremos nos exercícios resolvidos a seguir.

EXERCÍCIOS RESOLVIDOS

Calcular a função derivada de cada uma das funções, indicando os resultados usados de **5.4** a **5.7**.

1. $y = 10$ $\qquad y' = 0 \quad (5.5)$
2. $y = x^2$ $\qquad y' = 2x^{2-1} = 2x \quad (5.4)$
3. $y = x^{0,4}$ $\qquad y' = 0,4x^{0,4-1} = \dfrac{0,4}{x^{0,6}} \quad (5.4)$
4. $y = x^{-5}$ $\qquad y' = -5x^{-5-1} = \dfrac{-5}{x^6} \quad (5.4)$
5. $y = 6x^3$ $\qquad y' = 6(x^3)' \ (5.6) \quad y' = 6 \cdot 3x^{3-1} = 18x^2 \ (5.4)$
6. $y = -2x^4$ $\qquad y' = -2(x^4)' \ (5.6) \ y' = -2 \cdot 4x^{4-1} = -8x^3 \ (5.4)$
7. $y = x^3 - x^2 + 10$ $\qquad y' = (x^3)' - (x^2)' + (10)' \quad (5.7)$

   $y' = 3x^{3-1} - 2x^{2-1} + 0 = 3x^2 - 2x \quad (5.4)\ (5.5)$
8. $y = 5x^4 - 3x^2 + 10x - 1$ $\qquad y' = (5x^4)' - (3x^2)' + (10x)' - (1)' \quad (5.7)$

   $y' = 5(x^4)' - 3(x^2)' + 10(x)' - (1)' \quad (5.6)$

   $y' = 5 \cdot 4x^{4-1} - 3 \cdot 2x^{2-1} + 10x^{1-1} - (1)' \quad (5.4)$

   $y' = 20x^3 - 6x + 10 \quad (5.5)$

9. $y = 4x^{\sqrt{2}} - 10x^{0,4} + 5$

$$y' = \left(4x^{\sqrt{2}}\right)' - (10x^{0,4})' + (5)' \quad (5.7)$$

$$y' = 4\left(x^{\sqrt{2}}\right)' - 10\,(x^{0,4})' + (5)' \quad (5.6)$$

$$y' = 4\sqrt{2}\,x^{\sqrt{2}-1} - 10 \cdot 0,4x^{0,4-1} + (5)' \quad (5.4)$$

$$y' = 4\sqrt{2}\,x^{\sqrt{2}-1} - 4x^{-0,6} \quad (5.5)$$

10. $y = \dfrac{4x^3 - 20}{3}$

$$y' = \frac{1}{3}\,(4x^2 - 20)' \quad (5.6)$$

$$y' = \frac{1}{3}\left(4\left(x^2\right)' - (20)'\right) \quad (5.7)$$

$$y' = \frac{1}{3}\left(4 \cdot 2x^{2-1} + (10)'\right) \quad (5.4)$$

$$y' = \frac{8x}{3} \quad (5.5)$$

EXERCÍCIOS PROPOSTOS

Calcular a derivada de cada uma das funções:

1.1 $y = 20$

1.2 $y = x^3$

1.3 $y = 4x^2$

1.4 $y = 3x^3 + 20$

1.5 $y = 10x + 5$

1.6 $y = x^2 - 6x + 8$

1.7 $y = x^3 - 10x^2 + 50$

1.8 $y = \dfrac{4}{3}x^3 - \dfrac{2}{5}x^2 + 10x + 1$

1.9 $y = \dfrac{x^4 - 6x^2 + 20}{10}$

1.10 $y = 12\,x^{0,5}$

RESPOSTAS

1.1 $y' = 0$

1.2 $y' = 3x^2$

1.3 $y' = 8x$

1.4 $y' = 9x^2$

1.5 $y' = 10$

1.6 $y' = 2x - 6$

1.7 $y' = 3x^2 - 20x$

1.8 $y' = 4x^2 - \frac{4}{5}x + 10$

1.9 $y' = \frac{4x^3 - 12x}{10}$

1.10 $y' = 6x^{-0,5}$

5.8 Cálculo da derivada da função $y = e^x$

A derivada da função exponencial $y = e^x$ é obtida com o auxílio da derivada de funções compostas. O resultado é:

$$y' = e^x$$

A demonstração pode ser vista no APÊNDICE, A3.

5.9 Cálculo da derivada da função $y = a^x$, $a > 0$ e $a \neq 1$.

A derivada pode ser obtida da mesma forma que a anterior. O resultado é:

$$y' = a^x \ln a$$

A demonstração pode ser vista no APÊNDICE, A4.

EXERCÍCIOS RESOLVIDOS

Usando os resultados anteriores, calcular a derivada das funções.

1. $y = 5e^x$ — $y' = 5(e^x)'$ (5.6) — $y' = 5e^x$ (5.8)
2. $y = 5 \ln x$ — $y' = 5\ (\ln x)'$ (5.6) — $y' = 5\frac{1}{x} = \frac{5}{x}$ (5.1)
3. $y = 0,5 \times (0,8)^x$ — $y' = 0,5\ (0,8^x)'$ (5.6) — $y' = 0,5\ (0,8)^x \ln 0,8$ (5.9)

   $y' = -0,116\ (0,8)^x$
4. $y = 2 \ln x + 3^x - 5$ — $y' = (2 \ln x)' + (3^x)' - (5)'$ (5.7)

   $y' = 2\ (\ln x)' + (3^x)' - (5)'$ (5.6)

   $y' = 2\frac{1}{x} + 3^x \ln 3 + 0$ (5.1) (5.9) (5.5)

   $y' = \frac{2}{x} + 1,10 \times 3^x$

EXERCÍCIOS PROPOSTOS

Calcular as derivadas das funções simples.

2.1 $y = 3e^x$

2.2 $y = 5\ \ell n\, x$

2.3 $y = 10^x$

2.4 $y = 2\ \ell n\, x + 2^x + 1$

2.5 $y = 5e^x + 10\ \ell n\, x - 8$

2.6 $y = x^2 - 2e^x + 10$

2.7 $y = 3x^5 - \ell n\, x + 4$

2.8 $y = x^2 - 2^x + 6\ \ell n\, x + 1$

2.9 $y = \dfrac{6x^2 - 4e^x}{3}$

2.10 $y = \dfrac{x^3}{3} - 6\ \ell n\, x + 10$

RESPOSTAS

2.1 $y' = 3e^x$

2.2 $y' = \dfrac{5}{x}$

2.3 $y' = 10^x \times \ell n\, 10$

2.4 $y' = \dfrac{2}{x} + 2^x \times \ell n\, 2$

2.5 $y' = 5e^x + \dfrac{10}{x}$

2.6 $y' = 2x - 2e^x$

2.7 $y' = 15x^4 - \dfrac{1}{x}$

2.8 $y' = 2x - 2^x \times \ell n\, 2 + \dfrac{6}{x}$

2.9 $y' = \dfrac{12x - 4e^x}{3}$

2.10 $y' = x^2 - \dfrac{6}{x}$

5.10 Cálculo da derivada de algumas funções compostas

Como vimos no item **5.3**, a derivada da função composta $y = v(u(x))$ é dada por

$$y' = v'(u) \times u'(x)$$

A partir desse resultado, podemos construir a fórmula de derivação de algumas funções compostas mais importantes.

5.10.1 $y = u^{\alpha}$ onde $u = u(x)$ (u é função da variável x)

$$y' = \frac{du^{\alpha}}{du} \times u'(x) \quad (5.3) \qquad y' = \alpha\, u^{\alpha-1} \times u'(x) \quad (5.4)$$

5.10.2 $y = e^{u}$ onde $u = u(x)$ (u é função da variável x).

$$y' = \frac{de^{u}}{du} \times u'(x) \quad (5.3) \qquad y' = e^{u} \times u'(x) \quad (5.8)$$

5.10.3 $y = ln\, u$ onde $u = u(x)$ (u é função da variável x)

$$y' = \frac{d\, ln\, u}{du} \times u'(x) \quad (5.3) \qquad y' = \frac{1}{u} \times u'(x) \quad (5.1)$$

5.10.4 $y = a^{u}$ $a > 0,\ a \neq 1$ onde $u = u(x)$ (u é função da variável x).

$$y' = \frac{da^{u}}{du} \times u'(x) \quad (5.3) \qquad y' = a^{u} \times ln\, a \times u'(x) \quad (5.9)$$

EXERCÍCIOS RESOLVIDOS

Usando os resultados anteriores, calcular a derivada das funções compostas.

1. $y = (x + 3)^4$

Solução. Neste caso, $u(x) = x + 3$ e a função do tipo $y = u^{\alpha}$ com $\alpha = 4$.

Assim, $y' = 4\,(x + 3)^{4-1}\,(x + 3)'$ (5.10.1)

$$y' = 4\,(x + 3)^3\,\big((x)' + (3)'\big)\ (5.7) \qquad y' = 4\,(x + 3)^3\,(1 + 0)\ (5.4)\ (5.5)$$

$$y' = 4\,(x + 3)^3$$

2. $y = 3\,e^{2x+1}$

Solução. Neste caso, a função é do tipo $y = e^{u}$ com $u(x) = 2x + 1$.

Assim, $y' = 3\,(e^{2x+1})'$ (5.6) $\quad y' = 3\,e^{2x+1}\,(2x + 1)'$ (5.10.2)

$$y' = 3\,e^{2x+1}\,\big(2(x)' + (1)'\big)\ (5.7)\ (5.6)$$

$$y' = 3\,e^{2x+1}\,(2 + 0)\ (5.4)\ \text{e}\ (5.5)$$

$$y' = 6\,e^{2x+1}$$

3. $y = -2 \times 5^{2x^2-4}$

Solução. Neste caso, a função é do tipo $y = a^u$ com $u(x) = 2x^2 - 4$.

Assim, $y' = -2\left(5^{2x^2-4}\right)'$ (5.6) $y' = -2 \times 5^{2x^2-4}(2x^2-4)'\, ln\, 5$ (5.10.4)

$y' = -2 \times 5^{2x^2-4}\left(2(x^2)' - (4)'\right) ln\, 5$ (5.6) (5.7)

$y' = -2 \times 5^{2x^2-4}(4x - 0)\, ln\, 5$ (5.4) (5.5)

$y' = -12{,}88\, x \times 5^{2x^2-4}$

4. $y = 0{,}8 \times ln\,(5 - x^2)$

Solução. Neste caso, a função é do tipo $y = ln\, u$ com $u\,(x) = 5 - x^2$.

Assim, $y' = 0{,}8\left((ln(5 - x^2)\right)'$ (5.6) $y' = 0{,}8\,\frac{1}{5 - x^2}(5 - x^2)'$ (5.10.3)

$y' = 0{,}8\,\frac{1}{5 - x^2}\left((5)' - (x^2)'\right)$ (5.7)

$y' = 0{,}8\,\frac{1}{5 - x^2}(0 - 2x)$ (5.5) (5.4)

$y' = \frac{-1{,}6x}{5 - x^2}$

5. $y = 6\,(2 - 3x)^4 + 6\, ln\,(2x - 1) + 10^{1+5x}$

Solução. Neste caso temos uma soma de funções: $u(x) = 2 - 3x$ e a função do tipo $y = u^\alpha$ com $\alpha = 4$; função do tipo $y = ln\, u$ com $u\,(x) = 2x + 1$; função do tipo $y = a^u$ com $u(x) = 1 + 5x$ e $a = 10$.

Assim, $y' = 6\left((2 - 3x)^4\right)' + 6\,(ln(2x - 1))' + (10^{1+5x})'$ (5.6) (5.7)

$\left((2 - 3x)^4\right)' = 4\,(2 - 3x)^{4-1}(2 - 3x)'$ (5.10.1)

$= 4\,(2 - 3x)^3\left((2)' - 3(x)'\right)$ (5.7) (5.6)

$= 4\,(2 - 3x)^3(0 - 3) = -12\,(2 - 3x)^3$ (5.5) (5.4)

$(ln(2x - 1))' = \frac{1}{2x - 1}(2x - 1)'$ (5.10.3)

$= \frac{1}{2x - 1}\left(2(x)' - (1)'\right)'$ (5.6) (5.7)

$= \frac{2}{2x - 1}$ (5.4) (5.5)

$$(10^{1+5x})' = 10^{1+5x}(1+5x)' \, ln\,10 \qquad (5.10.4)$$
$$= 10^{1+5x}\big((1)' + 5\,(x)'\big) ln\,10 \qquad (5.6)\ (5.7)$$
$$= 10^{1+5x}\, 5ln10 = 11{,}51 \times 10^{1+5x} \qquad (5.4)\ (5.5)$$

Substituindo esses resultados na igualdade inicial, teremos:

$$y' = -72\,(2-3x)^3 + \frac{12}{2x-1} + 11{,}51 \times 10^{1+5x}$$

EXERCÍCIOS PROPOSTOS

3.1 $y = e^{10-2x}$

3.2 $y = 4\, \ell n\,(2x+5)$

3.3 $y = 10^{1-6x}$

3.4 $y = (x^2-1)^5$

3.5 $y = 3\,(1-3x)^4$

3.6 $y = (2+x^2)^{0,5}$

3.7 $y = \sqrt{6x^2+1}$

3.8 $y = 4e^{2x} - 5\,\ell n\, x$

3.9 $y = 6(6x+4)^3 - \ell n\,(5-x)$

3.10 $y = \dfrac{3x^2 - e^{x^2} + 10}{5}$

RESPOSTAS

3.1 $y' = -2e^{10-2x}$

3.2 $y' = \dfrac{8}{2x+5}$

3.3 $y' = -6\,\ell n\,10 \times 10^{1-6x}$

3.4 $y' = 10x\,(x^2-1)^4$

3.5 $y' = -36\,(1-3x)^3$

3.6 $y' = x \times (2+x^2)^{-0,5}$

3.7 $y' = 6x\,(6x^2+1)^{-0,5}$

3.8 $y' = 8e^{2x} - \dfrac{5}{x}$

3.9 $y' = 108\,(6x+4)^2 + \dfrac{1}{5-x}$

3.10 $y' = \dfrac{6x - 2xe^{x^2}}{5}$

5.11 Derivada do produto $y = u(x) \cdot v(x)$

Se u e v são funções deriváveis no ponto x, a função $y = u(x) \cdot v(x)$ é derivável no ponto x e $y' = (u(x) \cdot v(x))' = u(x)(v(x))' + v(x)(u(x))'$.

Escrevendo de modo simplificado: $(u \cdot v)' = u \cdot v' + v \cdot u'$

A demonstração dessa igualdade pode ser vista no APÊNDICE, A6.

5.12 Derivada do quociente $y = \dfrac{u(x)}{v(x)}$, $v(x) \neq 0$

Se u e v são funções deriváveis no ponto x com $v(x) \neq 0$, então $\dfrac{u(x)}{v(x)}$ é derivável no ponto x e $\left(\dfrac{u(x)}{v(x)}\right)' = \dfrac{v(x) \cdot (u(x))' - u(x) \cdot (v(x))'}{(v(x))^2}$.

Escrevendo de modo simplificado: $\left(\dfrac{u}{v}\right)' = \dfrac{v \cdot u' - u \cdot v'}{v^2}$

Esta regra pode ser obtida do resultado anterior, escrevendo $\dfrac{u}{v}$ na forma $u \cdot \dfrac{1}{v}$ e aplicando a fórmula da derivada do produto de funções.

EXERCÍCIOS RESOLVIDOS

Calcular, usando os resultados anteriores, a derivada das funções.

1. $y = x^2 \cdot \ln x$

Solução. A função pode ser vista como produto de duas funções que sabemos derivar com os resultados anteriores: $y = u \times v$ onde $u(x) = x^2$ e $v(x) = \ln x$.

$(u(x))' = (x^2)' = 2x^{2-1} = 2x$ (5.4) $(v(x))' = \dfrac{1}{x}$ (5.1)

Então, $y' = (u \cdot v)' = u \cdot v' + u' \cdot v = x^2 \dfrac{1}{x} + 2x \ln x$ (5.11)

$= x + 2x \ln x$

2. $y = \dfrac{2x}{x^2 + 1}$

Solução. A função pode ser vista como quociente de duas funções que sabemos derivar com os resultados anteriores: $y = \frac{u}{v}$ onde $u(x) = 2x$ e $v(x) = x^2 + 1$.

$(u(x))' = (2x)' = 2\,(x)' = 2$ (5.6) (5.4)

$(v(x))' = (x^2 + 4)' = (x^2)' + (4)' = 2x + 0$ (5.7) (5.4) (5.5)

Então,
$$y' = \left(\frac{u}{v}\right)' = \frac{v \cdot u' - u \cdot v'}{v^2} = \frac{(x^2 + 1) \cdot 2 - 2x \cdot 2x}{(x^2 + 1)^2} \quad (5.12)$$
$$= \frac{2x^2 + 2 - 4x^2}{(x^2 + 1)^2} = \frac{2 - 2x^2}{(x^2 + 1)^2}$$

EXERCÍCIOS PROPOSTOS

Calcular a derivada das funções:

4.1 $y = 4x \times e^x$

4.2 $y = x^2 \times \ln x$

4.3 $y = (2x + 1) \times e^{1-x}$

4.4 $y = \frac{x}{1 - x}$

4.5 $y = \frac{x^2}{x + 4}$

4.6 $y = \frac{e^x}{1 + x}$

4.7 $y = \frac{\ln x}{x}$

4.8 $y = \frac{1 + x^2}{1 - x^2}$

4.9 $y = (2x + 4) \times \ln 3x$

4.10 $y = \frac{6x}{2 \ln 5x}$

RESPOSTAS

4.1 $y' = 4e^x (1 + x)$

4.2 $y' = x (2 \ln x + 1)$

4.3 $y' = e^{1-x} (1 - 2x)$

4.4 $y' = \frac{1}{(1 - x)^2}$

4.5 $y' = \dfrac{x^2 + 8x}{(x + 4)^2}$

4.6 $y' = \dfrac{xe^x}{(1 + x)^2}$

4.7 $y' = \dfrac{1 - \ln x}{x^2}$

4.8 $y' = \dfrac{4x}{(1 - x^2)^2}$

4.9 $y' = 2 \ln 3x + \dfrac{4}{x} + 2$

4.10 $y' = \dfrac{3 (\ln 5x - 1)}{(\ln 5x)^2}$

5.12 Tabela de derivadas

Podemos reunir os resultados obtidos até agora em uma tabela para facilitar a consulta às fórmulas e regras de derivação.

Funções simples		**Funções compostas**	
5.5 $y = k$	$y' = 0$	5.3 $y = v(u(x))$	$y' = v'(u) \,.\, u'(x)$
5.4 $y = x^{\alpha}$	$y' = \alpha x^{\alpha - 1}$	5.10.1 $y = u^{\alpha}$	$y' = \alpha\, u^{\alpha - 1} \,.\, u'(x)$
5.8 $y = e^x$	$y' = e^x$	5.10.2 $y = e^u$	$y' = e^u \,.\, u'(x)$
5.1 $y = \ln x$	$y' = \dfrac{1}{x}$	5.10.3 $y = \ln u$	$y' = \dfrac{u'(x)}{u(x)}$
5.9 $y = a^x$	$y' = a^x \,.\, \ln a$	5.10.4 $y = a^u$	$y' = a^u \,.\, \ln a \,.\, u'(x)$

Operações

5.6 $(k \cdot u)' = k \cdot u'(x)$

5.7 $(u \pm v)' = (u)' \pm (v)'$

5.11 $(u \cdot v)' = u \cdot v' + v \cdot u'$

5.12 $\left(\dfrac{u}{v}\right)' = \dfrac{v \cdot u' - u \cdot v'}{v^2}$

EXERCÍCIOS PROPOSTOS

Com o auxílio da tabela de derivadas, calcular a derivada de cada uma das funções a seguir.

1. $y = 0$
2. $y' = -8$
3. $y = \frac{1}{2}$
4. $y = -\frac{\sqrt{2}}{3}$
5. $y = 5x$
6. $y = -\frac{1}{2}x$
7. $y = \frac{x}{4}$
8. $y = -0{,}1x$
9. $y = \frac{3x}{2}$
10. $y = 2x + 4$
11. $y = 0{,}5x^2 - 12x$
12. $y = 2x^2 + 6x + 1$
13. $y = -\frac{1}{2}x2 + 5x + 7$
14. $y = \frac{x^2 + 3}{2}$
15. $y = x^3$
16. $y = -\frac{3}{4} \times x^{20}$
17. $y = \frac{x^{10}}{10}$
18. $y = \frac{x^5}{5}$
19. $y = -\frac{1}{2}x^3 + \frac{3}{4}x^2 - 5x + 6$
20. $y = 5 - x^2 + 4x^3$
21. $y = \sqrt{3}\,x^3 - x^2 \ln 4 + 10$
22. $y = x^4 \ln 3 - \frac{x^2}{2} + 1$
23. $y = \frac{4}{3}x^6 - 0{,}4x^5 - \frac{1}{10}x^2$
24. $y = 3^x$
25. $y = \left(\frac{1}{2}\right)^x$
26. $y = (2)^{-x}$
27. $y = (10)^{3-x}$
28. $y = 3^{-0{,}1x^2}$
29. $y = e^{2x}$
30. $y = e^{-x3}$
31. $y = e^{\ln x}$
32. $y = e^{-\frac{1}{2}(x-1)^2}$
33. $y = \ln(x^2 + 3x + 9)$
34. $y = \ln(\sqrt{2}\,x^2)$
35. $y = \ln\left(\frac{4}{x} + 1\right)$
36. $y = (x^3 - 2)^4$
37. $y = 4(1 - x)^5$
38. $y = (5 - x^2)^6$

39. $y = (x^3 - 10x^4)^3$

40. $y = -x^2 \ln x$

41. $y = 4x^3 e^x$

42. $y = -x^3 e^x$

43. $y = \frac{1}{4} x^5 (1 - 2x)$

44. $y = \frac{1}{x}$

45. $y = \frac{4}{x}$

46. $y = \frac{-1}{x^2}$

47. $y = \frac{10}{x^2}$

48. $y = \frac{1}{x-5}$

49. $y = 100e^{-x}$

50. $y = \frac{1}{3 \ln x}$

51. $y = x^2 e^{-x}$

52. $y = \frac{4x}{x-1}$

53. $y = \frac{x}{1-x}$

54. $y = \frac{x}{e^x}$

55. $y = \frac{x}{\ln x}$

56. $y = \frac{1-x^2}{1+x^2}$

57. $y = \frac{x + \sqrt{2}}{x - \sqrt{3}}$

58. $y = \frac{2-x^2}{4-x+x^2}$

59. $y = \frac{x^2}{1-x^3}$

60. $y = e^{-x} \ln x$

61. $y = \frac{e^{x^2}}{x}$

62. $y = x^2 e^{x^2-1}$

63. $y = -x^2\, 3^{-x}$

64. $y = (\ln x)^4$

65. $y = \frac{1}{4} (e^x)^5$

66. $y = -x^3 e^x$

67. $y = x(1 - 2x)^6$

68. $y = (x \ln x)^2$

69. $y = \sqrt{x^2 + 6x + 1}$

70. $y = 10\,(1 + 2x)^{0,25}$

71. $y = \sqrt[3]{2x + 1}$

72. $y = \ln(\sqrt{6x + 4})$

73. $y = e^{\frac{1}{x}}$

74. $y = e^{x^2+2x+1}$

75. $y = x^2 + 10x - \frac{5}{x}$

76. $y = 0,4\, e^x \ln x$

77. $y = 5\,(x + 1)^6$

78. $y = e^{\sqrt{2}} \cdot (3x^2 - 20)$

79. $y = (\sqrt{3x^2 - 1})^5$

80. $y = \frac{x\sqrt{x} - 50}{\ln 20}$

RESPOSTAS

1. $y' = 0$
2. $y' = 0$
3. $y' = 0$
4. $y' = 0$
5. $y' = 5$
6. $y' = -\frac{1}{2}$
7. $y' = \frac{1}{4}$
8. $y' = -0{,}1$
9. $y' = \frac{3}{2}$
10. $y' = 2$
11. $y' = x - 12$
12. $y' = 4x + 6$
13. $y' = -x + 5$
14. $y' = x$
15. $y' = 3x^2$
16. $y' = -15x^{19}$
17. $y' = x^9$
18. $y' = x^4$
19. $y' = -\frac{3}{2}x^2 + \frac{3}{2}x - 5$
20. $y' = -2x + 12x^2$
21. $y' = 3\sqrt{3}\ x^2 - 2x\ ln\ 4$
22. $y' = 4x^3\ ln\ 3 - x$
23. $y' = 8x^5 - 2x^4 - \frac{1}{5}x$
24. $y' = 3^x\ ln\ 3$
25. $y' = \left(\frac{1}{2}\right)^x ln \left(\frac{1}{2}\right)$
26. $y' = -2^{-x}\ ln\ 2$
27. $y' = -10^{3-x}\ ln\ 10$
28. $y' = 3^{-0,1x^2}\ ln\ (3) \times (-0{,}2x)$
29. $y' = 2e^{2x}$
30. $y' = -3x^2 e^{-x^3}$
31. $y' = \frac{1}{x}\ e^{ln\, x}$
32. $y' = (1 - x)\ e^{-\frac{1}{2}(x-1)^2}$
33. $y' = \frac{2x + 3}{x^2 + 3x + 9}$
34. $y' = \frac{2}{x}$
35. $y' = \frac{-4}{4x + x^2}$
36. $y' = 12x^2 (x^3 - 2)^3$
37. $y' = -20\ (1 - x)^4$
38. $y' = -12x\ (5 - x^2)^5$
39. $y' = (9x^2 - 120x^3)\ (x^3 - 10x^4)^2$
40. $y' = (-x)\ (1 + 2\ ln\ x)$
41. $y' = 4x^2 e^x (x + 3)$
42. $y' = -x^2 e^x (x + 3)$
43. $y' = \frac{1}{4}x^4 (5 - 12x)$
44. $y' = -\frac{1}{x^2}$
45. $y' = \frac{-4}{x^2}$
46. $y' = \frac{2}{x^3}$
47. $y' = \frac{-20}{x^3}$
48. $y' = \frac{-1}{(x - 5)^2}$

49. $y' = -100\, e^{-x}$

50. $y' = \dfrac{-1}{3x\,(\ell n\, x)^2}$

51. $y' = e^{-x}\,(2x - x^2)$

52. $y' = \dfrac{-4}{(x-1)^2}$

53. $y' = \dfrac{1}{(1-x)^2}$

54. $y' = \dfrac{1-x}{e^x}$

55. $y' = \dfrac{-1 + \ell n\, x}{(\ell n\, x)^2}$

56. $y' = \dfrac{-4x}{(1+x^2)^2}$

57. $y' = \dfrac{-\sqrt{2} - \sqrt{3}}{(x - \sqrt{3})^2}$

58. $y' = \dfrac{x^2 - 12x + 2}{(4 - x + x^2)^2}$

59. $y' = \dfrac{2x + x^4}{(1-x^3)^2}$

60. $y' = e^{-x}\left(\dfrac{1}{x} - \ell n\, x\right)$

61. $y' = e^{x^2}\left(2 - \dfrac{1}{x^2}\right)$

62. $y' = e^{x^2-1}\,(2x + 2x^3)$

63. $y' = 3^{-x}\,(-2x + x^2\, \ell n\, 3)$

64. $y' = \dfrac{4}{x}\,(\ell n\, x)^3$

65. $y' = \dfrac{5}{4}\,(e^x)^5$

66. $y' = -x^2\, e^x\,(x+3)$

67. $y' = (1-2x)^5\,(1-14x)$

68. $y' = (2x\, \ell n\, x)\,(1 + \ell n\, x)$

69. $y' = \dfrac{x+3}{\sqrt{x^2 + 6x + 1}}$

70. $y' = \dfrac{5}{(1+2x)^{0,75}}$

71. $y' = \dfrac{2}{3}\,(2x+1)^{-2/3}$

72. $y' = \dfrac{3}{6x+4}$

73. $y' = -\dfrac{1}{x^2}\, e^{\frac{1}{x}}$

74. $y' = (2x+2)\; e^{x^2+2x+1}$

75. $y' = 2x + \dfrac{5}{x^2} + 10$

76. $y' = 0{,}4\, e^x\left(\dfrac{1}{x} + \ell n\, x\right)$

77. $y' = 30\,(x+1)^5$

78. $y' = 6x^{e^{\sqrt{2}}}$

79. $y' = 15x\,(3x^2 - 1)^{3/2}$

80. $y' = \dfrac{3\sqrt{x}}{2\,\ell n\, 20}$

6 INTERPRETAÇÃO GEOMÉTRICA DA DERIVADA

Seja f uma função derivável num ponto x_0 (figura seguinte).

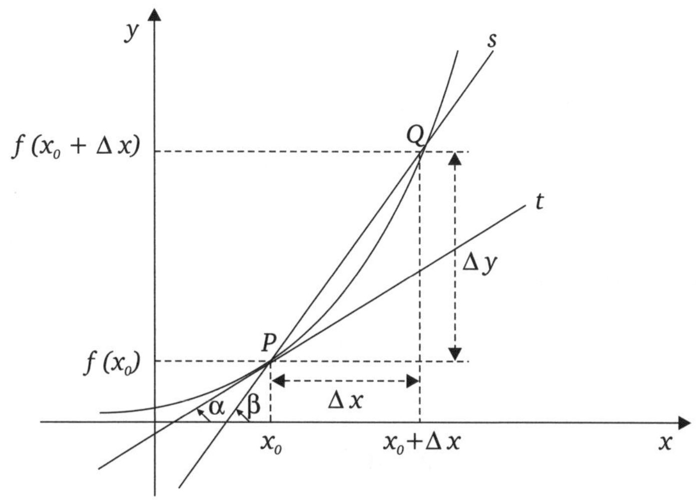

O quociente $\dfrac{\Delta y}{\Delta x} = \dfrac{f(x_0 + \Delta x) - f(x_0)}{\Delta x}$ mede o coeficiente angular da reta s, secante ao gráfico de f, nos pontos P e Q. Chamando de β o ângulo que s forma com o eixo OX temos:

$$\frac{\Delta y}{\Delta x} = tg\ \beta$$

Como f é derivável em x_0 existe (e é finito) o limite

$$\lim_{\Delta x \to 0} \frac{\Delta y}{\Delta x} = f'(x_0)$$

Podemos, então, considerar a reta que contém o ponto $P = (x_0, f(x_0))$ e que tem por coeficiente angular o número $f'(x_0)$. Tal reta recebe o nome de *reta tangente* ao gráfico de f em P. Sua equação é dada por

$$\boxed{y = f(x_0) + f'(x_0)\,(x - x_0)}$$

Desse modo podemos interpretar geometricamente a derivada de f no ponto x_0 como sendo o coeficiente angular da reta tangente ao gráfico de f no ponto $P = (x_0, f(x_0))$.

Observemos que se $f'(x_0) = 0$ temos $y = f(x_0)$, isto é, a reta tangente ao gráfico de f no ponto $(x_0, f(x_0))$ é paralela ao eixo OX.

Exemplos:

1. Seja f a função dada por $y = x^2$. Sabemos que f é derivável em todo ponto $x_0 \in R$ e que $f'(x_0) = 2x_0$. Então, a equação da reta tangente ao gráfico de f num ponto qualquer $(x_0, f(x_0))$ é dada por

$$y = x_0^2 + 2x_0(x - x_0)$$

Em particular, se $x_0 = 2$ temos $f(x_0) = 4$ e $f'(x_0) = 4$. Neste caso, a equação da reta tangente ao gráfico de f no ponto (2, 4) é

$$y = 4 + 4(x - 2)$$

ou seja

$$y = 4x - 4$$

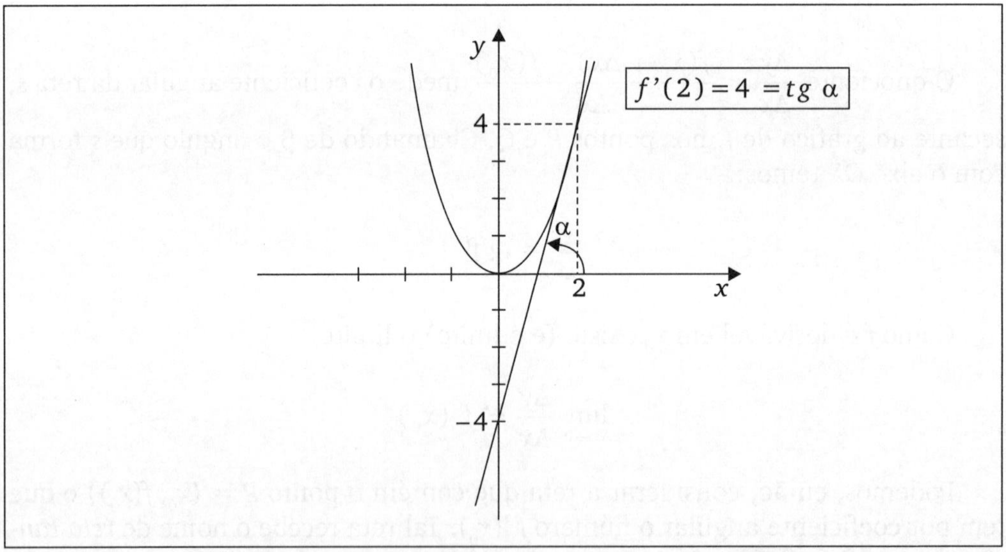

2. Seja a função f tal que $f(x) = 1 + x^3$. Sabemos que f é derivável em todo ponto $x_0 \in R$ e que $f'(x_0) = 3x_0^2$. Logo, a equação da reta tangente ao gráfico de f num ponto qualquer $(x_0, f(x_0))$ é

$$y = 1 + x_0^3 + 3x_0^2(x - x_0)$$

Em particular, se $x_0 = 0$ temos:

$$y = 1$$

que é a equação da reta tangente ao gráfico de f no ponto $P = (0,1)$. Observemos que neste caso a reta tangente *"corta"* o gráfico de f no ponto $P = (0,1)$.

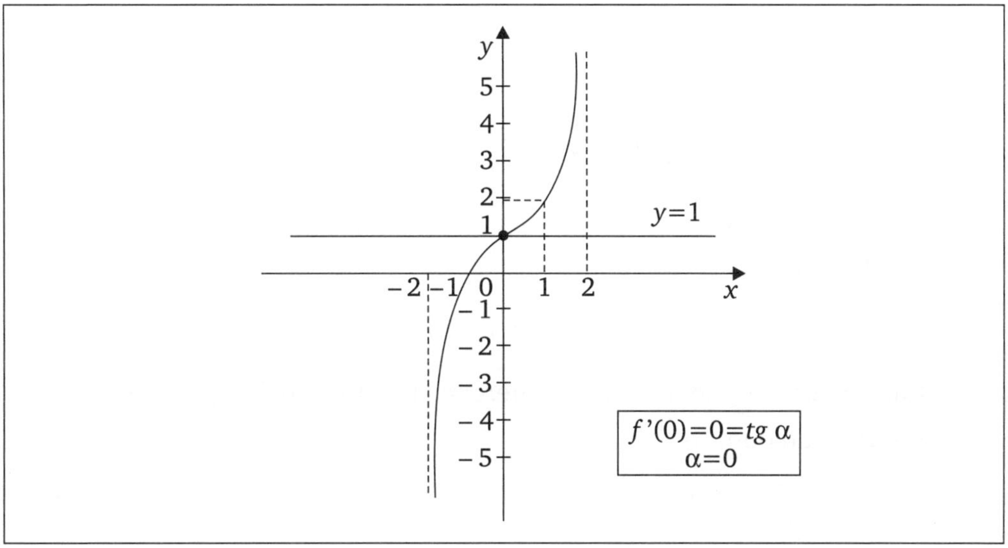

EXERCÍCIOS PROPOSTOS

Escrever a equação da reta tangente ao gráfico de cada uma das funções seguintes, nos pontos indicados:

1. $y = x^2$, $(1, 1)$
2. $y = x^3$, $(0, 0)$
3. $y = x^2 + 4x + 1$, $(1, 6)$
4. $y = \dfrac{1}{x}$, $\left(2, \dfrac{1}{2}\right)$
5. $y = \sqrt{x}$, $(4, 2)$
6. $y = e^{2x}$, $(0, 1)$
7. $y = \ln(1 - x^2)$, $(0, 0)$
8. $y = 2^{3x-1}$, $(1, 4)$
9. $y = x^4 - x^2$, $(1, 0)$
10. $y = \sqrt[3]{1 - x}$, $(2, -1)$

RESPOSTAS

1. $y = 2x - 1$
2. $y = 0$
3. $y = 6x$
4. $y = 1 - \frac{1}{4}x$
5. $y = \frac{x}{4} + 1$
6. $y = 2x + 1$
7. $y = 0$
8. $y = (12\ ln\ 2)\ x + 4 - 12\ ln\ 2$
9. $y = 2x - 2$
10. $y = -\frac{1}{3}x - \frac{1}{3}$

7 DIFERENCIAL DE UMA FUNÇÃO

Seja f uma função derivável num ponto x_0. Consideremos, então, a função df, definida na reta e tal que

$$df\,(\Delta x) = f'(x_0)\,\Delta x$$

A função df recebe o nome de diferencial da função f no ponto x_0.

Considerando que

$$\frac{\Delta y}{\Delta x} \simeq f'(x_0)$$

ou seja, que, $\Delta y \simeq f'(x_0)\,\Delta x$, para pequenos valores de Δx, resulta que

$$\Delta y \simeq df\,(\Delta x)$$

para pequenos valores de Δx, o que nos permite a interpretação da diferencial de f num ponto x_0 vista na figura seguinte.

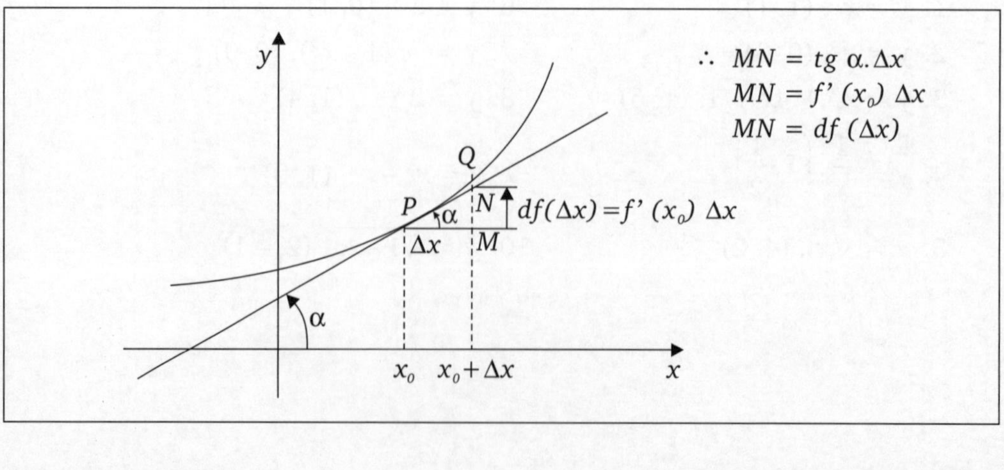

Exemplos:

1. Calcular a diferencial da função dada por $y = \sqrt{x}$ no ponto $x = 4$.

$$df(\Delta x) = f'(4)\,\Delta x$$
$$f'(4) = \frac{1}{4}$$
$$\therefore\; df(\Delta x) = \frac{1}{4}\,\Delta x$$

2. Usando o conceito de diferencial, calcular um valor aproximado de $\sqrt{4,12}$.

Quando x passa do valor $x_0 = 4$ para o valor $x_0 + \Delta x = 4,12$ a função $f(x) = \sqrt{x}$ passa do valor $f(4) = \sqrt{4} = 2$ para o valor $f(4, 12) = \sqrt{4,12}$, sofrendo um acréscimo $f(4, 12) - f(4) = \sqrt{4,12} - 2$ que pode ser expresso aproximadamente por

$$f'(x_0)\,\Delta x = f'(4) \times 0,12 = \frac{0,12}{4} = 0,03,$$

isto é,

$$\sqrt{4,12} - 2 \simeq 0,03$$

ou seja,

$$\sqrt{4,12} \simeq 2 + 0,03 = 2,03$$

3. Usando o conceito de diferencial, calcular um valor aproximado de ln (0,95).

Temos:

$$ln\,(0,95) = ln\,(1 - 0,05)$$
$$\therefore\; ln\,(0,95) \simeq ln\,(1) + df\,(-0,05)$$

onde $df\,(-0,05)$ é o valor da diferencial de $f(x) = ln\,x$ no ponto $x_0 = 1$ relativamente à variação $\Delta x = -0,05$.

Mas,

$$df\,(-0,05) = f'(1) \times (-0,05) = -0,05$$
$$\therefore\; ln\,(0,95) \simeq 0 - 0,05 = -0,05$$

EXERCÍCIOS PROPOSTOS

1. Calcular a diferencial de cada uma das funções seguintes nos pontos indicados:

1.1 $f(x) = x^2$; $x_0 = 3$

1.2 $f(x) = \sqrt[3]{x}$; $x_0 = -1$

1.3 $f(x) = e^x$; $x_0 = 0$

1.4 $f(x) = e^{-x^2}$; $x_0 = 1$

1.5 $f(x) = \log(2x + 4)$; $x_0 = 2$

1.6 $y = \frac{1}{x}$; $x_0 = 1$

1.7 $y = \frac{1}{\sqrt{x}}$; $x_0 = 4$

1.8 $y = \sqrt{\frac{1}{x+1}}$; $x_0 = 8$

1.9 $y = 4x^2 - 10x + 4$; $x_0 = 2$

1.10 $y = \frac{2x}{ln\, x}$; $x_0 = e$

2. Usando o conceito de diferencial de uma função num ponto, calcular um valor aproximado para as expressões seguintes:

2.1 $\sqrt[3]{7{,}8}$

2.2 $e^{0,1}$

2.3 $y = ln\,(1{,}14)$

2.4 $y = \log(10{,}2)$

RESPOSTAS

1.1 $df(\Delta x) = 6\,\Delta x$

1.2 $df(\Delta x) = +\frac{1}{3}\Delta x$

1.3 $df(\Delta x) = \Delta x$

1.4 $df(\Delta x) = -\frac{2}{e}\Delta x$

1.5 $df(\Delta x) = \frac{\Delta x}{4\, ln\, 10}$

1.6 $df(\Delta x) = -\Delta x$

1.7 $df(\Delta x) = -\frac{\Delta x}{16}$

1.8 $df(\Delta x) = \frac{-1}{54}\Delta x$

1.9 $df(\Delta x) = 6\,\Delta x$

1.10 $df(\Delta x) = 0$

2.1 1,983

2.2 1,1

2.3 0,14

2.4 1,008

8 DERIVADAS SUCESSIVAS DE UMA FUNÇÃO

Seja f' a função derivada de uma função f, num intervalo aberto I. Se f' é derivável em I podemos considerar a função f'' derivada de f' em I. Tal função recebe o nome de derivada segunda de f em I. De modo análogo podemos definir as derivadas terceira, quarta etc., de f em I. Estas derivadas serão indicadas por uma das notações:

f''; $f^{(2)}$; $\dfrac{d^2 f}{dx^2}$; $\dfrac{d^2 y}{dx^2}$; y'' – derivada segunda

f'''; $f^{(3)}$; $\dfrac{d^3 f}{dx^3}$; $\dfrac{d^3 y}{dx^3}$; y''' – derivada terceira

$f^{(n)}$; $\dfrac{d^n f}{dx^n}$; $\dfrac{d^n y}{dx^n}$; $y^{(n)}$ – derivada de ordem n

Exemplos:

1. $f(x) = x^2$

   $f'(x) = 2x$ (derivada primeira)

   $f''(x) = 2$ (derivada segunda)

   $f'''(x) = 0$ (derivada terceira)

   $f'^{(4)}(x) = 0$ (derivada quarta)

2. $f(x) = x^4 = x^3$

   $f'(x) = 4x^3 - 3x^2$

   $f''(x) = 12x^2 - 6x$

   $f'''(x) = 24x - 6$

   $f^{(4)}(x) = 24$

   $f^{(5)}(x) = 0$

Observemos que no exemplo 1, $f^{(n)}(x) = 0$, para todo $n \geq 3$; no exemplo 2, $f^{(n)}(x) = 0$ para todo $n \geq 5$.

3. $f(x) = e^x$

$f'(x) = e^x$
$f''(x) = e^x$
$f'''(x) = e^x$
. . . .
$f^{(n)}(x) = e^x$ para todo $n \geq 1$

4. $f(x) = e^{2x}$

$f'(x) = 2e^{2x}$
$f''(x) = 4e^{2x}$
$f'''(x) = 8e^{2x}$
. . . .
$f^{(n)}(x) = 2^n e^{2x}$ (derivada da ordem n)

EXERCÍCIOS PROPOSTOS

Calcular as três primeiras derivadas de cada uma das funções seguintes:

1. $y = k$ (constante)
2. $y = x$
3. $y = x^6$
4. $y = x^4 - 3x^3 + 2x + 1$
5. $y = \dfrac{2}{x}$
6. $y = \sqrt{5x}$
7. $y = \sqrt[3]{2x}$
8. $y = e^{-x}$
9. $y = \ln x$
10. $y = 3^{2x}$
11. $y = (x + 1)^4$
12. $y = x \ln x$
13. $y = e^{-x^2}$
14. $y = 0{,}4x^{0,1}$
15. $y = (1 - x)^3$
16. $y = -\dfrac{1}{2}x^{-2}$
17. $y = e^{\frac{1}{x}}$
18. $y = x\,e^{-2x}$
19. $y = 1 - x^3$
20. $y = \log(-x)$

RESPOSTAS

1. $y' = 0$;	$y'' = 0$;	$y''' = 0$
2. $y' = 1$;	$y'' = 0$;	$y''' = 0$
3. $y' = 6x^5$;	$y'' = 30x^4$;	$y''' = 120x^3$
4. $y' = 4x^3 - 9x^2 + 2$;	$y'' = 12x^2 - 18x$;	$y''' = 24x - 18$
5. $y' = -\dfrac{2}{x^2}$;	$y'' = \dfrac{4}{x^3}$;	$y''' = -\dfrac{12}{x^4}$
6. $y' = \dfrac{5}{2\sqrt{5x}}$;	$y'' = -\dfrac{25}{4\left(\sqrt{5x}\right)^3}$;	$y''' = \dfrac{375}{8\left(\sqrt{5x}\right)^5}$
7. $y' = \dfrac{2}{3}\dfrac{1}{\left(\sqrt[3]{2x}\right)^2}$;	$y'' = -\dfrac{8}{9}\dfrac{1}{\left(\sqrt[3]{2x}\right)^5}$;	$y''' = \dfrac{80}{27}\dfrac{1}{\left(\sqrt[3]{2x}\right)^8}$
8. $y' = -e^{-x}$;	$y'' = e^{-x}$;	$y''' = -e^{-x}$
9. $y' = \dfrac{1}{x}$;	$y'' = -\dfrac{1}{x^2}$;	$y''' = \dfrac{2}{x^3}$
10. $y' = (2\ \ell n\ 3)\ 3^{2x}$;	$y'' = (2\ \ell n\ 3)^2\ 3^{2x}$;	$y''' = (2\ \ell n\ 3)^3\ 3^{2x}$
11. $y' = 4\ (x+1)^3$;	$y'' = 12\ (x+1)^2$;	$y''' = 24\ (x+1)$
12. $y' = 1 + \ell n\ x$;	$y'' = \dfrac{1}{x}$;	$y''' = -\dfrac{1}{x^2}$
13. $y' = -2x\ e^{-x^2}$;	$y'' = e^{-x^2}\ (4x^2 - 2)$;	$y''' = e^{-x^2}\ (-8x^3 + 12x)$
14. $y' = 0{,}04\ x^{-0{,}9}$;	$y'' = -0{,}036\ x^{-1{,}9}$;	$y''' = 0{,}0684\ x^{-2{,}9}$
15. $y' = -3\ (1-x)^2$;	$y'' = 6\ (1-x)$;	$y''' = -6$
16. $y' = x^{-3}$;	$y'' = -3x^{-4}$;	$y''' = 12x^{-5}$
17. $y' = -\dfrac{1}{x^2}\ e^{\frac{1}{x}}$;	$y'' = e^{\frac{1}{x}}\ (2x^{-3} + x^{-4})$	$y''' = e^{\frac{1}{x}}\ (-6x^{-4} - 6x^{-5} - x^{-6})$
18. $y' = e^{-2x}\ (1 - 2x)$;	$y'' = e^{-2x}\ (4x - 4)$;	$y''' = e^{-2x}\ (-8x + 12)$
19. $y' = -3\ x^2$;	$y'' = -6x$;	$y''' = -6$
20. $y' = \dfrac{1}{\ell n\ 10}\dfrac{1}{x}$;	$y'' = -\dfrac{1}{\ell n\ 10}\dfrac{1}{x^2}$;	$y''' = \dfrac{2}{\ell n\ 10}\dfrac{1}{x^3}$

9 EXERCÍCIOS GERAIS DE REVISÃO

Antes de passar ao Capítulo 4 sugerimos ao leitor que resolva os exercícios desta lista, pois eles são importantes para o estudo daquele capítulo.

1. Determinar, caso existam, os valores de x que anulam a derivada primeira das funções seguintes:

1.1 $y = x^2$

1.2 $y = x^2 - 10x + 21$

1.3 $y = \frac{x^3}{3} - 5x^2 + 21x + 5$

1.4 $y = x^4 - 4x^3$

1.5 $y = \frac{x^5}{5} - \frac{x^3}{3} + 10$

1.6 $y = x^3 + x^2 + x + 1$

1.7 $y = e^{-x^2}$

1.8 $y = e^{4x-x^2}$

1.9 $y = e^{-(x-4)^2}$

1.10 $y = 10^{x^3-9x}$

1.11 $y = \sqrt{4x^2 + 1}$

1.12 $y = \sqrt{x^2 - 5}$

1.13 $y = \ln (x^2 + 2x + 3)$

1.14 $y = \ln (x^2 - 1)$

1.15 $y = xe^{-x^2}$

1.16 $y = x \ln x$

1.17 $y = \frac{x^2}{1 + x}$

1.18 $y = \frac{x + 1}{1 - x^2}$

1.19 $y = \frac{1}{1 + x^2}$

1.20 $y = (\ln x)^2$

> Lembrar que se $f'(x_0) = 0$, então, a reta tangente ao gráfico de f no ponto $(x_0, f(x_0))$ é paralela ao eixo OX.

2. Determinar, caso existam, os intervalos da reta nos quais a derivada primeira é positiva e aqueles nos quais a derivada primeira é negativa, em cada um dos casos seguintes:

2.1 $y = x^2$

2.2 $y = x^2 - 10x + 21$

2.3 $y = \frac{x^3}{4} - \frac{9}{2}x^2 + 10$

2.4 $y = \frac{x^5}{5} - \frac{x^4}{4} + 20$

2.5 $y = e^x$

2.6 $y = e^{-x}$

2.7 $y = e^{-x^2}$

2.8 $y = e^{-\frac{1}{2}(x-4)^2}$

2.9 $y = \ln x$

2.10 $y = \ln (1 - x^2)$

2.11 $y = x \ln x$

2.12 $y = \sqrt{x}$

2.13 $y = \sqrt{1 + x^2}$

2.14 $y = \sqrt{x^2 - 4x}$

2.15 $y = \dfrac{x^2}{x^2 + 1}$

2.16 $y = \dfrac{1 + x^2}{1 - x^2}$

2.17 $y = 3^{x^2+1}$

2.18 $y = \dfrac{x}{e^x}$

2.19 $y = \dfrac{x}{\ln x}$

2.20 $y = \sqrt{\ln x}$

3. Determinar, caso existam, os intervalos da reta nos quais a derivada segunda é positiva e aqueles nos quais a derivada segunda é negativa, em cada um dos casos seguintes:

3.1 $y = x^2$

3.2 $y = x^3$

3.3 $y = -\dfrac{x^3}{3} - \dfrac{x^2}{2} + x + 1$

3.4 $y = \dfrac{x^5}{20} - \dfrac{x^4}{12}$

3.5 $y = \dfrac{x^4}{12} - \dfrac{11}{6}x^3 + 12x^2 + 5x + 10$

3.6 $y = e^x$

3.7 $y = e^{-x}$

3.8 $y = x^2 e^x$

3.9 $y = e^{-x^2}$

3.10 $y = \ln x$

3.11 $y = \dfrac{1}{1 + x^2}$

3.12 $y = \ln (1 + x^2)^2$

3.13 $y = e^{\frac{1}{x}}$

3.14 $y = \sqrt{x}$

3.15 $y = \sqrt[3]{x}$

3.16 $y = \sqrt{1 - x^2}$

3.17 $y = x \ln x$

3.18 $y = \ln (-x)$

3.19 $y = \ln \left(\dfrac{1}{x}\right)$

3.20 $y = \dfrac{\ln x}{x}$

RESPOSTAS

1.1 $x = 0$

1.2 $x = 5$

1.3 $x = 3$; $x = 7$

1.4 $x = 0$; $x = 3$

1.5 $x = 0$; $x = -1$ $x = +1$

1.6 Não existe x tal que $f'(x) = 0$

1.7 $x = 0$

1.8 $x = 2$

1.9 $x = 4$

1.10 $x = +\sqrt{3}$; $x = -\sqrt{3}$

1.11 $x = 0$

1.12 Não existe x tal que $f'(x) = 0$

1.13 $x = -1$

1.14 Não existe x tal que $f'(x) = 0$

1.15 $x = +\dfrac{\sqrt{2}}{2}$; $x = -\dfrac{\sqrt{2}}{2}$

1.16 $x = \dfrac{1}{e}$

1.17 $x = 0$; $x = -2$

1.18 Não existe x tal que $f'(x) = 0$

1.19 $x = 0$

1.20 $x = 1$

2.1 $\begin{cases} y' > 0 \text{ para } x \in\ ]\,0, +\infty\,[\\ y' < 0 \text{ para } x \in\ ]-\infty, 0\,[\end{cases}$

2.2 $\begin{cases} y' > 0 \text{ para } x \in\ ]\,+5, +\infty\,[\\ y' < 0 \text{ para } x \in\ ]-\infty, 5\,[\end{cases}$

2.3 $\begin{cases} y' > 0 \text{ para } x \in\ ]-\infty, 0[\text{ ou } x \in\ ]\,12, +\infty\,[\\ y' < 0 \text{ para } x \in\ ]\,0, 12[\end{cases}$

2.4 $\begin{cases} y' > 0 \text{ para } x \in\ ]-\infty, 0[\text{ ou } x \in\ ]\,1, +\infty\,[\\ y' < 0 \text{ para } x \in\ ]\,0, 1[\end{cases}$

2.5 $y' > 0$ para $x \in R$

2.6 $y' < 0$ para $x \in R$

2.7 $\begin{cases} y' > 0 \text{ para } x \in\ ]-\infty, 0\,[\\ y' < 0 \text{ para } x \in\ ]\,0, +\infty\,[\end{cases}$

2.8 $\begin{cases} y' > 0 \text{ para } x \in\ ]-\infty, 4\,[\\ y' < 0 \text{ para } x \in\ ]\,4, +\infty\,[\end{cases}$

2.9 $y' > 0$ para $x \in\ ]\,0, +\infty\,[$

2.10 $\begin{cases} y' > 0 \text{ para } x \in\ ]-1, 0\,[\\ y' < 0 \text{ para } x \in\ ]\,0, 1\,[\end{cases}$

2.11 $\begin{cases} y' > 0 \text{ para } x \in\ ]\,\dfrac{1}{e}, +\infty\,[\\ y' < 0 \text{ para } x \in\ ]\,0, \dfrac{1}{e}\,[\end{cases}$

2.12 $y' > 0$ para $x \in]\,0, +\infty\,[$

2.13 $\begin{cases} y' > 0 \text{ para } x \in]\,0, +\infty\,[\\ y' < 0 \text{ para } x \in]-\infty, 0\,[\end{cases}$

2.14 $\begin{cases} y' > 0 \text{ para } x \in]\,4, +\infty\,[\\ y' < 0 \text{ para } x \in]-\infty, 0\,[\end{cases}$

2.15 $\begin{cases} y' > 0 \text{ para } x \in]\,0, +\infty\,[\\ y' < 0 \text{ para } x \in]-\infty, 0\,[\end{cases}$

2.16 $\begin{cases} y' > 0 \text{ para } x \in]\,0, 1\,[\text{ ou } x \in]\,1, +\infty\,[\\ y' < 0 \text{ para } x \in]-\infty, -1\,[\text{ ou } x \in]-1, 0\,[\end{cases}$

2.17 $\begin{cases} y' > 0 \text{ para } x \in]\,0, +\infty\,[\\ y' < 0 \text{ para } x \in]-\infty, 0\,[\end{cases}$

2.18 $\begin{cases} y' > 0 \text{ para } x \in]-\infty, 1\,[\\ y' < 0 \text{ para } x \in]\,1, +\infty\,[\end{cases}$

2.19 $\begin{cases} y' > 0 \text{ para } x \in]\,e, +\infty\,[\\ y' < 0 \text{ para } x \in]\,0, 1\,[\text{ ou } x \in]\,1, e\,[\end{cases}$

2.20 $y' > 0$ para $x \in]\,1, +\infty\,[$

3.1 $y'' > 0$ para $x \in R$

3.2 $\begin{cases} y'' > 0 \text{ para } x \in]\,0, +\infty\,[\\ y'' < 0 \text{ para } x \in]-\infty, 0\,[\end{cases}$

3.3 $\begin{cases} y'' > 0 \text{ para } x \in]-\infty, -\dfrac{1}{2}\,[\\ y'' < 0 \text{ para } x \in]-\dfrac{1}{2}, +\infty\,[\end{cases}$

3.4 $\begin{cases} y' > 0 \text{ para } x \in]\,1, +\infty\,[\\ y' < 0 \text{ para } x \in]-\infty, 0\,[\text{ ou } x \in]\,0, 1\,[\end{cases}$

3.5 $\begin{cases} y'' > 0 \text{ para } x \in]-\infty, 3\,[\text{ ou } x \in]\,8, +\infty\,[\\ y'' < 0 \text{ para } x \in]\,3, 8\,[\end{cases}$

3.6 $y'' > 0$ para $x \in R$

3.7 $y'' > 0$ para $x \in R$

3.8 $\begin{cases} y'' > 0 \text{ para } x \in]-\infty, -2-\sqrt{2}\,[\text{ ou } x \in]-2+\sqrt{2}, +\infty\,[\\ y'' < 0 \text{ para } x \in]-2-\sqrt{2}, -2+\sqrt{2}\,[\end{cases}$

3.9 $\begin{cases} y'' > 0 \text{ para } x \in]-\infty, -\sqrt{\dfrac{1}{2}}\,[\text{ ou } x \in]\sqrt{\dfrac{1}{2}}, +\infty\,[\\ y'' < 0 \text{ para } x \in]-\sqrt{\dfrac{1}{2}}, +\sqrt{\dfrac{1}{2}}\,[\end{cases}$

3.10 $y'' < 0$ para $x \in]\,0, +\infty\,[$

3.11 $\begin{cases} y'' > 0 \text{ para } x \in \left] -\infty, -\sqrt{\frac{1}{3}} \right[\text{ ou } x \in \left] \sqrt{\frac{1}{3}}, +\infty \right[\\ y'' < 0 \text{ para } x \in \left] -\sqrt{\frac{1}{3}}, +\sqrt{\frac{1}{3}} \right] \end{cases}$

3.12 $\begin{cases} y'' > 0 \text{ para } x \in]-1, 1[\\ y'' < 0 \text{ para } x \in]-\infty, -1[\text{ ou } x \in]1, +\infty[\end{cases}$

3.13 $\begin{cases} y'' > 0 \text{ para } x \in \left] -\frac{1}{2}, 0 \right[\text{ ou } x \in]0 + \infty[\\ y'' < 0 \text{ para } x \in \left] -\infty - \frac{1}{2} \right[\end{cases}$

3.14 $y'' < 0$ para $x \in]0, +\infty[$

3.15 $\begin{cases} y'' > 0 \text{ para } x \in]-\infty, 0[\\ y'' < 0 \text{ para } x \in]0, +\infty[\end{cases}$

3.16 $y'' < 0$ para $x \in]-1, 1[$

3.17 $y'' > 0$ para $x \in]0, +\infty[$

3.18 $y'' < 0$ para $x \in]-\infty, 0[$

3.19 $y'' > 0$ para $x \in]0, +\infty[$

3.20 $\begin{cases} y'' > 0 \text{ para } x \in \left] e^{\frac{3}{2}}, +\infty \right[\\ y'' < 0 \text{ para } x \in \left] 0, e^{\frac{3}{2}} \right[\end{cases}$

10 EXERCÍCIOS DE APLICAÇÃO DAS DERIVADAS

10.1 Elasticidade

Dada uma função $y = f(x)$, a elasticidade de y em relação a x, em dado intervalo $[a, b]$, é dada pela relação:

$$E = \frac{\frac{\Delta y}{y}}{\frac{\Delta x}{x}}, \; x \in [a, b]$$

que mede a variação percentual de y em relação à variação percentual de x. A elasticidade de y em relação a x é uma maneira de medir a resposta de y a variações de x, no intervalo considerado.

Uma dificuldade apresentada pela fórmula é que a elasticidade pode variar para diferentes pontos do intervalo. Por outro lado, um mesmo ponto (x, y) pode apresentar elasticidades distintas, dependendo do intervalo escolhido.

Uma maneira de resolver o problema é tomar o limite de E quando $\Delta x \to 0$.

$$\lim_{\Delta x \to 0} E = \lim_{\Delta x \to 0} \frac{\frac{\Delta y}{y}}{\frac{\Delta x}{x}} = \lim_{\Delta x \to 0} \frac{\Delta y}{\Delta x} \cdot \frac{x}{y}$$

Se y é derivável no ponto x, a expressão:

$$E_x = \frac{dy}{dx} \cdot \frac{x}{y}$$

mede a elasticidade de y em relação a x no ponto (x, y). Pelo fato de ser um valor marginal, E_x mede a tendência da resposta de y a variações de x.

Se $|E_x| = 1$, diz-se que a elasticidade de y em relação a x é unitária.

Se $|E_x| > 1$, diz-se que a curva examinada é elástica em relação ao fator x. Se $|E_x| < 1$, a curva é inelástica em relação a este fator.

Dizer que a curva é elástica em relação a x significa dizer que, a um aumento percentual no fator x, corresponde uma variação percentual maior (positiva ou negativa) em y.

De modo análogo, dizer que a curva examinada é inelástica em relação a x significa dizer que, a um aumento percentual no fator x, corresponde uma variação percentual menor (positiva ou negativa) em y.

EXERCÍCIO

Calcular e interpretar o valor da elasticidade da procura:

$$q = 12 - 0{,}4p,$$

ao nível de preço $p = 5{,}00$

Solução: $E_p = \frac{dq}{dp} \times \frac{p}{q}$ onde,

$$\frac{dq}{dp} = q' = -0{,}4$$

como $p = 5 \to q = 12 - 0{,}4 \times 5 = 10$

Portanto: $E_p = (-0,4) \times \frac{5}{10}$ ou $E_p = -0,2$

Interpretação: A tendência da procura é diminuir em 20% a alteração ocorrida no preço, a partir do nível $p = 5,00$.

EXERCÍCIOS PROPOSTOS

1. A função $y = 4x - 0,2x^2 + 5$ mede a produção em toneladas de um cereal por hectare, em função da quantidade de um fertilizante usado no plantio.

   Calcular e interpretar o valor da elasticidade da produção em relação ao uso do fertilizante, ao nível atual de 0,25t/ha.

2. A função $q = 10.000 - 200\,p$ mede a procura de um bem. Calcular e interpretar o valor da elasticidade da procura ao nível de preço $p = 4,00$.

3. Resolver o exercício (2) para as seguintes funções de procura:

   3.1 $q = 2e^{-3p}$, $p = 1,40$

   3.2 $q = \frac{8}{p^{0,4}}$, $p = 10$

   3.3 $q = \sqrt{25 - p}$, $p = 9$

   3.4 $q = (p - 10)^2$, $p = 5$

   3.5 $q = \frac{120}{p}$, $p = 4$

4. Mostrar que a elasticidade da procura do tipo $q = \frac{A}{p}$ é unitária para qualquer $A > 0$.

5. A função $C_T = 4q + 3.000$ mede o custo total associado à produção da quantidade q de um produto.

   Calcular e interpretar o valor da elasticidade do custo ao nível de produção $q = 50$.

6. A função $q = 5 + 20y - 0,02y^2$ mede a procura de um bem em função da renda y, quando consideramos os outros fatores que influenciam a procura, todos constantes. Calcular e interpretar o valor da elasticidade da procura, ao nível de renda $y = 100$.

10.2 Produção e custo

1. Seja $P = 1{,}05K^2 + 10K - 0{,}02K^3$ a produção (P) de uma empresa em função do insumo capital (K).

   a. Calcular o produto marginal $\frac{dP}{dK}$ e interpretar em valor ao nível $k = 10$.

   b. Calcular e interpretar o valor do produto médio $\frac{P}{K}$ ao nível $K = 10$.

   c. Calcular o valor necessário de capital para que o produto médio iguale o produto marginal.

2. Seja $C_T = 5.000 + 90q - 30q^2 + 4q^3$ o custo total no mês de uma empresa com o nível mensal de produção q.

   a. Calcular o custo médio $\frac{CT}{q}$ e interpretar esse resultado ao nível $q = 100$.

   b. Calcular o custo marginal $\frac{dC_T}{dq}$ e interpretar esse resultado ao nível $q = 100$.

3. Seja $q = 20 - 0{,}4\,p$ a procura do produto de uma empresa num mercado de competição imperfeita.

   a. Calcular a receita total em função da quantidade vendida do produto.

   b. Calcular a receita média $\frac{R_T}{q}$ e interpretar o resultado ao nível $q = 10$ unidades.

   c. Calcular a receita marginal $\frac{dR_T}{dq}$ e interpretar o resultado ao nível $q =$ 10 unidades.

4. Uma empresa produz um bem usando dois insumos de produção: L (mão de obra) e K (capital). Um insumo substitui o outro, segundo uma equação construída empiricamente pela empresa:

$$K = 100 + \frac{80}{L^{0,2}}$$

Calcular e interpretar o valor $\frac{dK}{dL}$ (taxa marginal de substituição técnica) ao nível $L = 200$.

5. Um produto usa dois insumos x e y que se substituem segundo a relação:

$$0{,}2x^2 + 5y = 100$$

Calcular e interpretar o valor $\dfrac{dx}{dy}$ e o valor $\dfrac{dy}{dx}$ ao nível $x = 20$ (taxa marginal de substituição).

6. Uma empresa com oferta fixa de recursos pode produzir 2 bens P_1 e P_2. As contribuições possíveis das quantidades x_1 e x_2 desses bens são dadas pela relação.

$$3x_1 + 5x_2 = 2.400$$

Calcular:

a. A curva de transformação de P_2 em P_1, $x_1 = f(x_2)$.

b. A curva de transformação de P_1 em P_2, $x_2 = f(x_1)$.

c. Calcular e interpretar a taxa marginal de transformação de P_2 em P_1, ao nível $x_2 = 100$.

d. Calcular e interpretar a taxa marginal de transformação de P_1 em P_2, ao nível $x_1 = 500$.

7. Uma empresa produz 2 bens, P_1 e P_2, e tem para isso oferta de capital de 5.000. O custo fixo para a produção dos 2 bens é de 2.000, qualquer que seja a combinação entre eles. O custo variável por unidade é de 2 para P_1 e 3 para P_2.

a. Estabelecer a equação que descreve as quantidades x_1 e x_2 que podem ser produzidas dos 2 bens tendo em vista a oferta de capital.

b. Calcular e interpretar a taxa marginal de substituição de P_2 por P_1, $\dfrac{dx_1}{dx_2}$, ao nível $x_2 = 200$.

c. Calcular e interpretar a taxa marginal de substituição de P_1 por P_2, $\dfrac{dx_2}{dx_1}$, ao nível $x_1 = 200$.

8. Uma empresa com oferta fixa de capital pode produzir os bens P_1 e P_2. As combinações possíveis das quantidades x_1 e x_2 desses bens, tendo em vista o racionamento de capital, foram estabelecidas empiricamente, resultando na relação:

$$x_1 + 0{,}4\ x_2^3 = 1.000$$

a. Calcular a curva de transformação de P_2 em P_1, $x_1 = f(x_2)$.

b. Calcular a curva de transformação de P_1 em P_2, $x_2 = f(x_1)$.

c. Calcular e interpretar o valor da taxa marginal de substituição de P_1 por P_2, $\dfrac{dx_1}{dx_2}$, ao nível $x_2 = 10$.

d. Calcular e interpretar o valor da taxa marginal de substituição de P_2 por P_1, $\dfrac{dx_2}{dx_1}$, ao nível $x_1 = 20$.

9. Seja $C_T = 1.000 + 3x + \dfrac{1}{20}x^2$ a função custo total associada à produção de um bem, e na qual x representa a quantidade produzida. Determinar:

9.1 a função custo marginal $C_M = \dfrac{dC_T}{dx}$;

9.2 o custo marginal ao nível de 20 unidades;

9.3 determinar, caso existam, os valores de x para os quais o custo marginal é zero.

10. Responder as perguntas do problema anterior para cada uma das seguintes funções de custo:

10.1 $C_T = 2x + 100$

10.2 $C_T = \sqrt{4x + 25} + 30$

10.3 $C_T = \dfrac{1}{2}x^3 - 5x^2 + 10x + 120$

10.4 $C_T = 100e^{\frac{1}{20}x}$

11. Se $x = 10 - 0{,}2\,p$ é a função de demanda de um bem, onde x é a quantidade demandada e p o preço, determinar:

11.1 A função receita total, R_T;

11.2 A função receita marginal, $Rm_g = \dfrac{d R_T}{dx}$;

11.3 A receita marginal no ponto $x = 8$ unidades.

11.4 Determinar, caso existam, os valores de x para os quais a receita marginal é zero.

12. Responda as perguntas do exercício anterior para as equações de demanda seguintes:

12.1 $x = 12 - 0{,}3\,p$

12.2 $x = \dfrac{100 - p^2}{5}$

12.3 $x = \dfrac{20 - \sqrt{p}}{0{,}2}$

12.4 $x = 50e^{-0{,}5\,p}$

13. Para cada uma das funções de demanda anterior, determinar a elasticidade de demanda, $E_X = \dfrac{p}{x}\dfrac{dx}{dp}$.

14. Se a função de demanda de um bem é dada por $p = \sqrt{a - bx}$, onde p é o preço, x a quantidade demandada e a e b constantes positivas, demonstrar que:

14.1 E_x cresce com o aumento de x

14.2 $E_x = 1$ se $x = \dfrac{2a}{b}$

RESPOSTAS

1. Elasticidade

1. $E_x = 0{,}16$ — "Um aumento percentual no uso do fertilizante corresponde a um aumento percentual menor na produção (16%)."

2. $E_p = -0{,}09$ — "Um aumento percentual no preço corresponde a uma diminuição percentual menor da procura (9%)."

3. 3.1 $E_p = -4{,}20$ — "Um aumento percentual no preço corresponde a uma diminuição percentual maior na procura (420%)."

3.2 $E_p = -0{,}4$

3.3 $E_p = -0{,}28$

3.4 $E_p = -2$

3.5 $E_p = -1$

5. $E_q = 0{,}06$ — "Um aumento percentual na quantidade produzida corresponde a um aumento percentual no menor custo (6%)."

6. $E_y = 0{,}89$ — "Um aumento percentual na renda corresponde a um aumento percentual menor na procura do produto (89%)."

2. Produção e custo

1. a. $\dfrac{dP}{dK} = 25$ — "Ao nível $K = 10$, a tendência da produção é aumentar 25 vezes o acréscimo em K."

   b. $\dfrac{P}{K} = 18{,}5$ — "Cada unidade de capital gera em média 18,5 unidades de produto."

   c. $K = 26{,}25$

2. a. $C_M = 37.140$ — "Cada uma das 100 unidade custa em média 37.140."

   b. $\dfrac{dC_T}{dq} = 114.090$ — "A tendência do custo ao nível $q = 100$ é aumentar em 114.090."

3. a. $R_T = 50q - 2{,}5q^2$

   b. $\dfrac{R_T}{q} = 50 - 2{,}5q$

   c. $\dfrac{dR_T}{dq} = 0$ — "A tendência da receita ao nível $q = 10$ é estabilizar."

4. $\dfrac{dK}{dL} = -0{,}03$ — "A tendência é o capital diminuir em 0,03 quando aumentamos 1 unidade de trabalho."

5. $\dfrac{dx}{dy} = -0{,}62$ — "A tendência ao nível $y = 4$ é 1 unidade de y substituir 0,62 unidade de x."

   $\dfrac{dy}{dx} = -1{,}60$ — "A tendência ao nível $x = 20$ é 1 unidade de x substituir 1,60 unidade de y."

6. a. $x_1 = \dfrac{2.400 - 5x_2}{3}$ b. $x_2 = \dfrac{2.400 - 3x_1}{5}$

   c. $\dfrac{dx_2}{dx_1} = -0{,}6$ — "A tendência é cada unidade de P_1 substituir 0,6 unidade de P_2."

   d. $\dfrac{dx_1}{dx_2} = -1{,}67$ — "A tendência é cada unidade de P_2 substituir 1,67 unidade de P_1."

7. a. $2x_1 + 3x_2 = 3.000$

   b. $\dfrac{dx_1}{dx_2} = -1{,}5$ c. $\dfrac{dx_2}{dx_1} = -2/3$

8. a. $x_1 = 1.000 - 0{,}4\,x_2^3$ b. $x_2 = \sqrt[3]{\dfrac{100 - x_1}{0{,}4}}$

c. $\dfrac{dx_1}{dx_2} = -120$ d. $\dfrac{dx_2}{dx_1} = -0{,}024$

9. 9.1 $C_M = 3 + \dfrac{x}{10}$ 9.2 $C_M\,(20) = 5$

9.3 Não existe $x > 0$ tal que $C_M\,(x) = 0$

10. 10.1 $\begin{cases} 1.\, C_M = 2 \\ 2.\, C_M(20) = 2 \\ 3.\, \text{Não existe } x > 0 \text{ tal que } C_M(x) = 0 \end{cases}$

10.2 $\begin{cases} 1.\, C_M = \dfrac{2}{\sqrt{4x + 25}} \\ 2.\, C_M(20) = \dfrac{2}{\sqrt{105}} \\ 3.\, \text{Não existe } x > 0 \text{ tal que } C_M(x) = 0 \end{cases}$

10.3 $\begin{cases} 1.\, C_M = \dfrac{3}{2}x^2 - 10x + 10 \\ 2.\, C_M(20) = 410 \\ 3.\, x = \dfrac{10 - 2\sqrt{10}}{3};\ x = \dfrac{10 + 2\sqrt{10}}{3} \end{cases}$

10.4 $\begin{cases} 1.\, C_M = 5\,e^{\frac{x}{20}} \\ 2.\, C_M(20) = 5\,e \\ 3.\, \text{Não existe } x > 0 \text{ tal que } C_M(x) = 0 \end{cases}$

11. 11.1 $R_T = \dfrac{10x - x^2}{0{,}2}$ 11.2 $R_M = \dfrac{10 - 2x}{0{,}2}$ 11.3 $R_M\,(10) = -30$ 11.4 $x = 5$

12.

12.1 $\begin{cases} 1.\, R_T = \dfrac{12x - x^2}{0{,}3} \\ 2.\, R_M = \dfrac{12 - 2x}{0{,}3} \\ 3.\, R_M(10) = \dfrac{-80}{3} \\ 4.\, x = 6 \end{cases}$

12.2 $\begin{cases} 1.\, R_T = x\sqrt{100 - 5x} \\ 2.\, R_M = \dfrac{200 - 15x}{2\sqrt{100 - 5x}} \\ 3.\, R_M(10) = \dfrac{5\sqrt{2}}{2} \\ 4.\, x = \dfrac{40}{3} \end{cases}$

12.3 $\begin{cases} 1.\ R_T = (20 - 0{,}2x)^2\, x \\ 2.\ R_M = 400 - 16x + 0{,}12x^2 \\ 3.\ R_M(10) = 252 \\ 4.\ x = 100 \text{ e } x = \dfrac{100}{3} \end{cases}$

12.4 $\begin{cases} 1.\ R_T = 2\,(\ell n 50 - \ell n\, x)\,x \\ 2.\ R_M = -\,2 + 2\,(\ell n 50 - \ell n\, x) \\ 3.\ R_M(10) = -\,2 + \ell n 25 \\ 4.\ x = \dfrac{50}{e} \end{cases}$

13. 13.1 $E_x = -\dfrac{0{,}3\,p}{x}$

13.2 $E_x = \dfrac{-\,0{,}4\,p^2}{x}$

13.3 $E_x = -\,\dfrac{2{,}5\,p}{x\sqrt{p}}$

13.4 $E_x = -\,\dfrac{25\,p\, e^{-0{,}5p}}{x}$

4 APLICAÇÕES DO ESTUDO DAS DERIVADAS

1 MÁXIMOS E MÍNIMOS

Seja f uma função definida num conjunto D e x_0 um ponto de D.

1.1 Máximos e mínimos relativos

Diremos que x_0 é um ponto de máximo relativo ou simplesmente um *ponto de máximo* (P.M.) de f quando existir um intervalo aberto I centrado em x_0 e tal que:

$$f(x) \leq f(x_0), \text{ para todo } x \in I \cap D$$

Nas mesmas condições se:

$$f(x) \geq f(x_0), \text{ para todo } x \in I \cap D$$

diremos que x_0 é um ponto de mínimo relativo ou simplesmente um *ponto de mínimo* (P.m.) de f.

No primeiro caso diremos que $f(x_0)$ é um *valor máximo* de f enquanto no segundo $f(x_0)$ é um *valor mínimo* de f.

A figura seguinte ilustra as definições dadas.

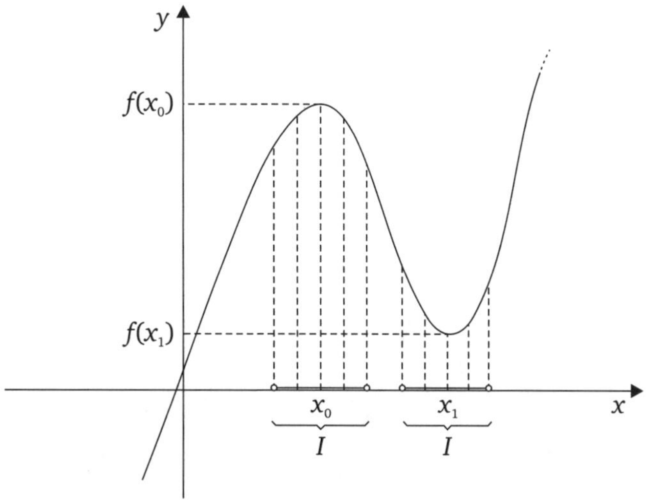

x_0 – P.M. de f

$f(x_0)$ – um *valor máximo* de f

x_1 – P.m. de f

$f(x_1)$ – um *valor mínimo* de f

1.2 Máximos e mínimos absolutos

Se x_0 é um ponto de D tal que

$$\boxed{f(x) \leq f(x_0) \text{ para todo } x \in D}$$

diremos que x_0 é um *ponto de máximo absoluto* (P.M.A.) de f.

Do mesmo modo se

$$\boxed{f(x) \geq f(x_0) \text{ para todo } x \in D}$$

então, x_0 é um *ponto de mínimo absoluto* (P.m.A.) de f.

No primeiro caso $f(x_0)$ recebe o nome de *valor máximo absoluto* de f enquanto no segundo $f(x_0)$ é o *valor mínimo absoluto* de f.

Na função cujo gráfico aparece na figura seguinte, os pontos x_1, x_3 e x_5 são pontos de máximo, enquanto x_2, x_4 e x_6 são pontos de mínimo. Além disso, x_3 é um ponto de máximo absoluto e x_6 é um ponto de mínimo absoluto.

Observemos também que $f(x_3)$ é o valor máximo absoluto, enquanto $f(x_6)$ é o valor mínimo absoluto de f.

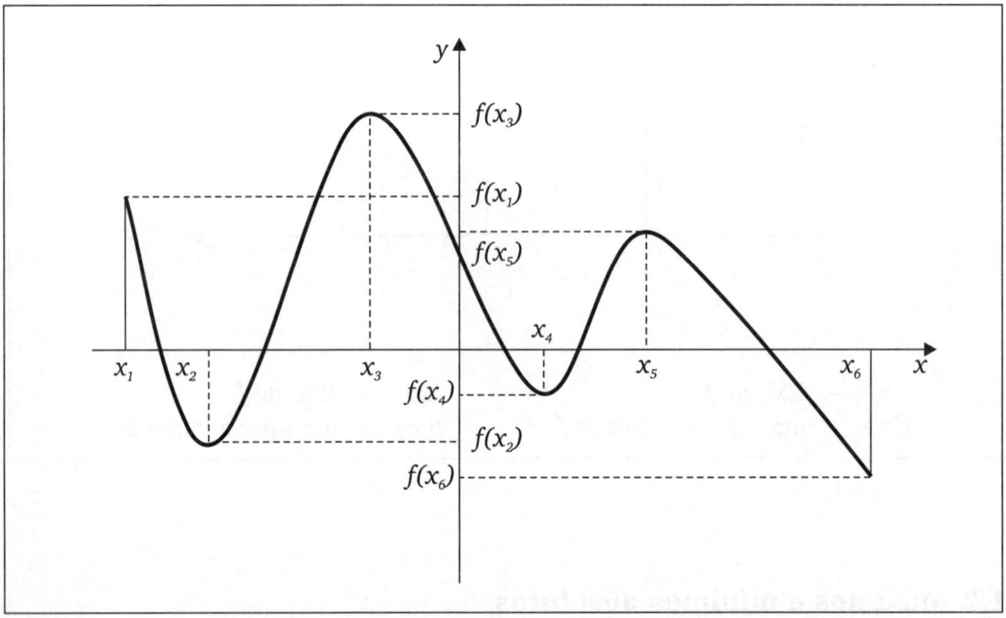

2 O PROBLEMA DA DETERMINAÇÃO DE MÁXIMOS E MÍNIMOS

As definições do item anterior nos permitem afirmar se dado ponto da reta é ou não ponto de máximo ou de mínimo de uma função, embora não nos forneçam um critério para a determinação efetiva de tais pontos.

No entanto, não é difícil concluir, observando as figuras anteriores, que a localização dos pontos de máximo ou de mínimo de uma função está ligada com o comportamento da função no que se refere ao crescimento, ao decrescimento e à concavidade do seu gráfico.

Por isso, o que faremos, a seguir, é desenvolver um estudo que nos dê informações quanto ao crescimento, ao decrescimento e à concavidade do gráfico de uma função, o que nos permitirá estabelecer critérios de localização de pontos de máximo e de mínimo.

2.1 Crescimento e decrescimento de funções

TEOREMA DO VALOR MÉDIO

Para o estudo que segue, faremos uso de um importante resultado da Análise Matemática conhecido como Teorema do Valor Médio, que tem o seguinte enunciado:

TEOREMA

Seja f uma função definida num intervalo fechado $[a, b]$. Se

(a) f é variável no intervalo $]a, b[$;

(b) $\lim\limits_{x \to a+} f(x) = f(a)$ e $\lim\limits_{x \to b-} f(x) = f(b)$,

então existe um ponto $\theta \in]a, b[$ tal que

$$\boxed{f(b) - f(a) = f'(\theta)\,(b - a)}$$

A demonstração deste teorema não será feita neste livro, dados os seus objetivos. O estudante interessado poderá consultar, por exemplo, a referência bibliográfica (5).

No entanto, o teorema admite uma interpretação geométrica simples, conforme mostra a figura seguinte.

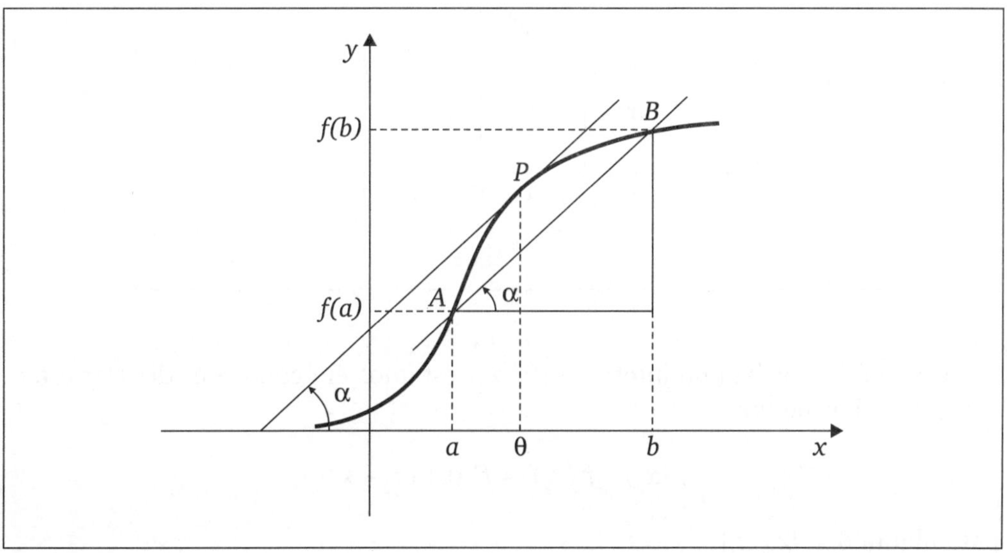

Da figura temos: $\dfrac{f(b) - f(a)}{b - a} = tg\ \alpha$.

Como $\dfrac{f(b) - f(a)}{b - a} = f'(\theta)$ resulta que existe um ponto P do arco AB no qual a tangente é paralela à corda AB.

2.2 Função estritamente crescente (E.C.) num intervalo

TEOREMA

> Se $f'(x) > 0$ para todo $x \in \,]a, b[$, então f é estritamente crescente (E.C.) em $]a, b[$.

PROVA

Sejam x_1 e x_2 dois pontos quaisquer de $]a, b[$ com $x_1 < x_2$. Queremos provar que $f(x_1) < f(x_2)$.

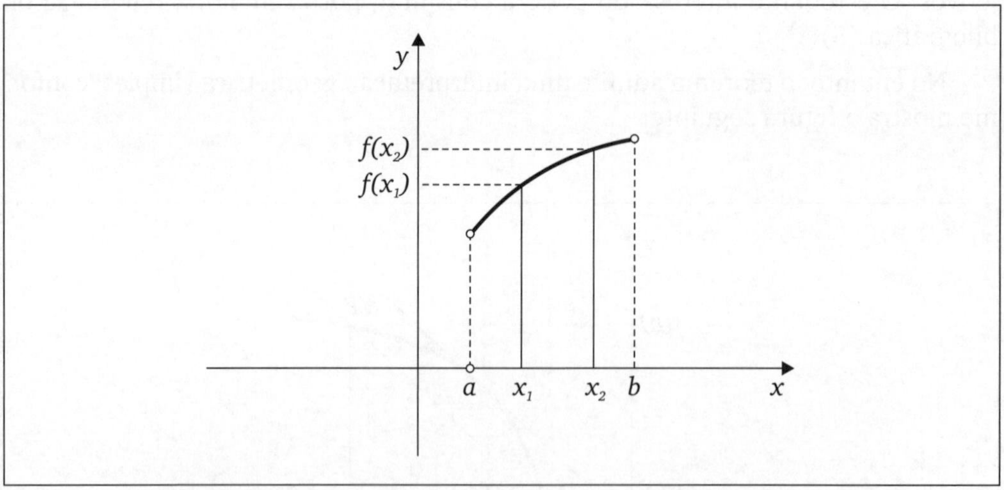

Como f é derivável no intervalo $]x_1, x_2[$ estamos em condições de usar o teorema do valor médio:

$$f(x_2) - f(x_1) = f'(\theta)\,(x_2 - x_1)$$

para algum $\theta \in \,]x_1, x_2[$.

Tendo em vista que $f'(x) > 0$ para todo $x \in]a, b[$, resulta que $f'(\theta) > 0$ e portanto $f(x_2) - f(x_1) > 0$, ou seja,

$$f(x_2) > f(x_1)$$

2.3 Função estritamente decrescente (E.D.) num intervalo

De modo análogo podemos demonstrar o seguinte

TEOREMA

> Se $f'(x) < 0$ para todo $x \in]a, b[$, então f é estritamente decrescente (E.D.) em $]a, b[$.

2.4 Primeiro critério para a localização de pontos de máximo e mínimo

Os dois últimos teoremas nos permitem estabelecer o primeiro critério para a localização de pontos de máximo ou de mínimo.

Critério

1. Se
   (a) $f'(x) > 0$, para todo $x \in]a, c[$;
   (b) $f'(x) < 0$, para todo $x \in]c, b[$;
   (c) f é contínua em c,

então c é P.M. de f.

O esquema seguinte ilustra a situação.

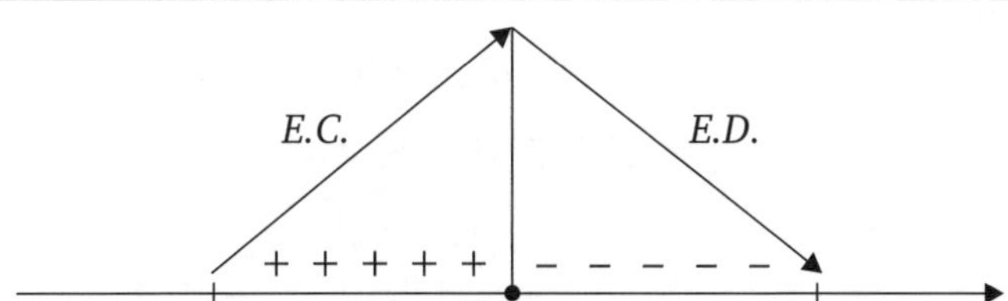

$$\left.\begin{array}{l} x \in]a, c[\Rightarrow f'(x) > 0 \Rightarrow f \text{ E.C.} \\ x \in]c, b[\Rightarrow f'(x) < 0 \Rightarrow f \text{ E.D.} \end{array}\right\} \Rightarrow c \text{ é P.M.}$$

2. Se

   (a) $f'(x) < 0$ para todo $x \in]a, c[$;

   (b) $f'(x) > 0$ para todo $x \in]c, b[$;

   (c) f é contínua em c,

então c é P.m. de f.

O esquema seguinte ilustra a situação.

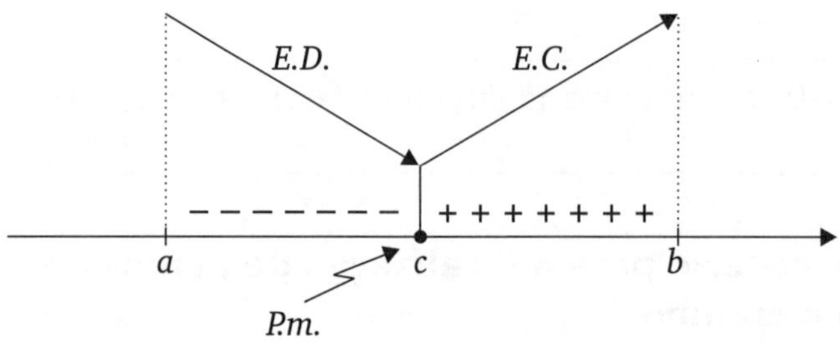

$$\left.\begin{array}{l} x \in]a, c[\Rightarrow f'(x) < 0 \Rightarrow f \text{ E.D.} \\ x \in]c, b[\Rightarrow f'(x) > 0 \Rightarrow f \text{ E.C.} \end{array}\right\} \Rightarrow c \text{ é P.m.}$$

EXERCÍCIOS RESOLVIDOS

Estudar, no que se refere a máximos e mínimos, as funções seguintes:

1. $y = x^2, x \in R$

   (a) cálculo da derivada

$$y' = 2x$$

   (b) análise do sinal

$$y' > 0 \text{ para } x > 0$$
$$y' < 0 \text{ para } x < 0$$

   (c) conclusão

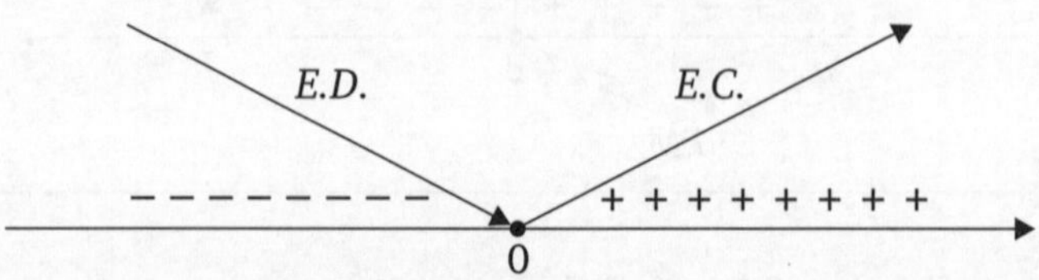

$x = 0$ – P.m.

$y = 0^2 = 0$ – Valor mínimo.

2. $y = -x^2 + 4x, x \in R$

(a) cálculo da derivada

$$y' = -2x + 4$$

(b) análise do sinal

$$y' > 0 \text{ para } -2x + 4 > 0, \text{ isto é, para } x < 2$$
$$y' < 0 \text{ para } -2x + 4 < 0, \text{ isto é, para } x > 2$$

(c) conclusão

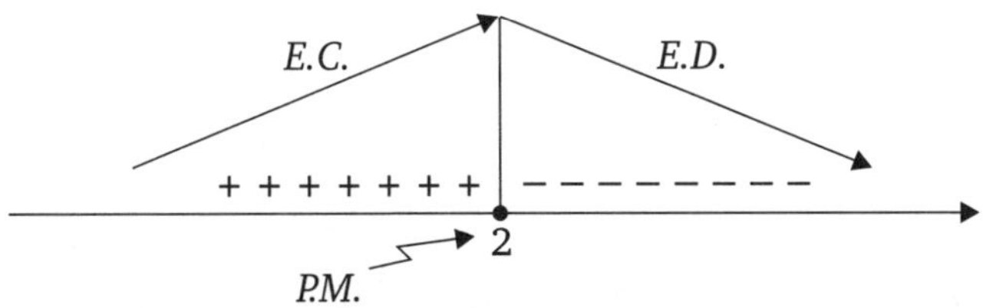

$x = 2$ – P.M.
$y = -2^2 + 4 \cdot 2 = 4$ – Valor máximo.

3. $y = x^3, x \in R$

(a) cálculo da derivada

$$y' = 3x^2$$

(b) análise do sinal

$$y' > 0 \text{ para todo } x \in R, x \neq 0$$

(c) conclusão

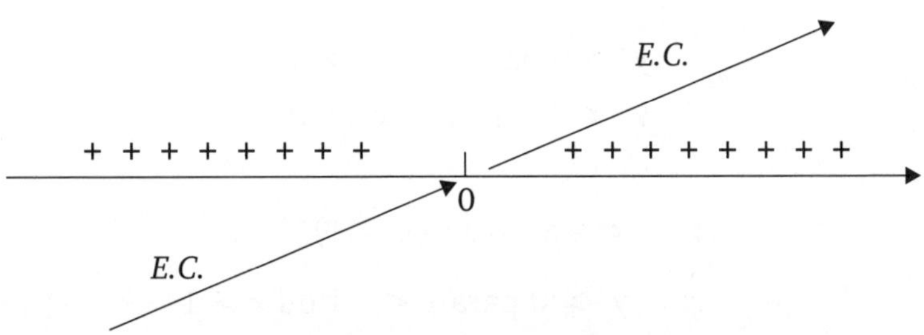

$x = 0$ – Não é P.M. nem P.m.

4. $y = \frac{x^3}{3} - \frac{3}{2}x^2 - 4x + 10, x \in R$

(a) cálculo da derivada

$$y' = x^2 - 3x - 4$$

(b) análise do sinal

$$y' > 0 \text{ para } x^2 - 3x - 4 > 0$$
$$y' < 0 \text{ para } x^2 - 3x - 4 < 0$$
$$\therefore y' > 0 \text{ para } x < -1 \text{ ou } x > 4$$
$$y' < 0 \text{ para } -1 < x < 4$$

(c) conclusão

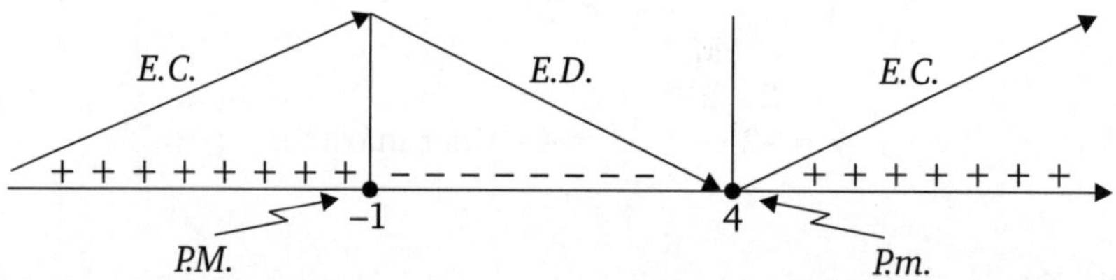

$x = -1$ – P.M.

$y = \frac{73}{6}$ – Valor máximo

$x = 4$ – P.m.

$y = 8{,}67$ – Valor mínimo

5. $y = \frac{x^5}{5} - \frac{x^3}{3} + 20, x \in R$

(a) cálculo da derivada

$$y' = x^4 - x^2$$

(b) análise do sinal

$$y' > 0 \text{ para } x^4 - x^2 > 0$$
$$y' < 0 \text{ para } x^4 - x^2 < 0$$

Mas

$$x^4 - x^2 = x^2 (x^2 - 1)$$

$$\therefore \quad y' > 0 \text{ para } x < -1 \text{ ou } x > 1$$
$$y' < 0 \text{ para } -1 < x < 0 \text{ ou } 0 < x < 1$$

(c) conclusão

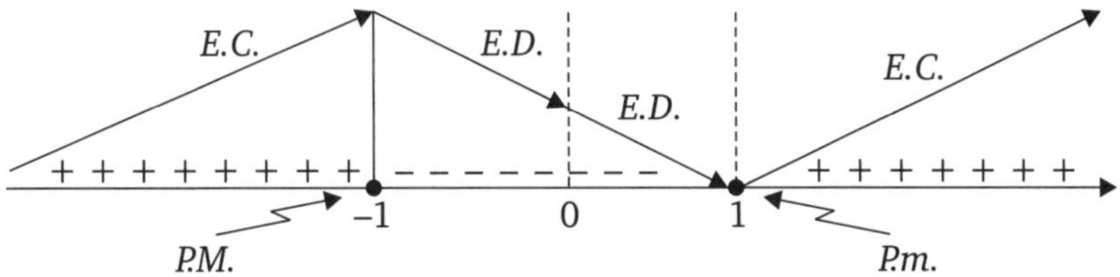

$x = -1$ – P.M. $\quad$ $x = 1$ – P.m.

$y = \dfrac{302}{15}$ – Valor máximo $\quad$ $y = \dfrac{298}{15}$ – Valor mínimo

6. $y = e^{-x^2+4}, x \in R$

(a) cálculo da derivada

$$y' = -2x e^{-x^2+4}$$

(b) análise do sinal

$y' > 0$ para $-2x e^{-x^2+4} > 0$, isto é, para $x < 0$

$y' < 0$ para $-2x e^{-x^2+4} < 0$, isto é, para $x > 0$

(c) conclusão

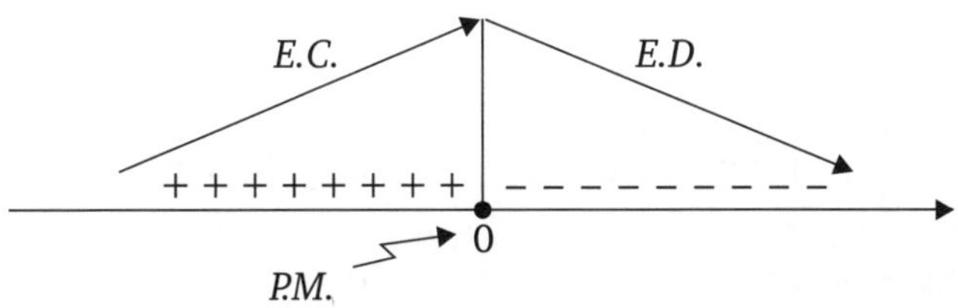

$x = 0$ – P.M.

$y = e^4$ – Valor máximo

7. $y = ln\,(x^2 - 6x + 8), x < 2$ ou $x > 4$

(a) cálculo da derivada

$$y' = \frac{2x - 6}{x^2 - 6x + 8}$$

(b) análise do sinal

$y' > 0$ para $x > 4$

$y' < 0$ para $x < 2$

(c) conclusão

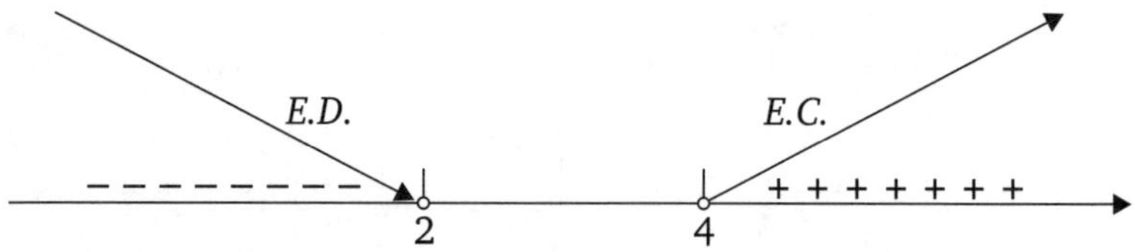

Não tem P.M. nem P.m.

EXERCÍCIOS PROPOSTOS

Estudar o crescimento e o decrescimento das funções seguintes, apontando os possíveis pontos de máximo ou mínimo.

1. $y = 10x + 5, x \in R$
2. $y = -4x + 5, 0 \leq x \leq 1$
3. $y = 1 - x^2, x \in R$
4. $y = x^2 + 1, -1 \leq x \leq 1$
5. $y = \frac{x^3}{3} - \frac{7}{2}x^2 + 12x + 20, x \in R$
6. $y = \frac{x^3}{3} + \frac{5}{2}x^2 + 6x - 5, x \in R$
7. $y = x^3 + 4, x \in R$
8. $y = x^4, x \in R$
9. $y = \frac{x^6}{6} - \frac{x^4}{4} + 20, x \in R$
10. $y = \frac{1}{x}, x \neq 0$
11. $y = \frac{1}{x^2}, x \neq 0$
12. $y = \frac{x}{x^2 + 4}, x \in R$
13. $y = \frac{1}{x^2 - 8x + 12}, x \neq 2, x \neq 6$
14. $y = \sqrt{x}, x \geq 0$
15. $y = \sqrt{4 - x^2}, -2 \leq x \leq 2$
16. $y = e^{2x}, x \in R$
17. $y = e^{-4x}, x \in R$
18. $y = e^{-\frac{1}{2}(x-1)^2}, x \in R$
19. $y = \ln x, x > 0$
20. $y = \log(4 - x^2), -2 < x < 2$
21. $y = \left(\frac{1}{2}\right)^x, x \in R$
22. $y = x \ln x, x > 0$
23. $y = x e^{-x}, x \in R$
24. $y = \frac{1}{e^x + e^{-x}}, x \in R$

RESPOSTAS

1. E.C. em R; não tem P.M. nem P.m.
2. E.D. em $]0, 1[$; $x = 0$ P.M.; $x = 1$ P.m.
3. E.C. em $]-\infty, 0[$; E.D. em $]0, +\infty[$; $x = 0$ P.M.
4. E.D. em $]-1, 0[$; E.C. em $]0, 1[$; $x = 0$ P.m.; $x = -1$ e $x = 1$ P.M.
5. E.C. em $]-\infty, 3[$; E.D. em $]3, 4[$; E.C. em $]4, +\infty[$; $x = 3$ P.M.; $x = 4$ P.m.
6. E.D. em $]-\infty, -1[$; E.C. em $]-1, 6[$; E.D. em $]6, +\infty[$; $x = -1$ P.m.; $x = 6$ P.M.
7. E.C. em R; não tem P.M. nem P.m.
8. E.D. em $]-\infty, 0[$; E.C. em $]0, +\infty[$; $x = 0$ P.m.
9. E.D. em $]-\infty, -1[$; E.C. em $]-1, 0[$; E.D. em $]0, 1[$; E.C. em $]1, +\infty[$; $x = -1$ P.m.; $x = 0$ P.M.; $x = 1$ P.m.
10. E.D. em $]-\infty, 0[$; E.D. em $]0, +\infty[$; não tem P.M. nem P.m.
11. E.C. em $]-\infty, 0[$; E.D. em $]0, +\infty[$; não tem P.M. nem P.m.
12. E.D. em $]-\infty, -2[$; E.C. em $]-2, 2[$; E.D. em $]2, +\infty[$; $x = -2$ P.m.; $x = 2$ P.M.
13. E.C. em $]-\infty, 2[$; E.C. em $]2, 4[$; E.D. em $]4, 6[$; E.D. em $]6, +\infty[$; $x = 4$ P.M.
14. E.C. em $]0, +\infty[$; $x = 0$ P.m.
15. E.C. em $]-2, 0[$; E.D. em $]0, 2[$; $x = 0$ P.M.; $x = -2$ e $x = 2$ P.m.
16. E.C. em R; não tem P.M. nem P.m.
17. E.D. em R; não tem P.M. nem P.m.
18. E.C. em $]-\infty, 1[$; E.D. em $]1, +\infty[$; $x = 1$ P.M.
19. E.C. em $]0, +\infty[$; não tem P.M. nem P.m.
20. E.C. em $]-2, 0[$; E.D. em $]0, 2[$; $x = 0$ P.M.
21. E.D. em R; não tem P.M. nem P.m.
22. E.D. em $\left]0, \frac{1}{e}\right[$; E.C. em $\left]\frac{1}{e}, +\infty\right[$; $x = \frac{1}{e}$ P.m.
23. E.C. em $]-\infty, 1[$; E.D. em $]1, +\infty[$; $x = 1$ P.M.
24. E.C. em $]-\infty, 0[$; E.D. em $]0, +\infty[$; $x = 0$ P.M.

3 CONCAVIDADE E PONTO DE INFLEXÃO

Seja f uma função derivável num ponto x_0.

Seja

$$T(x) = f(x_0) + f'(x_0)(x - x_0)$$

a equação da reta tangente ao gráfico de f no ponto $P = (x_0, f(x_0))$.

3.1 Concavidade voltada para cima (C.V.C.)

Diremos que f tem concavidade voltada para cima (C.V.C.) em x_0 quando existe um intervalo aberto I centrado em x_0 e tal que

$$f(x) > T(x) \text{ para todo } x \in I, x \neq x_0$$

ou seja, quando o gráfico de f está "acima" da tangente para todo $x \in I$, $x \neq x_0$ (ver figura seguinte).

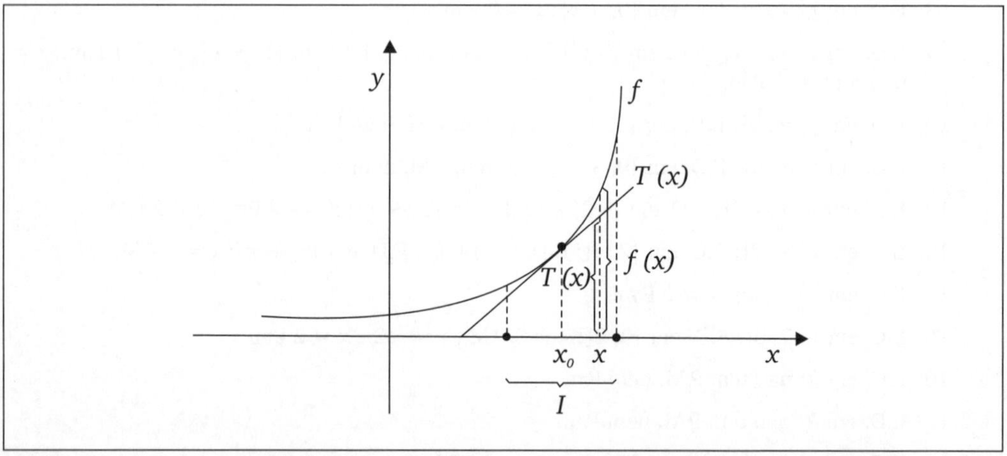

Quando f tem concavidade voltada para cima em todos os pontos de um intervalo aberto $]a, b[$ dizemos que f tem concavidade voltada para cima (C.V.C.) em $]a, b[$.

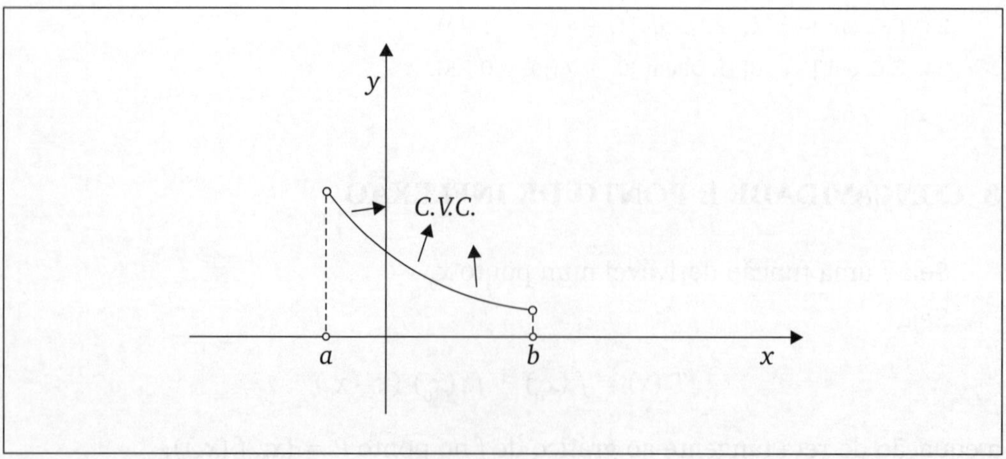

3.2 Concavidade voltada para baixo (C.V.B.)

Nas mesmas condições dizemos que f tem concavidade voltada para baixo (C.V.B.) no ponto x_0 quando

$$f(x) < T(x) \text{ para todo } x \in I, x \neq x_0.$$

Neste caso o gráfico de f está "abaixo" da tangente para todo $x \in I, x \neq x_0$ (ver figura seguinte).

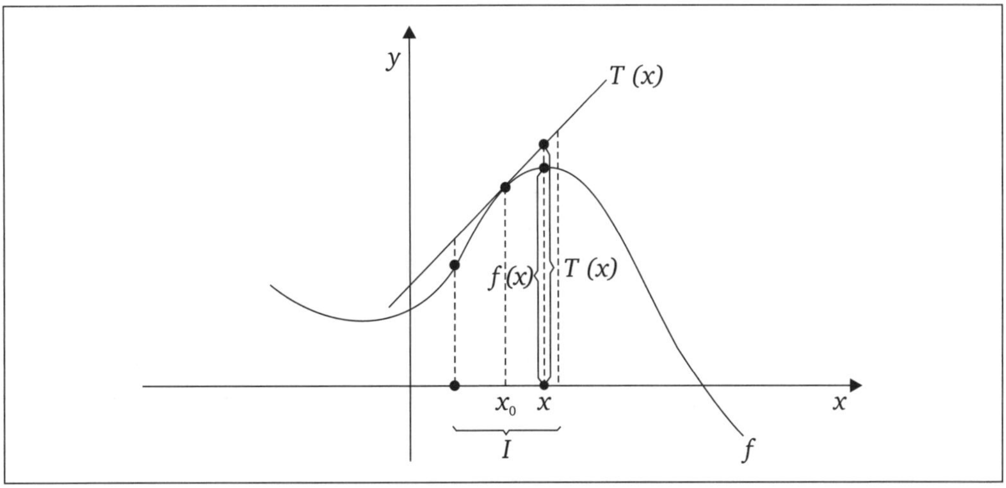

Do mesmo modo dizemos que f tem concavidade voltada para baixo num intervalo aberto $]a, b[$, quando f tem concavidade voltada para baixo em todo ponto de $]a, b[$(ver figura seguinte).

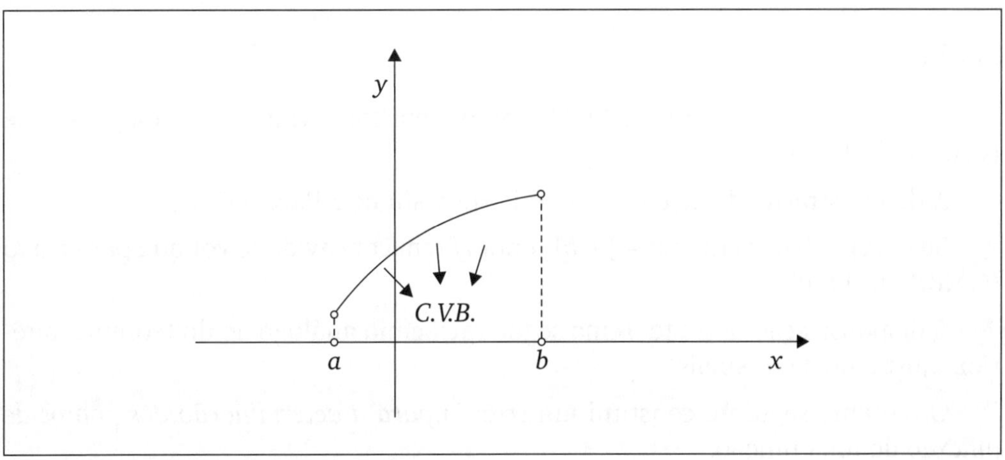

3.3 Ponto de inflexão (P.I.)

Se f tem concavidades de nomes distintos nos intervalos $]a, c[$ e $]c, d[$ e é contínua no ponto c, dizemos que c é um ponto de inflexão (P.I.) de f.

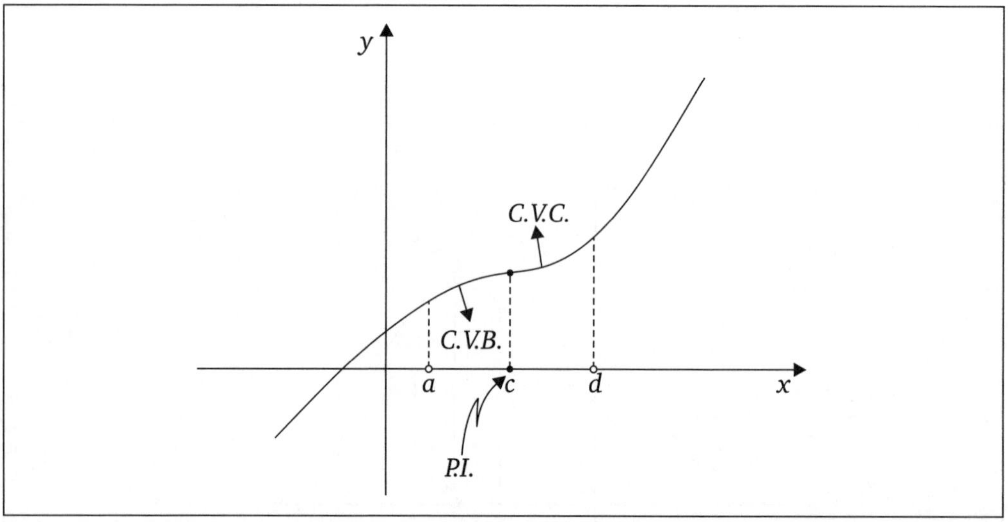

3.4 Critério para a determinação da concavidade e dos pontos de inflexão

Os dois teoremas seguintes constituem um *critério para a determinação da concavidade* de uma função.

TEOREMA

Se $f''(x) > 0$ para todo $x \in]a, b[$, então f tem concavidade voltada para cima (C.V.C.) em $]a, b[$.

A demonstração deste teorema pode ser vista no APÊNDICE A9.

Se $f''(x) < 0$ para todo $x \in]a, b[$, então f tem concavidade voltada para baixo (C.V.B.) em $]a, b[$.

A demonstração deste teorema segue raciocínio análogo ao do teorema anterior, ajustando-se os sinais.

O teorema seguinte constitui um *critério para a determinação dos pontos de inflexão* de uma função.

TEOREMA

Se $f''(x)$ tem sinais distintos nos intervalos $]a, c[$ e $]c, b[$ e se f é contínua em c, então c é um ponto de inflexão (P.I.) da função f.

O esquema seguinte ilustra a situação.

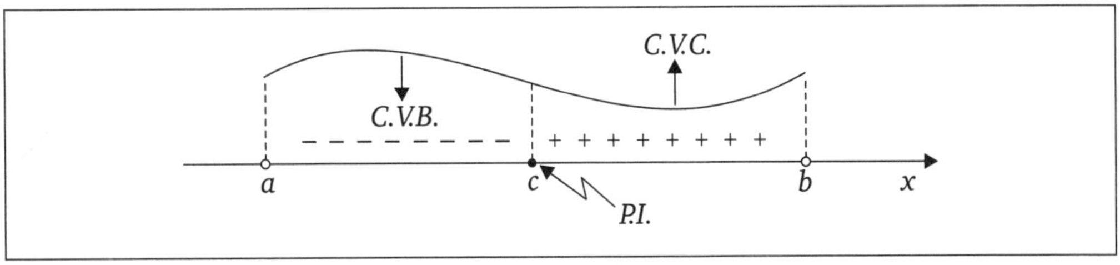

EXERCÍCIOS RESOLVIDOS

Estudar, no que se refere à concavidade e aos pontos de inflexão, as funções seguintes:

1. $y = 1 - x^2, x \in R$

(a) determinação da derivada segunda

$$y' = -2x$$
$$y'' = -2$$

(b) análise do sinal

$$y'' = -2 < 0, \text{ para todo } x \in R$$

(c) conclusão

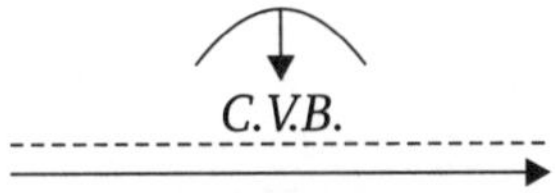

C.V.B. em R; não tem P.I.

2. $y = \frac{x^3}{3} - \frac{5}{2}x^2 - 14x + 10, x \in R$

(a) determinação da derivada segunda

$$y' = x^2 - 5x - 14$$
$$y'' = 2x - 5$$

(b) análise do sinal

$$y'' > 0 \text{ para } x > \frac{5}{2}$$

$$y'' < 0 \text{ para } x < \frac{5}{2}$$

(c) conclusão

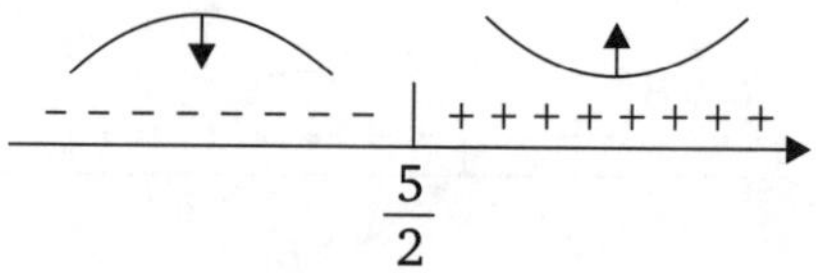

C.V.B em $\left]-\infty, \frac{5}{2}\right[$

C.V.C. em $\left]\frac{5}{2}, +\infty\right[$

$x = \frac{5}{2}$ é P.I.

3. $y = \frac{x^4}{12} - \frac{11}{6}x^3 + 9x^2 + 10x + 1, x \in R$

(a) determinação da derivada segunda

$$y' = \frac{x^3}{3} - \frac{11}{2}x^2 + 18x^2 + 10$$

$$y'' = x^2 - 11x + 18$$

(b) análise do sinal

$$y'' > 0 \text{ para } x < 2 \text{ ou } x > 9$$

$$y'' < 0 \text{ para } 2 < x < 9$$

(c) conclusão

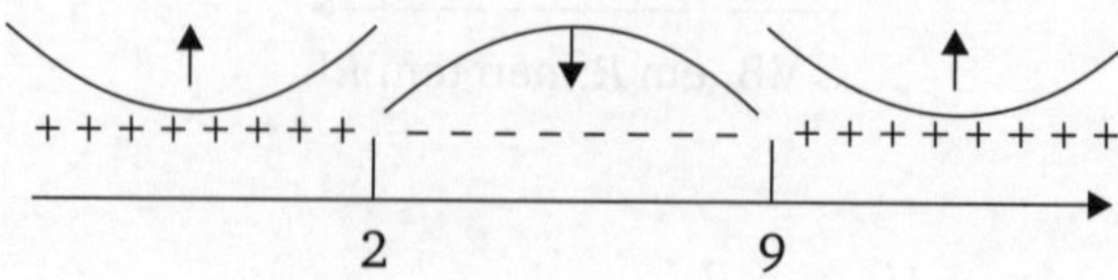

C.V.C. em $]-\infty, 2[$ e $]9, +\infty[$

C.V.B. em $]2, 9[$

$x = 2$ e $x = 9$ são P.I.

4. $y = e^{-x^2}, x \in R$

(a) determinação da derivada segunda

$$y' = -2x\ e^{-x^2}$$
$$y'' = e^{-x^2}(4x^2 - 2)$$

(b) análise do sinal

$$y'' > 0 \text{ para } x < -\sqrt{\frac{1}{2}} \text{ ou } x > \sqrt{\frac{1}{2}}$$

$$y'' < 0 \text{ para } -\sqrt{\frac{1}{2}} < x < \sqrt{\frac{1}{2}}$$

(c) conclusão

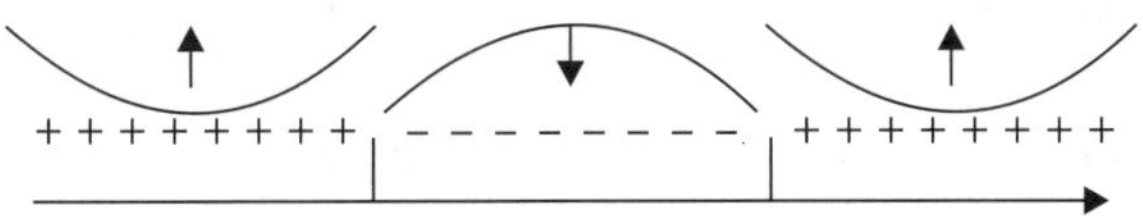

$-\sqrt{\frac{1}{2}}$ $\qquad$ $\sqrt{\frac{1}{2}}$

C.V.C. em $\left]-\infty, \frac{1}{\sqrt{2}}\right[$ e em $\left]\frac{1}{\sqrt{2}}, +\infty\right[$

C.V.B. em $\left]-\frac{1}{\sqrt{2}}, \frac{1}{\sqrt{2}}\right[$

$x = -\sqrt{\frac{1}{2}}$ e $x = \sqrt{\frac{1}{2}}$ são P.I.

5. $y = \ln(1 - x^2), -1 < x < 1$

(a) determinação da derivada segunda

$$y' = -\frac{2x}{1 - x^2}$$

$$y'' = -\frac{2 + 2x^2}{(1 - x^2)^2}$$

(b) análise do sinal

$$y'' < 0 \text{ para } -1 < x < 1$$

(c) conclusão

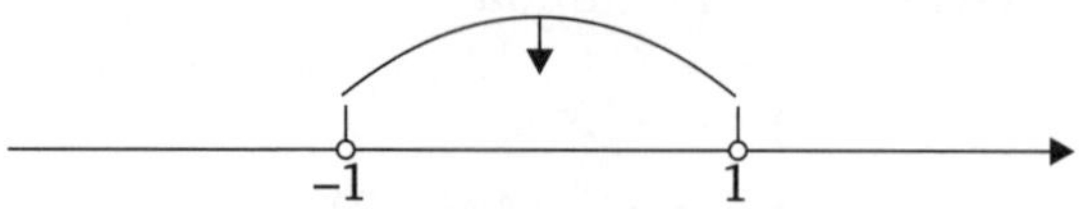

C.V.B. em]–1, 1[

Não tem P.I.

EXERCÍCIOS PROPOSTOS

Estudar, no que se refere à concavidade e a pontos de inflexão, as seguintes funções:

1. $y = x^2 + 1$
2. $y = -2x^2 - 3$
3. $y = \frac{x^2}{2} - 3x + 4$
4. $y = \frac{1}{x}, x \neq 0$
5. $y = x^3 - 3x^2 + 1$
6. $y = -\frac{x^3}{3} + \frac{1}{2}x^2 - 10$
7. $y = \frac{x^4}{4} - \frac{x^3}{3} + x^2 + 1$
8. $y = x \, \ln x, x > 0$
9. $y = e^{-(x-3)^2}$
10. $y = 2\, e^{-\frac{3}{4}x^2+1}$
11. $y = \ln (x^2 + 1)$
12. $y = 2^{6x-4}$
13. $y = \frac{x^2}{x-1}, x \neq 1$
14. $y = \frac{e^x}{x}, x \neq 0$
15. $y = \frac{1}{x^2 - 1}, x \neq \pm 1$
16. $y = x^2 e^{-x}$
17. $y = \log \left(\frac{1}{x}\right), x > 0$
18. $y = \frac{1 + x}{1 - x}, x \neq 1$
19. $y = x^5 - 10$
20. $y = \frac{5x^4 - x^3}{2}$

RESPOSTAS

1. C.V.C. em *R*; Não tem P.I.
2. C.V.B. em *R*; Não tem P.I.
3. C.V.C. em *R*; Não tem P.I.
4. C.V.B. em $]-\infty, 0[$; C.V.C. em $]0, +\infty[$; Não tem P.I.

5. C.V.B. em $]-\infty, 1[$; C.V.C. em $]1, +\infty[$; $x = 1$ P.I.

6. C.V.C. em $\left]-\infty, +\frac{1}{2}\right[$; C.V.B. em $\left]\frac{1}{2}, +\infty\right[$; $x = \frac{1}{2}$ P.I.

7. C.V.C. em R; Não tem P.I.

8. C.V.C. em $]0, +\infty[$; Não tem P.I.

9. C.V.C. em $\left]-\infty, \frac{6-\sqrt{2}}{2}\right[$ e $\left]\frac{6+\sqrt{2}}{2}, +\infty\right[$;

C.V.B. em $\left]\frac{6-\sqrt{2}}{2}, \frac{6+\sqrt{2}}{2}\right[$; $x = \frac{6-\sqrt{2}}{2}$ e $x = \frac{6-\sqrt{2}}{2}$ P.I.

10. C.V.C. em $\left]-\infty, -\sqrt{\frac{2}{3}}\right[$ e $\left]\sqrt{\frac{2}{3}}, +\infty\right[$;

C.V.B. em $\left]-\sqrt{\frac{2}{3}}, +\sqrt{\frac{2}{3}}\right[$; $x = -\sqrt{\frac{2}{3}}$ e $x = +\sqrt{\frac{2}{3}}$ P.I.

11. C.V.B. em $]-\infty, -1[$ e $]1, +\infty[$; C.V.C. em $]-1, 1[$; $x = -1$ e $x = 1$ P.I.

12. C.V.C. em R; Não tem P.I.

13. C.V.B. em $]-\infty, 1[$; C.V.C. em $]1, +\infty[$; Não tem P.I.

14. C.V.B. em $]-\infty, 0[$; C.V.C, em $]0, +\infty[$; Não tem P.I.

15. C.V.C. em $]-\infty, -1[$ e $]1, +\infty[$; C.V.B. em $]-1, 1[$; Não tem P.I.

16. C.V.C. em $]-\infty, 2-\sqrt{2}[$ e $]2+\sqrt{2}, +\infty[$;

C.V.B. em $]2-\sqrt{2}, 2+\sqrt{2}[$; $x = 2-\sqrt{2}$ e $x = 2+\sqrt{2}$ P.I.

17. C.V.C. em $]0, +\infty[$; Não tem P.I.

18. C.V.C. em $]-\infty, 1[$; C.V.B. em $]1, +\infty[$; Não tem P.I.

19. C.V.B. em $]-\infty, 0[$; C.V.C. em $]0, +\infty[$; $x = 0$ P.I.

20. C.V.C. em $]-\infty, 0[$ e $\left]\frac{1}{10}, +\infty\right[$; C.V.B. em $\left]0, \frac{1}{10}\right[$;

$x = 0$ e $x = \frac{1}{10}$ P.I.

4 SEGUNDO CRITÉRIO PARA A LOCALIZAÇÃO DE PONTOS DE MÁXIMO E DE MÍNIMO

Os teoremas seguintes constituem um segundo critério para a localização de pontos de máximo e mínimo. Estabeleceremos este critério para funções que *tenham primeira e segunda derivadas* num intervalo aberto centrado em x_0, com a derivada segunda contínua neste intervalo.

TEOREMA (*Condição necessária*)

Se x_0 é um ponto de máximo ou de mínimo de f, então $f'(x_0) = 0$.

TEOREMA (*Condição suficiente*)

Seja $f'(x_0) = 0$.

(1) Se $f''(x_0) > 0$, x_0 é ponto de mínimo de f.

(1) Se $f''(x_0) < 0$, x_0 é ponto de máximo de f.

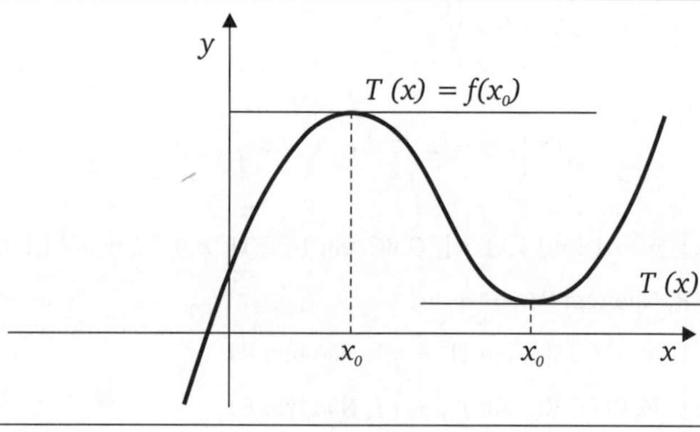

A demonstração dos teoremas pode ser vista no APÊNDICE A10.

Nas condições dos teoremas anteriores temos o seguinte critério para a localização de pontos de máximo e de mínimo:

CRITÉRIO (*Critério da 2ª derivada*)

PASSO 1 – *Determinação dos candidatos, isto é, dos possíveis pontos de máximo ou de mínimo.*

Determinar x_0 tal que $f'(x_0) = 0$

PASSO 2 – *Classificação dos candidatos.*

(1) $f''(x_0) > 0 \Rightarrow x_0$ é P.m. de f

(2) $f''(x_0) < 0 \Rightarrow x_0$ é P.M. de f

Obs.: Pode ocorrer $f''(x_0) = 0$ e neste caso o critério anterior não se aplica. No entanto, é possível demonstrar que se f é derivável até a ordem n com derivada n-ésima contínua num intervalo aberto centrado em x_0, vale o seguinte

CRITÉRIO GERAL

> Se $f'(x_0) = f''(x_0) = \ldots = f^{(n-1)}(x_0) = 0$ com $f^{(n)}(x_0) \neq 0$, então:
>
> (1) n par e $f^{(n)}(x_0) > 0 \Rightarrow x_0$ é P.m. de f.
>
> (2) n par e $f^{(n)}(x_0) < 0 \Rightarrow x_0$ é P.M. de f.
>
> (3) n ímpar $\Rightarrow x_0$ não é P.m. nem P.M de f.

EXERCÍCIOS RESOLVIDOS

Estudar as funções seguintes no que se refere a pontos de máximo (P.M.) e de mínimo (P.m.).

1. $y = x^2, x \in R$

(a) determinação dos candidatos

$$y' = 2x = 0 \Rightarrow x = 0$$

(b) classificação dos candidatos:

$$y'' = 2$$

$$\boxed{x = 0} \quad y''(0) = 2 > 0$$

$\therefore x = 0$ é P.m. da função dada.

2. $y = x^2 - 7x + 12, x \in R$

(a) determinação dos candidatos

$$y' = 2x - 7 = 0 \Rightarrow x = \frac{7}{2}$$

(b) classificação dos candidatos

$$y'' = 2$$

$$\boxed{x = \frac{7}{2}} \Rightarrow y''\left(\frac{7}{2}\right) = 2 > 0$$

$$\therefore x = \frac{7}{2} \text{ é P.m.}$$

3. $y = \frac{x^3}{3} - \frac{9}{2}x^2 + 14x + 10, x \in R$

(a) determinação dos candidatos

$$y' = x^2 - 9x + 14 = 0 \Rightarrow \begin{cases} x = 2 \\ x = 7 \end{cases}$$

(b) classificação dos candidatos

$$y'' = 2x - 9$$

$$\boxed{x = 2} \Rightarrow y''(2) = 4 - 9 = -5 < 0$$

$$\therefore x = 2 \text{ é P.M.}$$

$$\boxed{x = 7} \Rightarrow y''(7) = 14 - 9 = 5 > 0$$

$$\therefore x = 7 \text{ é P.m.}$$

4. $y = e^x, x \in R$

(a) determinação dos candidatos

$$y' = e^x \neq 0 \text{ para todo } x \in R.$$

Logo, a função dada não tem P.M. nem P.m., pois é derivável em todo ponto $x \in R$ e $y' \neq 0$ qualquer que seja $x \in R$.

5. $y = e^{-x^2}$

(a) determinação dos candidatos

$$y' = -2xe^{-x^2} = 0 \Rightarrow x = 0$$

(b) classificação dos candidatos:

$$y'' = -2e^{-x^2} + 4x^2e^{-x^2}$$

$$\boxed{x = 0} \Rightarrow y''(0) = -2 < 0$$

$$\therefore x = 0 \text{ é P.M.}$$

6. $y = \frac{1}{1 + x^2}, x \in R$

(a) determinação dos candidatos

$$y' = -\frac{2x}{(1 + x^2)^2} = 0 \Rightarrow x = 0$$

(b) classificação dos candidatos

$$y'' = \frac{6x^2 - 2}{(1 + x^2)^3}$$

$$\boxed{x = 0} \Rightarrow y''(0) = -2 < 0$$

$$\therefore x = 0 \text{ é P.M.}$$

7. $y = x^3, x \in R$

(a) determinação dos candidatos

$$y' = 3x^2 = 0 \Rightarrow x = 0$$

(b) classificação dos candidatos

$$y'' = 6x$$

$$\boxed{x = 0} \Rightarrow y''(0) = 0$$

$\therefore$ o critério da derivada 2ª não se aplica.

Utilizemos, então, o *Critério Geral*:

$$y''' = 6$$

$$x = 0 \Rightarrow y'''(0) = 6 \neq 0$$

$$\therefore x = 0 \text{ não é P.m. nem P.M.}$$

Observemos que do estudo da concavidade resulta que $x = 0$ é P.I.

8. $y = x^4, x \in R$

(a) determinação dos candidatos

$$y' = 4x^3 = 0 \Rightarrow x = 0$$

(b) classificação dos candidatos

$$y'' = 12x^2$$

$$\boxed{x = 0} \Rightarrow y''(0) = 0$$

$\therefore$ o critério da derivada 2ª não se aplica.

Mas,

$$y''' = 24x$$

$$x = 0 \Rightarrow y'''(0) = 0$$

$$y^{(4)} = 24$$

$$x = 0 \Rightarrow y^{(4)}(0) = 24 > 0$$

$\therefore$ pelo critério geral, $x = 0$ é P.m.

9. $y = \dfrac{x^5}{5} - x^4 + 10, x \in R$

(a) determinação dos candidatos

$$y' = x^4 - 4x^3 = 0 \Rightarrow \begin{cases} x = 0 \\ x = 4 \end{cases}$$

(b) classificação dos candidatos

$$y'' = 4x^3 - 12x^2$$

$$\boxed{x = 0} \Rightarrow y''(0) = 0$$

$\therefore$ o critério da derivada 2ª não se aplica.

Mas,

$$y''' = 12x^2 - 24x$$

$$x = 0 \Rightarrow y''' = (0) = 0$$

$$y^{(4)}(x) = 24x - 24$$

$$x = 0 \Rightarrow y^{(4)}(x) = -24 < 0$$

$\therefore$ pelo critério geral, $x = 0$ é P.M.

$$\boxed{x = 4} \Rightarrow y''(4) = 64 > 0$$

$\therefore$ pelo critério geral da derivada 2ª, $x = 4$ é P.m.

10. $y = \frac{x^5}{5} - \frac{x^3}{3} + 5, x \in R$

(a) determinação dos candidatos

$$y' = x^4 - x^2 = 0 \Rightarrow \begin{cases} x = 0 \\ x = -1 \\ x = 1 \end{cases}$$

(b) classificação dos candidatos

$$y'' = 4x^3 - 2x$$

$$\boxed{x = 0} \Rightarrow y''(0) = 0$$

$\therefore$ o critério da derivada 2ª não se aplica.

Mas,

$$y''' = 12x^2 - 2$$

$$x = 0 \Rightarrow y''' = (0) = -2 \neq 0$$

$\therefore$ pelo critério geral, $x = 0$ não é P.M. nem P.m.

$$\boxed{x = -1} \Rightarrow y''(-1) = -2 < 0$$

$\therefore$ pelo critério da derivada 2ª, $x = -1$ é P.M.

$$\boxed{x = 1} \Rightarrow y''(1) = 2 > 0$$

$\therefore$ pelo critério da derivada 2ª, $x = 1$ é P.m.

5 PESQUISA DE MÁXIMOS E MÍNIMOS EM CASOS GERAIS

Nos exemplos anteriores pesquisamos máximos e mínimos de funções definidas na reta e que satisfaziam as condições dos critérios estudados.

Nos exemplos que seguem, além dos critérios, utilizaremos a definição e outros argumentos que se fizerem necessários para o estudo dos máximos e mínimos.

Exemplo 1: $y = 2x + 3$ com $0 \leq x \leq 4$

(1) no intervalo]0, 4[

(a) determinação dos candidatos

$$y' = 2$$

$\therefore$ a função não tem P.M. nem P.m. no intervalo aberto]0, 4[.

(2) nos extremos do intervalo

A função dada é contínua à direita no ponto $x = 0$, e contínua à esquerda no ponto $x = 4$; além disso, é uma função estritamente crescente no intervalo $]0, 4[$. Logo, $x = 0$ é P.m. e $x = 4$ é P.M.

Exemplo 2: $y = x^2$ com $-2 \leq x \leq 5$

(1) no intervalo $]-2, 5[$

(a) determinação dos candidatos

$$y' = 2x = 0 \Rightarrow x = 0$$

(b) classificação dos candidatos

$$y'' = 2$$

$$\boxed{x = 0} \quad \Rightarrow y''(0) = 2 > 0 \therefore x = 0 \text{ é P.m.}$$

(2) nos extremos

A função é decrescente no intervalo $]-2, 0[$ e contínua à direita no ponto $x = -2$. Logo, $x = -2$ é P.M. Por outro lado, a função dada é crescente no intervalo $]0, 5[$ e contínua à esquerda no ponto $x = 5$. Portanto, $x = 5$ é P.M.

Exemplo 3: $y = \dfrac{x^3}{3} - 3x^2 + 8x + 1$ com $0 < x \leq 8$

(1) no intervalo $]0, 8[$

(a) determinação dos candidatos

$$y' = x^2 - 6x + 8 = 0 \Rightarrow \begin{cases} x = 2 \\ x = 4 \end{cases}$$

(b) classificação dos candidatos

$$y'' = 2x - 6$$

$$\boxed{x = 2} \quad \Rightarrow y''(2) = -2 < 0 \therefore x = 2 \text{ é P.M.}$$

$$\boxed{x = 4} \quad \Rightarrow y''(4) = 2 > 0 \therefore x = 4 \text{ é P.m.}$$

(2) nos extremos

No ponto $x = 0$ a função não está definida.

$\therefore x = 0$ não é P.M. nem P.m. da função dada.

Por outro lado, a função é contínua à esquerda no ponto $x = 8$ e estritamente crescente no intervalo $]4, 8[$. Logo, $x = 8$ é P.M.

Exemplo 4: $y = \frac{1}{x}$ com $x \geq 1$

(1) no intervalo $]1, +\infty[$

(a) determinação dos candidatos

$$y' = -\frac{1}{x^2} \neq 0, \text{ para todo } x \in \,]1, +\infty[$$

$\therefore$ a função não tem P.M. nem P.m. no intervalo $]1, +\infty[$.

(2) no ponto $x = 1$

A função dada é contínua à direita no ponto $x = 1$ e estritamente decrescente no intervalo $]1, +\infty[$. Logo, $x = 1$ é P.M.

Exemplo 5: $y = \frac{1}{x-1}$, $x \neq 1$

(1) nos intervalos $]-\infty, 1[$ e $]1, +\infty[$

(a) determinação dos candidatos

$$y' = -\frac{1}{(x-1)^2} \neq 0,$$

qualquer que seja $x \in \,]-\infty, 1[$ ou a $]1, +\infty[$.

$\therefore$ nestes intervalos a função não tem P.M. nem P.m.

(2) no ponto $x = 1$ a função não está definida. Logo, $x = 1$ não é P.M. nem P.m.

EXERCÍCIOS PROPOSTOS

Estudar, no que se refere a máximos e mínimos, as seguintes funções:

1. $y = 4x + 5$
2. $y = 10x + 5$ com $1 \leq x \leq 10$
3. $y = -5x + 4$ com $-1 < x \leq 2$
4. $y = 3x + 4$ com $0 < x < 10$
5. $y = x^2 + 1$
6. $y = -x^2 + 9$
7. $y = x^2 - 3x + 2$
8. $y = -x^2 + 5x - 6$
9. $y = x^2 - 5x + 6$ com $0 \leq x \leq 3$
10. $y = \frac{x^3}{3} - \frac{15}{2}x^2 + 50x + 5$

11. $y = x^3 - 1$

12. $y = x^4 - \dfrac{x^3}{3} + 10$

13. $y = x^4 - 10$

14. $y = \dfrac{2}{x^4 + 1}$

15. $y = \dfrac{1}{x^2}, x \neq 0$

16. $y = \dfrac{x}{1 + x^2}$

17. $y = \dfrac{x^2}{x - 1}, x \neq 1$

18. $y = \dfrac{1}{x}$ com $0 < x \leq 4$

19. $y = \sqrt{x},\ x \geq 0$

20. $y = \sqrt{x^2 + 4}$

21. $y = \sqrt{x^2 - 10x}$

22. $y = e^{-x}$

23. $y = e^{-2x}, 0 \leq x \leq 4$

24. $y = e^{-(x-4)^2}$

25. $y = \dfrac{1}{2}\, e^{-(x+1)^2}$

26. $y = x\, e^{-x}$

27. $y = e^{-\frac{1}{4}x^2}$ com $0 \leq x < +\infty$

28. $y = x\, ln\, x, x > 0$

29. $y = ln\, 2x^2, x \neq 0$

30. $y = \dfrac{1}{x}\, ln\, x, x > 0$

RESPOSTAS

1. Não tem P.M. nem P.m.
2. $x = 1$ P.m.; $x = 10$ P.M.
3. $x = 2$ P.m.
4. Não tem P.m. nem P.M.
5. $x = 0$ P.m.
6. $x = 0$ P.M.
7. $x = \dfrac{3}{2}$ P.m.
8. $x = \dfrac{5}{2}$ P.M.
9. $x = \dfrac{5}{2}$ P.m.; $x = 0$ P.M.; $x = 3$ P.M.
10. $x = 5$ P.M.; $x = 10$ P.m.
11. Não tem P.M. nem P.m.
12. $x = \dfrac{1}{4}$ P.m.
13. $x = 0$ P.m.
14. $x = 0$ P.M.
15. Não tem P.M. nem P.m.
16. $x = -1$ P.m.; $x = 1$ P.M.
17. $x = 2$ P.m.; $x = 0$ P.M.
18. $x = 4$ P.m.
19. $x = 0$ P.m.
20. $x = 0$ P.m.

21. $x = 0$ P.m.; $x = 10$ P.m.
22. Não tem P.m. nem P.M.
23. $x = 0$ P.M.; $x = 4$ P.m.
24. $x = 4$ P.M.
25. $x = -1$ P.M.
26. $x = 1$ P.M.
27. $x = 0$ P.M.
28. $x = \frac{1}{e}$ P.m.
29. Não tem P.M. nem P.m.
30. $x = e$ P.M.

6 REPRESENTAÇÃO GRÁFICA

Ao representar graficamente uma função f sugerimos ao leitor que siga o seguinte *roteiro*, determinando:

1. o domínio de f (caso ele não venha especificado);
2. os intervalos da reta nos quais f é estritamente crescente (E.C.) e aqueles nos quais f é estritamente decrescente (E.D.);
3. os pontos de máximo (P.M.) e os pontos de mínimo (P.m.) de f, caso existam, e os respectivos valores máximos e mínimos;
4. os intervalos da reta nos quais f tem concavidade voltada para cima (C.V.C.) e aqueles nos quais f tem concavidade voltada para baixo (C.V.B.);
5. os pontos de inflexão (P.I.), caso existam, e os respectivos valores de f;
6. os limites laterais de f nos pontos de descontinuidade, caso tais pontos existam;
7. os limites para $x \to +\infty$ e $x \to -\infty$, caso isto seja possível no domínio de f.

Seguindo este roteiro o leitor não terá dificuldade em esboçar o gráfico de f, como mostram os exemplos que seguem.

Exemplo 1: $y = \frac{1}{x}$

1. Domínio: $D = \{x \in R \mid x \neq 0\}$
2. Estudo do crescimento

   (a) determinação da derivada

$$y' = \frac{1}{x^2}, \neq 0$$

(b) estudo do sinal

$$y' < 0, \text{ para todo } x \neq 0$$

(c) conclusão

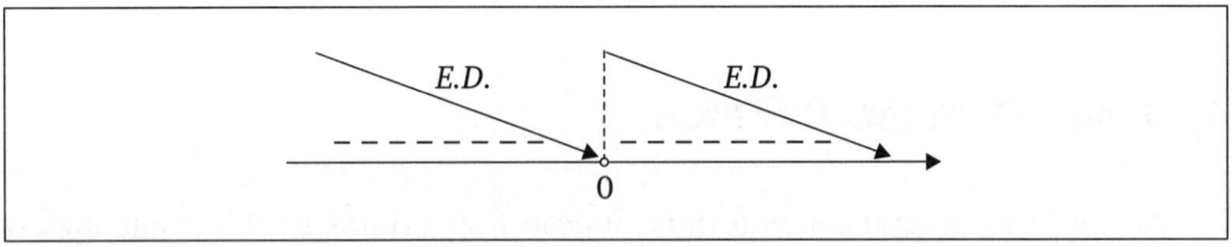

3. Pontos de máximo e mínimo

   A função não tem P.M. nem P.m.

4. Concavidade

   (a) determinação da derivada 2ª

$$y'' = \frac{2}{x^3}, x \neq 0$$

   (b) análise do sinal

$$y'' > 0 \text{ para } x > 0$$
$$y'' < 0 \text{ para } x < 0$$

   (c) conclusão

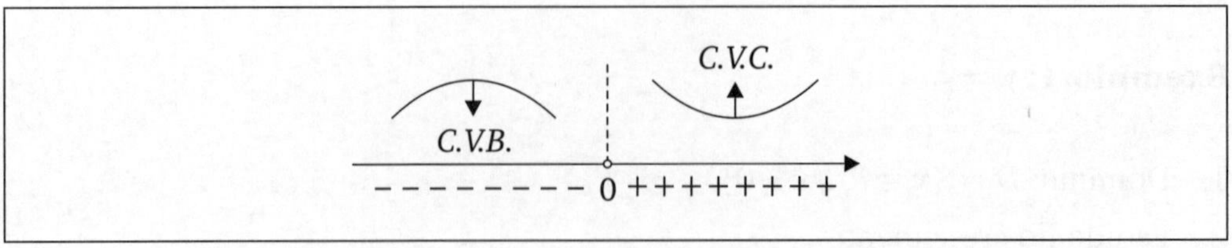

5. Pontos de inflexão

   A função não tem pontos de inflexão.

6. Limites laterais no ponto de descontinuidade $x = 0$

$$\lim_{x \to 0-} \frac{1}{x} = -\infty$$

$$\lim_{x \to 0+} \frac{1}{x} = +\infty$$

7. Limites para $x \to +\infty$ e $x \to -\infty$

$$\lim_{x \to +\infty} \frac{1}{x} = 0; \qquad \lim_{x \to -\infty} \frac{1}{x} = 0$$

8. Gráfico

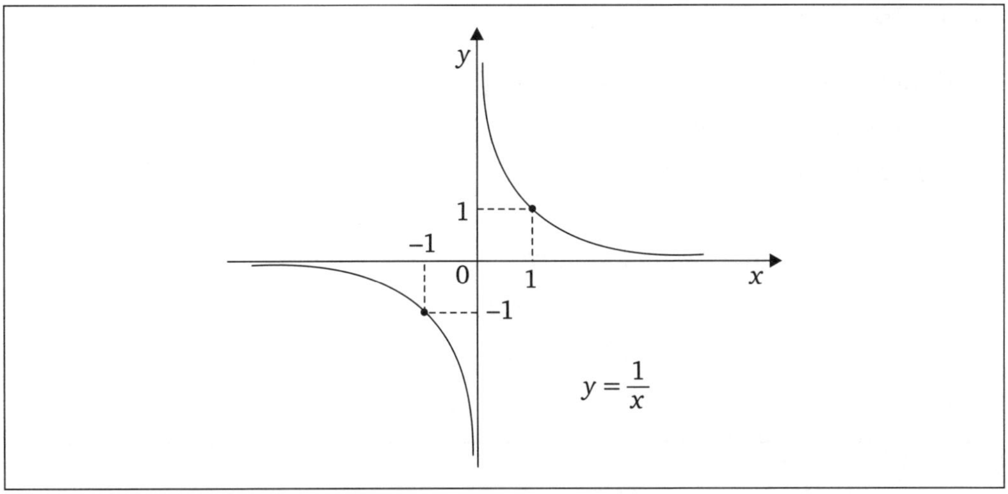

Exemplo 2: $y = k + \frac{1}{x}$ (k = constante)

Tendo feito no exemplo anterior o gráfico de $y = \frac{1}{x}$ não é necessário repetir todo o estudo para o caso da função dada por $y = k + \frac{1}{x}$. Basta observar que a única diferença diz respeito aos limites para $x \to +\infty$ e $x \to -\infty$. Neste caso temos:

$$\lim_{x \to +\infty} \left(k + \frac{1}{x}\right) = k; \qquad \lim_{x \to -\infty} \left(k + \frac{1}{x}\right) = k$$

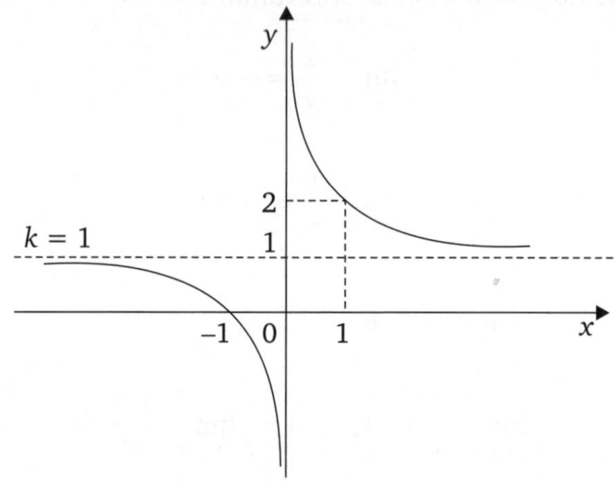

$$y = k + \frac{1}{x} \text{ com } k = 1$$

Exemplo 3: $y = x^3 - 3x + 4, x \geq 0$

1. Domínio $D = \{x \in R \mid x \neq 0\}$, dada *a priori*.
2. Estudo do crescimento

   (a) determinação da derivada

$$y' = 3x^2 - 3$$

   (b) estudo do sinal (no domínio D)

$$y' > 0 \text{ para } x > 1$$
$$y' < 0 \text{ para } 0 < x < 1$$

   (c) conclusão

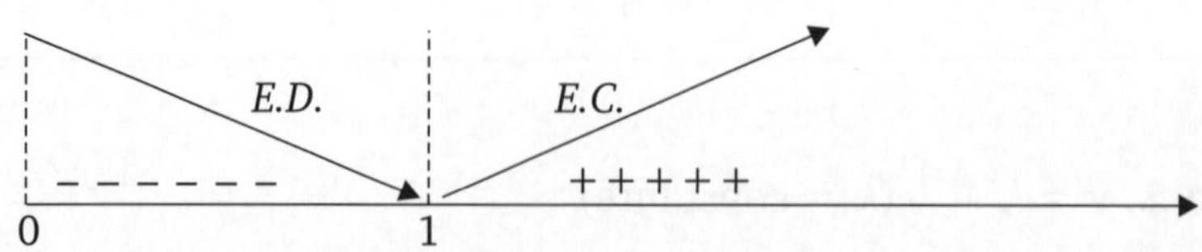

3. Pontos de máximo e mínimo

$$x = 0 - \text{P.M.} \qquad x = 0 \Rightarrow y = 4$$
$$x = 1 - \text{P.m.} \qquad x = 1 \Rightarrow y = +2$$

4. Concavidade

   (a) determinação da derivada 2ª

$$y'' = 6x$$

(b) estudo do sinal (no domínio D)

$$y'' > 0 \text{ para } x > 0$$

(c) conclusão

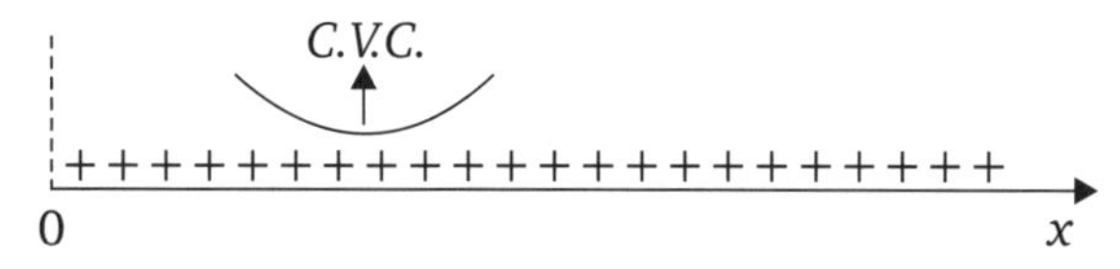

5. Pontos de inflexão

   A função não tem pontos de inflexão.

6. Limites laterais nos pontos de descontinuidade

   A função não tem pontos de descontinuidade.

7. Limites para $x \to +\infty$ e $x \to -\infty$

$$\lim_{x \to +\infty} x^3 - 3x + 4 = +\infty$$

   Não faz sentido o cálculo do limite para $x \to -\infty$, no domínio dado.

8. Gráfico

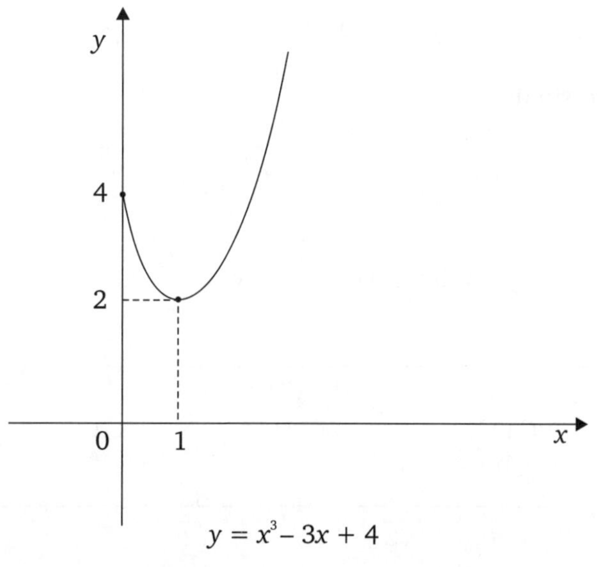

Exemplo 4: $y = e^{-x^2}$ (Função de Gauss)

1. Domínio: $D = R$
2. Crescimento

   (a) determinação da derivada

$$y' = -2xe^{-x^2}$$

   (b) estudo do sinal

$$y' > 0 \text{ para } x < 0$$
$$y' < 0 \text{ para } x > 0$$

   (c) conclusão

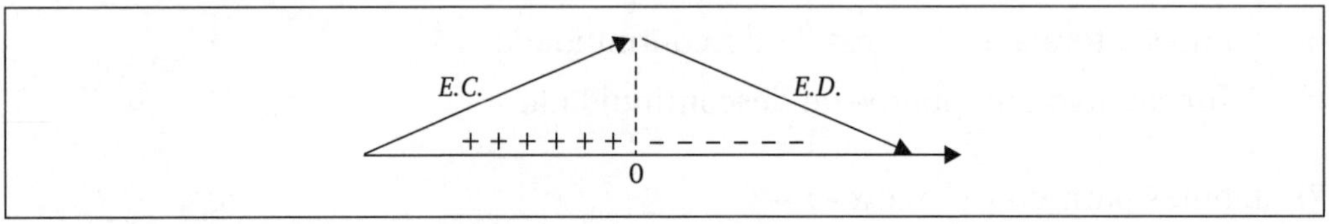

3. Pontos de máximo e mínimo

$$x = 0 - \text{P.M.}; \qquad x = 0 \Rightarrow y = 1$$

4. Concavidade

   (a) determinação da derivada 2ª

$$y'' = -2\,e^{-x^2} + 4x^2\,e^{-x^2} = e^{-x^2}(4x^2 - 2)$$

   (b) estudo do sinal

$$y'' > 0 \text{ para } x < -\frac{\sqrt{2}}{2} \text{ ou } x > \frac{\sqrt{2}}{2}$$
$$y'' < 0 \text{ para } -\frac{\sqrt{2}}{2} < x < \frac{\sqrt{2}}{2}$$

   (c) conclusão

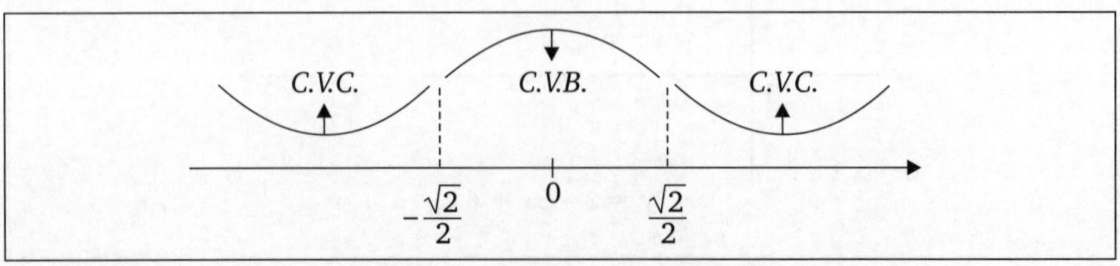

5. Pontos de inflexão

$$x = -\frac{\sqrt{2}}{2} - \text{P.I.}; \quad x = -\frac{\sqrt{2}}{2} \Rightarrow y = e^{-\frac{1}{2}} \simeq 0{,}6$$

$$x = \frac{\sqrt{2}}{2} - \text{P.I.}; \quad x = \frac{\sqrt{2}}{2} \Rightarrow y = e^{-\frac{1}{2}} \simeq 0{,}6$$

6. Limites laterais nos pontos de descontinuidade

A função não tem pontos de descontinuidade.

7. Limites para $x \to +\infty$ e $x \to -\infty$

$$\lim_{x \to +\infty} e^{-x^2} = 0; \quad \lim_{x \to -\infty} e^{-x^2} = 0$$

8. Gráfico

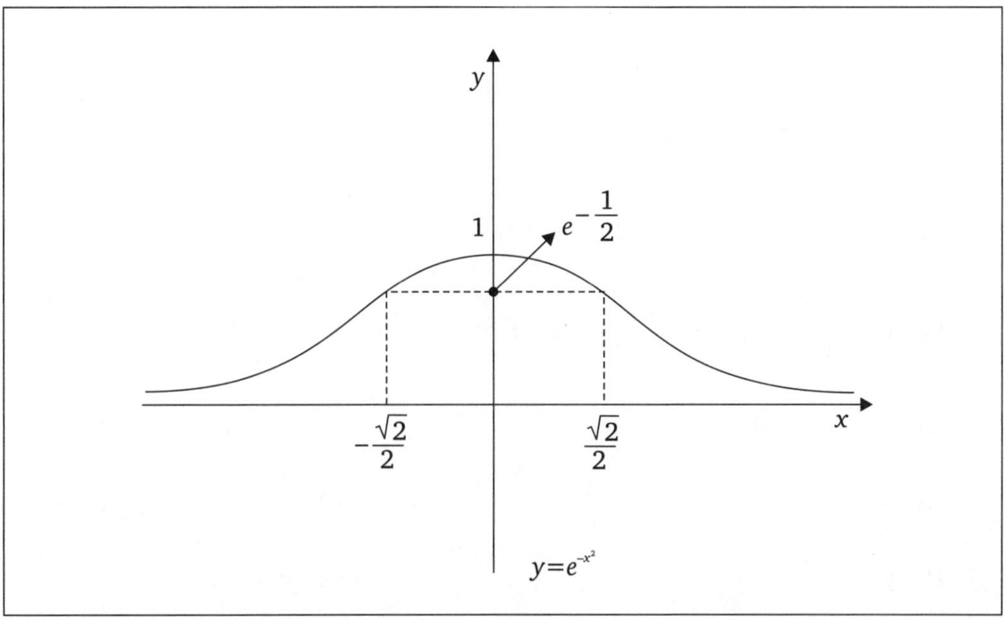

EXERCÍCIOS PROPOSTOS

Representar graficamente as funções seguindo os procedimentos listados no item 6.

1. $y = 3x + 2$
2. $y = -2x + 12$
3. $y = 2x + 8 \quad 0 \leq x \leq 5$
4. $y = -3x + 10 \quad -2 < x < 4$
5. $y = x^2$
6. $y = x^2 + 3 \quad -2 \leq x < 4$
7. $y = x^2 - 5x + 10$
8. $y = -x^2 + 12x$
9. $y = 9 - x^2 \quad -3 \leq x \leq 3$
10. $y = \frac{x^3}{3} - 5x^2 + 21x$
11. $y = \frac{x^3}{3} - 6x^2 + 32x - 3 \quad 0 \leq x \leq 5$
12. $y = \frac{x^3}{3} + 4x^2 - 7x + 2 \quad -1 \leq x \leq 8$
13. $y = \frac{2}{x} \quad x > 0$
14. $y = \sqrt{x}$
15. $y = \sqrt[3]{x}$
16. $y = e^x$
17. $y = \ln x$
18. $y = 3^x$
19. $y = \left(\frac{1}{2}\right)^x$
20. $y = \ln(1 + x^2)$
21. $y = \sqrt{4 - x^2} \quad 0 \leq x \leq 2$
22. $y = x^4 + 1$
23. $y = x^4 - 12x^3 + 1$
24. $y = -x^4 + 12x^3 - 1$
25. $y = x^5 - \frac{20}{3}x^3 - 2$
26. $y = \frac{x}{x-2} \quad x > 2$
27. $y = 2^{-x}$
28. $y = 3^{-x} + 2$
29. $y = e^{-(x-2)^2}$
30. $y = e^{-(x+2)^2}$
31. $y = \sqrt{x-1} \quad x > 1$
32. $y = \ln(x + 2) \quad x \geq 0$
33. $y = \frac{-1}{x}$
34. $y = x \ln x \quad x > 0$
35. $y = x e^x$

7 APLICAÇÕES GERAIS

1. Seja $p = \dfrac{100}{x+5} - 2$ a curva de demanda de determinado bem (p = preço, x = quantidade demandada). Mostrar que no seu domínio a curva é estritamente decrescente e tem concavidade voltada para cima. Fazer um esboço gráfico da referida curva.

2. Resolver o exercício anterior quando:

   2.1 $p = \dfrac{50}{x+10} - 1$

   2.2 $p = \dfrac{1}{2} \ell n \left(\dfrac{20}{x} \right)$

3. Seja $p = \sqrt{100 - 2x}$ a curva de demanda de determinado bem. Mostrar que no seu domínio a curva é decrescente e tem concavidade voltada para baixo. Fazer um esboço gráfico da curva.

4. Resolver o exercício anterior quando $p = 100 - \frac{1}{2}x^2$.

5. Se a demanda de determinado bem é dada pela equação

$$x = 4.000 - 30\,p^2 + p^3$$

   (x = quantidade demandada, p = preço), mostrar que $p = 10$ é um ponto de inflexão. Esboçar o gráfico da curva para $p < 20$.

6. Se o custo total é dado por $C = \sqrt{2x + 100} + 10$, mostrar que o custo marginal $\left(\dfrac{dC}{dx} \right)$ é estritamente decrescente e a curva correspondente tem concavidade voltada para cima. Esboçar o gráfico do custo marginal.

7. Se a quantidade ofertada (y) de determinado bem é dada por $y = \dfrac{1}{4}\sqrt{p - 50} + 100$ (p = preço), mostrar que a curva de oferta é estritamente crescente e tem concavidade voltada para baixo. Esboçar o gráfico da curva para p entre 50 e 100.

8. Seja $C_T = x^2 + 2x + 100$ o custo total associado à produção de determinado bem (x = quantidade produzida).

   a. Determinar o custo marginal associado (C'_T).

   b. Determinar o custo médio associado (C_M).

c. Mostrar que $x = 10$ corresponde ao menor custo médio.

d. Mostrar que para $x = 10$ o custo médio e o custo marginal coincidem.

e. Esboçar num mesmo gráfico as curvas de custo médio e marginal.

9. Resolver o exercício anterior para $C_T = \frac{1}{2}x^2 - 5x + 32$.

10. Seja $p = 5.000 - 20x$ a equação de demanda de determinado bem. Mostrar que o rendimento marginal diminui a uma taxa constante de 40 por unidade acrescida à demanda. Esboçar num mesmo gráfico as curvas de receita total e marginal.

11. Seja $p = 1.000 + 60x - 2x^2$ a equação de demanda de determinado bem. Mostrar que o rendimento marginal é estritamente crescente para $x < 10$.

12. Se o custo total de produção de determinado bem é dado por

$$C_T = \frac{1}{30}x^2 + 3x + 150,$$

e a demanda por $x = 60 - 3p$ (num sistema de monopólio), determinar a produção que maximiza a receita líquida.

13. Resolver o problema anterior (12) quando:

$$C_T = 5x + 10 \qquad \text{e} \qquad p = 50 - 5x$$

14. Uma empresa produz um bem com custo total descrito pela equação:

$$C_T = x^2 + 20x + 64$$

a. Determinar a equação do custo médio $\frac{C_T}{x}$ e do custo marginal $\frac{dC_T}{dx}$.

b. Calcular o ponto de mínimo do custo médio.

c. Verificar que no ponto de mínimo do custo médio, o custo médio iguala o custo marginal.

15. Supondo que a empresa do exercício anterior opere em um mercado de competição perfeita, e que o preço de venda de seu produto seja de R$ 45,00 por unidade, calcular:

a. a função receita total;

b. a função lucro total;

c. o ponto de máximo do lucro total.

16. Uma função de custo total deve genericamente ser crescente, apresentar uma parte fixa positiva, além de crescer a taxas decrescentes num primeiro intervalo, e a seguir crescer a taxas crescentes.

    Verifique, usando derivadas, se a equação abaixo pode representar uma típica função de custo.

$$C_T = x^3 - 6x^2 + 14x + 1.000$$

17. A resposta da procura de um produto ao nível de preço foi anotada, resultando a tabela:

p	10	11	12	13
q	100	80	70	65

    a. Ajustar $q = f(p)$ por uma equação do tipo $y = Ax + B$.
    b. Qual a receita máxima correspondente?

Outros exercícios de aplicações podem ser encontrados no APÊNDICE, em Problemas e Exercícios complementares.

RESPOSTAS

12. $q = 23{,}18$
13. $q = 4{,}5$
14. a. $C_{MD} = x + 20 + \frac{64}{x}$; $C_{mg} = 2x + 20$ b. $x = 8$ c. $C_{MD} = C_{MR} = 36$
15. a. $R_T = 45x$ b. $L_T = 25x - x^2 - 64$ c. $x = 12{,}5$
16. Sim, tem as características de uma curva de custo de curto prazo.
17. a. $q = 211 - 11{,}5p$ b. $R_T = 967{,}85$

5

INTEGRAÇÃO

1 INTEGRAL INDEFINIDA

1.1 Definição

Seja f uma função definida num intervalo I. Dizemos que uma função P definida em I é uma primitiva de f quando

$$P'(x) = f(x) \text{ para todo } x \in I$$

Por exemplo, se $f(x) = x^2$, então, $P(x) = \dfrac{x^3}{3}$ é uma *primitiva* de f, pois $P'(x) = x^2 = f(x)$, para todo $x \in R$.

Uma consequência imediata da definição consiste no fato de que se P é uma primitiva de f, $P + C$ (onde C é uma constante qualquer) é também uma primitiva de f, pois,

$$(P + C)'(x) = P'(x) + C' = P'(x) = f(x), \text{ para todo } x \in I.$$

Assim $P(x) = \dfrac{x^3}{3} + C$ (onde C é uma constante qualquer) é uma primitiva de $f(x) = x^2$, pois,

$$P'(x) = x^2 = f(x), \text{ qualquer que seja } x \in R.$$

Uma segunda consequência da definição é que se P_1 e P_2 são duas primitivas de f, então, $P_1 - P_2 = C$, onde C é uma constante.

De fato, $(P_1 - P_2)'(x) = P_1(x) - P_2(x) = f(x) - f(x) = 0$, para todo $x \in I$.

Logo, $P_1 - P_2 = C$, onde C é uma constante arbitrária.

Resulta, então, que se P é uma primitiva de f, toda primitiva de f é da forma $P + C$. A expressão $P + C$ onde P é uma primitiva de f e C é uma constante qualquer recebe o nome *integral indefinida* de f e será indicada pela notação

$$\int f(x)dx \text{ (integral indefinida de } f\text{)}.$$

Exemplos:

Função	Primitiva	Integral Indefinida
$f(x)$	$P(x)$	$P(x) + C$
k	kx	$kx + C$
x	$\frac{x^2}{2}$	$\frac{x^2}{2} + C$
x^2	$\frac{x^3}{3}$	$\frac{x^3}{3} + C$
$x^n, n \neq -1$	$\frac{x^{n+1}}{n+1}$	$\frac{x^{n+1}}{n+1} + C$

1.2 Propriedades

1. Observemos agora que se P_1 é uma primitiva de f e P_2 é uma primitiva de g, então, $P_1 \pm P_2$ é uma primitiva de $f \pm g$, pois,

$$(P_1 \pm P_2)' = P_1' \pm P_2' = f \pm g.$$

Assim,

$$\boxed{\int [f(x) \pm g(x)]dx = \int f(x)dx \pm \int g(x)dx}$$

Por exemplo:

$$\int (x^2 + x^3)\, dx = \int x^2 dx + \int x^3 dx = \frac{x^3}{3} + \frac{x^4}{4} + C$$

2. Se P é uma primitiva de f e k é uma constante, então, kP é uma primitiva de kf, pois

$$(kP)' = kP' = kf.$$

Assim

$$\boxed{\int kf(x)\,dx = k\int f(x)\,dx}$$

Por exemplo:

$$\int 4x^2dx = 4\int x^2dx = 4\cdot\frac{x^3}{3} + C$$

Exemplos:

O quadro seguinte mostra o cálculo das integrais indefinidas de algumas funções ilustrando o uso das propriedades (1) e (2) e o fato

$$\int x^n dx = \frac{x^{n+1}}{n+1} + C,\ n \neq -1$$

Exemplo	Propriedade 1	Propriedade 2	Integral Indefinida
$\int x^2\,dx$			$\frac{x^3}{3} + C$
$\int (x^3 + x^4)\,dx$	$\int x^3\,dx + \int x^4\,dx$		$\frac{x^4}{4} + \frac{x^5}{5} + C$
$\int (x^5 + x^2 + 4)\,dx$	$\int x^5\,dx + \int x^2\,dx + \int 4\,dx$		$\frac{x^6}{6} + \frac{x^3}{3} + 4x + C$
$\int 5x^3\,dx$		$5\int x^3\,dx$	$5\frac{x^4}{4} + C$
$\int (6x^2 + 3x)\,dx$	$\int 6x^2\,dx + \int 3x\,dx$	$6\int x^2\,dx + 3\int x\,dx$	$6\frac{x^3}{3} + 3\frac{x^2}{2} + C$
$\int \left(\frac{x^5}{4} + \frac{x^2}{3} + x\right) dx$	$\int \frac{x^5}{4}\,dx + \int \frac{x^2}{3}\,dx + \int x\,dx$	$\frac{1}{4}\int x^5\,dx + \frac{1}{3}\int x^2\,dx + \int x\,dx$	$\frac{1}{4}\times\frac{x^6}{6} + \frac{1}{3}\times\frac{x^3}{3} + \frac{x^2}{2} + C$
$\int \left(\frac{x^6}{4} - \frac{x^2}{3} + 4x\right) dx$	$\int \frac{x^6}{4}\,dx - \int \frac{x^2}{3} + \int 4x\,dx$	$\frac{1}{4}\int x^6\,dx - \frac{1}{3}\int x^2\,dx + 4\int x\,dx$	$\frac{1}{4}\times\frac{x^7}{7} - \frac{1}{3}\times\frac{x^3}{3} + 4\frac{x^2}{2} + C$

EXERCÍCIOS PROPOSTOS

Usando as propriedades (1) e (2) como no quadro anterior, calcular as integrais indefinidas seguintes:

1. $\int\left(x^4+\frac{1}{4}x^2+1\right)dx$
2. $\int\left(-x^3+\frac{1}{5}x^5\right)dx$
3. $\int\left(x^2-\frac{1}{7}x+4\right)dx$
4. $\int\left(x^3+x^2+x+1\right)dx$
5. $\int\left(\frac{1}{8}x^3-\frac{1}{5}x^2+10\right)dx$
6. $\int\left(x^5-\frac{3}{4}x^3+2\right)dx$
7. $\int\left(\frac{1}{2}x^7-\frac{2}{3}x\right)dx$
8. $\int\left(-4+x^3+x^4\right)dx$
9. $\int\left(\frac{x^3-2x^2+4}{5}\right)dx$
10. $\int\left(\frac{1}{7}x^7-\frac{3}{4}\right)dx$

RESPOSTAS

1. $\frac{x^5}{5}+\frac{1}{12}x^3+x+c$
2. $-\frac{x^4}{4}+\frac{1}{30}x^6+c$
3. $\frac{x^3}{3}-\frac{1}{14}x^2+4x+c$
4. $\frac{x^4}{4}+\frac{x^3}{3}+\frac{x^2}{2}+x+c$
5. $\frac{1}{32}x^4-\frac{1}{15}x^3+10x+c$
6. $\frac{x^6}{6}-\frac{3}{16}x^4+2x+c$
7. $\frac{1}{16}x^8-\frac{1}{3}x^2+c$
8. $-4x+\frac{x^4}{4}+\frac{x^5}{5}+c$
9. $\frac{1}{20}x^4-\frac{2}{15}x^3+\frac{4}{5}x+c$
10. $\frac{1}{56}x^8-\frac{3}{4}x+c$

2. INTEGRAL INDEFINIDA DE ALGUMAS FUNÇÕES USUAIS

2.1 $\int\frac{dx}{x}=\ell n\,|x|+C$

De fato: $\ell n\,|x|=\begin{cases}\ell n\, x \text{ se } x>0\\ \ell n\,(-x) \text{ se } x<0\end{cases}$

$$\therefore\ (\ell n\,|x|)'=\begin{cases}(\ell n\, x)'=\dfrac{1}{x} \text{ se } x>0\\[2ex] (\ell n(-x))'=\dfrac{-1}{-x}=\dfrac{1}{x} \text{ se } x<0\end{cases}$$

2.2 $\int x^{\alpha}\, dx = \dfrac{x^{\alpha+1}}{\alpha + 1} + C \ (\alpha \neq -1)$

pois

$$\left(\frac{x^{\alpha+1}}{\alpha + 1}\right)' = \frac{1}{\alpha + 1} \cdot (\alpha + 1)\, x^{\alpha+1-1} = x^{\alpha}$$

Exemplos:

1. $\int \dfrac{4}{x}\, dx = 4 \int \dfrac{1}{x}\, dx = 4\, \ell n\, |x| + C$

2. $\int \sqrt{x}\, dx = \int x^{\frac{1}{2}}\, dx = \dfrac{x^{\frac{1}{2}+1}}{\frac{1}{2} + 1} + C = \dfrac{2}{3}\, x^{\frac{3}{2}} + C$

3. $\int \sqrt[3]{x}\, dx = \int x^{\frac{1}{3}}\, dx = \dfrac{x^{\frac{1}{3}+1}}{\frac{1}{3} + 1} + C = \dfrac{3}{4}\, x^{\frac{4}{3}} + C$

4. $\int \dfrac{1}{x^2}\, dx = \int x^{-2}\, dx = \dfrac{x^{-2+1}}{-2 + 1} + C = -x^{-1} + c = -\dfrac{1}{x} + C$

5. $\int \dfrac{1}{\sqrt{x}}\, dx = \dfrac{1}{x^{\frac{1}{2}}}\, dx = \int x^{-\frac{1}{2}}\, dx = \dfrac{x^{-\frac{1}{2}+1}}{-\frac{1}{2} + 1} + C = 2x^{\frac{1}{2}} + C = 2\sqrt{x} + C$

2.3 $\int e^{x}\, dx = e^{x} + C$, pois $(e^{x})' = e^{x}$

2.4 $\int a^{x}\, dx = \dfrac{a^{x}}{\ell n a} + C \ (a > 0,\ a \neq 1)$

pois

$$\left(\frac{a^{x}}{\ell n\, a}\right) = \frac{a^{x}\, \ell n\, a}{\ell n\, a} = a^{x}$$

Exemplos:

1. $\int 2^x\,dx = \dfrac{2^x}{\ell n 2} + C$

2. $\int 10^x\,dx = \dfrac{10^x}{\ell n 10} + C$

3. $\int \left(\dfrac{1}{2}\right)^x dx = \dfrac{\left(\dfrac{1}{2}\right)^x}{\ell n \left(\dfrac{1}{2}\right)} + C$

2.5 $\int e^{u(x)}\, u'(x)\,dx = e^{u(x)} + C$, pois $(e^{u(x)})' = e^{u(x)} \times u'(x)$

Exemplos:

1. $\int 2e^{2x}\,dx = e^{2x} + C$

2. $\int e^{4x}\,dx = \int \dfrac{4}{4}\, e^{4x}\,dx = \dfrac{1}{4} \int 4e^{4x}\,dx = \dfrac{1}{4}\, e^{4x} + C$

3. $\int e^{-x}\,dx = \int -(-e^{-x})\,dx = -\int -\,e^{-x}\,dx = -e^{-x} + C$

4. $\int e^{\frac{1}{2}x}\,dx = \int \dfrac{2}{2}\, e^{\frac{1}{2}x}\,dx = 2 \int \dfrac{1}{2}\, e^{\frac{1}{2}x}\,dx = 2\, e^{\frac{1}{2}x} + C$

5. $\int xe^{x^2}\,dx = \int \dfrac{2}{2} x e^{x^2}\,dx = \dfrac{1}{2} \int 2x e^{x^2}\,dx = \dfrac{1}{2}\, e^{x^2} + C$

6. $\int e^{-(x-4)^2} (x-4)\,dx = \int \dfrac{-2}{-2}\, e^{-(x-4)^2} (x-4)\,dx =$

$$= \frac{1}{-2} \int e^{-(x-4)^2} (-2)(x-4)\,dx =$$

$$= -\frac{1}{2}\, e^{-(x-4)^2} + C$$

2.6 $\int (u(x))^{\alpha} u'(x)dx = \dfrac{(u(x))^{\alpha+1}}{\alpha+1} + C, \alpha \neq -1$

pois

$$\left(\frac{(u(x))^{\alpha+1}}{\alpha+1}\right)' = \frac{\alpha+1}{\alpha+1}(u(x))^{\alpha+1-1}u'(x) = (u(x))^{\alpha}u'(x)$$

Exemplos:

1. $\int (x^2+1)^4\, 2x\, dx = \dfrac{(x^2+1)^{4+1}}{4+1} + C = \dfrac{1}{5}(x^2+1)^5 + C$

2. $\int (x^3+4)^3 x^2\, dx = \int (x^3+4)^3 \cdot \dfrac{3}{3} x^2\, dx = \dfrac{1}{3}\int (x^3+4)^3\, 3x^2\, dx =$

$$= \frac{1}{3}\,\frac{(x^3+4)^{3+1}}{3+1} + C = \frac{1}{12}(x^3+4)^4 + C$$

3. $\int (x^4+5)^3\, 8x^3\, dx = \int (x^4+5)^3 \cdot 2 \cdot 4x^3\, dx = 2\int (x^4+5)^3\, 4x^3\, dx =$

$$= 2 \cdot \frac{(x^4+5)^{3+1}}{3+1} + C = \frac{1}{2}(x^4+5)^4 + C$$

2.7 $\int \dfrac{u'(x)}{u(x)}\, dx = \ell n\,|\,u(x)\,| + C$

pois

$$(\ell n\,|\,u(x)\,|)' = \begin{cases} (\ell n\, u(x))' \text{ se } u(x) > 0 \\ (\ell n - u(x))' \text{ se } u(x) < 0 \end{cases}$$

$$\therefore\ (\ell n\,|\,u(x)\,|)' = \begin{cases} \dfrac{u'(x)}{u(x)} \text{ se } u(x) > 0 \\ \dfrac{-u'(x)}{-u(x)} = \dfrac{u'(x)}{u(x)} \text{ se } u(x) < 0 \end{cases}$$

Exemplos:

1. $\int \frac{1}{x+1}\, dx = \ell n\, |\, x+1\, | + C$

2. $\int \frac{2x}{x^2+4}\, dx = \ell n\, (x^2+4) + C$

3. $\int \frac{x^2}{x^3+5}\, dx = \int \frac{3x^2}{3\,(x^3+5)}\, dx = \frac{1}{3} \int \frac{3x^2}{x^3+5}\, dx =$

$= \frac{1}{3} \ell n\, |\, x^3+5\, | + C$

4. $\int \frac{x}{1-x^2}\, dx = \int \frac{-2x}{-2\,(1-x^2)}\, dx = \frac{1}{-2} \int \frac{-2x}{1-x^2}\, dx =$

$= -\frac{1}{2} \ell n\, |\, 1-x^2\, | + C$

5. $\int \frac{x-2}{x^2-4x+1}\, dx = \int \frac{2\,(x-2)}{2\,(x^2-4x+1)}\, dx = \frac{1}{2} \int \frac{2x-4}{x^2-4x+1}\, dx =$

$= \frac{1}{2} \ell n\, |\, x^2-4x+1\, | + C$

2.8 $\int a^{u(x)}\, u'(x)\, dx = \frac{a^{u(x)}}{\ell n\, a} + C \;\; (a > 0,\ a \neq +1)$

pois

$$\left(\frac{a^{u(x)}}{\ell n\, a}\right)' = \frac{1}{\ell n\, a}\, a^{u(x)}\, u'(x) \cdot \ell n\, a = a^{u(x)}\, u'(x)$$

Exemplos:

1. $\int 2^{x^2}\, x\, dx = \int \frac{2^{x^2}}{2} \cdot 2x dx = \frac{1}{2} \int 2x\, 2^{x^2}\, dx = \frac{1}{2} \frac{2^{x^2}}{\ell n 2} + C = \frac{2^{x^2}}{2 \ell n 2} + C$

2. $\int 10^{3x-4}\, dx = \int \frac{3}{3}\, 10^{3x-4}\, dx = \frac{1}{3} \int 3 \cdot 10^{3x-4}\, dx =$

$= \frac{1}{3} \frac{10^{3x-4}}{\ell n\, 10} + C = \frac{10^{3x-4}}{3\, \ell n\, 10} + C$

3. $\int x\,4^{1-3x^2}\,dx = \int \frac{-6}{-6}\,x\,4^{1-3x^2}\,dx = \frac{1}{-6}\int -6x\,4^{1-3x^2}\,dx =$

$$= -\frac{1}{6}\,\frac{4^{1-3x^2}}{\ell n\,4} + C = -\frac{4^{1-3x^2}}{6\,\ell n\,4} + C$$

EXERCÍCIOS PROPOSTOS

GRUPO 1 – Integrais do tipo $\int x^{\alpha}\,dx$

Calcular:

1. $\int x^{\frac{1}{5}}\,dx$
2. $\int 10\,\sqrt{x}\,dx$
3. $\int \frac{\sqrt[3]{x}}{4}\,dx$
4. $\int x^{\frac{2}{3}}\,dx$
5. $\int x^{0,4}\,dx$
6. $\int (x^{0,2} + x^{0,3})\,dx$
7. $\int x^{-3}\,dx$
8. $\int (x^{4} - x^{-3})\,dx$
9. $\int x^{-\frac{1}{2}}\,dx$
10. $\int x^{\frac{4}{5}}\,dx$

GRUPO 2 – Integrais do tipo $\int a^{x}\,dx$

Calcular:

1. $\int 5^{x}\,dx$
2. $\int (0,4)^{x}\,dx$
3. $\int \left(\frac{4}{7}\right)^{x}\,dx$
4. $\int 3\left(\frac{1}{3}\right)^{x}\,dx$
5. $\int \left(\sqrt{2}\right)^{x}\,dx$
6. $\int 4\cdot(10)^{x}\,dx$
7. $\int -\frac{2}{3}\cdot(6)^{x}\,dx$
8. $\int \frac{\left(\frac{1}{2}\right)^{x}}{5}\,dx$

GRUPO 3 – Integrais do tipo $\int e^{u(x)}\, u'(x)\, dx$

Calcular:

1. $\int e^{10x}\, dx$
2. $\int e^{-3x}\, dx$
3. $\int e^{-5x}$
4. $\int xe^{-2x^2}\, dx$
5. $\int e^{-9x}\, dx$
6. $\int (x+1)\, e^{(x+1)^2}\, dx$
7. $\int (x-5)\, e^{(x-5)^2}\, dx$
8. $\int x^3\, e^{-x^4}\, dx$
9. $\int \frac{1}{x^2}\, e^{\frac{1}{x}}\, dx$
10. $\int \frac{1}{\sqrt{x}}\, e^{\sqrt{x}}\, dx$

GRUPO 4 – Integrais do tipo $\int (u(x))^{\alpha}\, u'(x)\, dx$

Calcular:

1. $\int x^3\,(x^4+1)^5\, dx$
2. $\int (1-x^2)^3\, x\, dx$
3. $\int \frac{1}{4}\,(x^3-1)^4\, x^2\, dx$
4. $\int x\,\sqrt{x^2+1}\, dx$
5. $\int x\,\sqrt[3]{1-x^2}\, dx$
6. $\int \frac{1}{2}\, x^2\,(4-x^3)^4\, dx$
7. $\int (4x^2-4x+1)^5\,(4x-2)\, dx$
8. $\int \frac{(\ell n\, x)^2}{x}\, dx$
9. $\int (e^x+1)^2\, e^x\, dx$
10. $\int 10\,(e^{-x}+5)^4\, e^{-x}\, dx$

GRUPO 5 – Integrais do tipo $\int \frac{u'(x)}{u(x)}\, dx$

Calcular:

1. $\int \frac{2}{x+4}\, dx$
2. $\int \frac{5}{8-x}\, dx$
3. $\int \frac{3x}{1-2x^2}\, dx$
4. $\int \frac{1}{10-0{,}4x}\, dx$

5. $\int \frac{1}{x \ell n\, x} dx$

6. $\int \frac{7x}{4x^2 - 16} dx$

7. $\int \frac{e^x}{1 - e^x} dx$

8. $\int \frac{e^x + e^{-x}}{e^x - e^{-x}} dx$

9. $\int \frac{3x - 1}{3 - 9x^2 + 6x} dx$

10. $\int \frac{x + 1}{1 + 2x + x^2} dx$

GRUPO 6 – Integrais da forma $\int a^{u(x)}\, u'(x)\, dx$

Calcular:

1. $\int 3^{2x} dx$

2. $\int x\,(0{,}8)^{x^2} dx$

3. $\int x^2 \left(\frac{1}{10}\right)^{x^3} dx$

4. $\int x\, 10^{3x^2} dx$

5. $\int \left(\frac{1}{2}\right)^{\frac{3-5x}{4}} dx$

6. $\int 5^{x^2 - 2x + 1} (x - 1)\, dx$

RESPOSTAS

GRUPO 1

1. $\frac{5}{6} x^{\frac{6}{5}} + c$

2. $\frac{20}{3} x \sqrt{x} + c$

3. $\frac{3}{16} x \sqrt[3]{x} + c$

4. $\frac{3}{5} x^{\frac{5}{3}} + c$

5. $\frac{5}{7} x^{1,4} + c$

6. $\frac{5}{6} x^{1,2} + \frac{10}{13} x^{1,3} + c$

7. $-\frac{1}{2} x^{-2} + c$

8. $\frac{x^5}{5} + \frac{1}{2} x^{-2} + c$

9. $2x^{\frac{1}{2}} + c$

10. $\frac{5}{9} x^{\frac{9}{5}} + c$

GRUPO 2

1. $\dfrac{5^x}{\ell n^5} + c$

2. $\dfrac{(0,4)^x}{\ell n\,(0,4)} + c$

3. $\dfrac{\left(\frac{4}{7}\right)^x}{\ell n \left(\frac{4}{7}\right)} + c$

4. $\dfrac{3 \cdot \left(\frac{1}{3}\right)^x}{\ell n \left(\frac{1}{3}\right)} + c$

5. $\dfrac{(\sqrt{2})^x}{\ell n\,(\sqrt{2})} + c$

6. $\dfrac{4 \cdot 10^x}{\ell n\, 10} + c$

7. $-\dfrac{2}{3} \cdot \dfrac{6^x}{\ell n\, 6} + c$

8. $\dfrac{\left(\frac{1}{2}\right)^x}{5 \ell n \left(\frac{1}{2}\right)} + c$

GRUPO 3

1. $\dfrac{1}{10} e^{10x} + c$

2. $-\dfrac{1}{3} e^{-3x} + c$

3. $-\dfrac{1}{5} e^{-5x} + c$

4. $-\dfrac{1}{4} e^{-2x^2} + c$

5. $-\dfrac{1}{9} e^{-9x} + c$

6. $\dfrac{1}{2} \cdot e^{(1+x)^2} + c$

7. $\dfrac{1}{2} e^{(x-5)^2} + c$

8. $-\dfrac{1}{4} e^{-x^4} + c$

9. $-e^{\frac{1}{x}} + c$

10. $2e^{\sqrt{x}} + c$

GRUPO 4

1. $\dfrac{1}{24} (x^4 + 1)^6 + c$

2. $-\dfrac{1}{8} (1 - x^2)^4 + c$

3. $\dfrac{1}{60} (x^3 - 1)^5 + c$

4. $\dfrac{1}{3} (x^2 + 1) \times \sqrt{x^2 + 1} + c$

5. $-\dfrac{3}{8} (1 - x^2) \sqrt[3]{1 - x^2} + c$

6. $-\dfrac{1}{30} (4 - x^3)^5 + c$

7. $\dfrac{1}{12} \times (4x^2 - 4x + 1)^6 + c$

8. $\dfrac{1}{3} (\ell n\, x)^3 + c$

9. $\dfrac{(e^x + 1)^3}{3} + c$

10. $-2\,(e^{-x} + 5)^5 + c$

GRUPO 5

1. $2\,\ell n\,|x + 4| + c$
2. $-5\,\ell n\,|8 - x| + c$
3. $-\frac{3}{4}\,\ell n\,|1 - 2x^2| + c$
4. $-2{,}5\,\ell n\,|10 - 0{,}4x| + c$
5. $\ell n\,|\,\ell n\,x| + c$
6. $\frac{7}{8}\,\ell n\,|4x^2 - 16| + c$
7. $-\,\ell n\,|1 - e^x| + c$
8. $\ell n\,|e^x - e^{-x}| + c$
9. $-\frac{1}{6}\,\ell n\,|3 - 9x^2 + 6x| + c$
10. $\frac{1}{2}\,\ell n\,|1 + 2x + x^2| + c$

GRUPO 6

1. $\dfrac{3^{2x}}{2\,\ell n\,3} + c$
2. $\dfrac{(0{,}8)^{x^2}}{2\,\ell n\,(0{,}8)} + c$
3. $\dfrac{\left(\frac{1}{10}\right)^{x^3}}{3\,\ell n\left(\frac{1}{10}\right)} + c$
4. $\dfrac{10^{3x^2}}{6\,\ell n\,10} + c$
5. $\dfrac{-\frac{4}{5}\left(\frac{1}{2}\right)^{\frac{3-5x}{4}}}{\ell n\left(\frac{1}{2}\right)} + c$
6. $\dfrac{5^{x^2 - 2x + 1}}{2\,\ell n\,5} + c$

3 TABELA DE INTEGRAÇÃO

1. $\int k dx = kx + C$
2. $\int x^{\alpha} dx = \dfrac{x^{\alpha+1}}{\alpha + 1} + C \; (\alpha \neq -1)$
3. $\int \dfrac{1}{x} dx = \ell n \mid x \mid + C$
4. $\int (u(x))^{\alpha} \, u'(x) \, dx = \dfrac{(u(x))^{\alpha+1}}{\alpha + 1} + C$
5. $\int \dfrac{u'(x)}{u(x)} dx = \ell n \mid u(x) \mid + C$
6. $\int e^{x} dx = e^{x} + C$
7. $\int e^{u(x)} \, u'(x) \, dx = e^{u(x)} + C$
8. $\int a^{x} dx = \dfrac{1}{\ell n \, a} \cdot a^{x} + C \; (a > 0, a \neq 1)$
9. $\int a^{u(x)} \, u'(x) \, dx = \dfrac{1}{\ell n \, a} \, a^{u(x)} + C \; (a > 0, a \neq 1)$
10. $\int \ell n \, x \, dx = x \, \ell n \, x - x + C$
11. $\int \text{sen } x \, dx = - \cos x + C$
12. $\int \text{sen } u(x) \cdot u'(x) \, dx = - \cos (u(x)) + C$
13. $\int \cos x \, dx = \text{sen } x + C$
14. $\int \cos (u(x)) \, u'(x) \, dx = \text{sen } (u(x)) + C$

EXERCÍCIOS GERAIS

Calcular:

1. $\int 10\, dx$
2. $\int dx$
3. $\int \frac{4}{9}\, x\, dx$
4. $\int \sqrt{2}\, x\, dx$
5. $\int (3x + 0{,}4)\, dx$
6. $\int (1 - x)\, dx$
7. $\int (x^4 - x^3 + 1)\, dx$
8. $\int \left(\frac{1}{3}\, x^3 - \frac{2}{5}\, x^2 + 4x + 1\right) dx$
9. $\int x^{\frac{9}{5}}\, dx$
10. $\int x^{-\frac{3}{8}}\, dx$
11. $\int x^{0{,}7}\, dx$
12. $\int \sqrt[5]{x}\, dx$
13. $\int \left(\frac{1}{2}\, \sqrt{x} + \frac{3}{8}\, x^{0{,}1}\right) dx$
14. $\int e^{-10x}\, dx$
15. $\int (x + e^{-2x})\, dx$
16. $\int (e^{-4x} + e^{x})\, dx$
17. $\int \frac{4}{e^{-3x}}\, dx$
18. $\int e^{-(x-8)^3}\, (x - 8)^2\, dx$
19. $\int \frac{2x}{x^2 - 10}\, dx$
20. $\int \frac{2x}{15 - 0{,}3x^2}\, dx$
21. $\int (4x^2 - 10)^9\, x\, dx$
22. $\int x\sqrt{1 - 3x^2}\, dx$
23. $\int \left(\sqrt[3]{x} + 5x\,(1 - x^2)^6\right) dx$
24. $\int \frac{2^{\frac{1}{x}}}{x^2}\, dx$
25. $\int (x^{10} - x^5 + 4)^3\, (2x^9 - x^4)\, dx$

RESPOSTAS

1. $10x + c$
2. $x + c$
3. $\frac{2}{9}x^2 + c$
4. $\frac{\sqrt{2}}{2}x^2 + c$
5. $\frac{3}{2}x^2 + 0{,}4x + c$
6. $x - \frac{x^2}{2} + c$
7. $\frac{x^5}{5} - \frac{x^4}{4} + x + c$
8. $\frac{1}{12}x^4 - \frac{2}{15}x^3 + 2x^2 + x + c$
9. $\frac{5}{14}x^{\frac{14}{5}} + c$
10. $\frac{8}{5}x^{\frac{5}{8}} + c$
11. $\frac{10}{17}x^{1,7} + c$
12. $\frac{5}{6}x\sqrt[5]{x} + c$
13. $\frac{1}{3}x\sqrt{x} + \frac{15}{44}x^{1,1} + c$
14. $-\frac{1}{10}e^{-10x} + c$
15. $\frac{x^2}{2} - \frac{1}{2}e^{-2x} + c$
16. $-\frac{1}{4}e^{-4x} + e^x + c$
17. $\frac{4}{3}e^{3x} + c$
18. $-\frac{1}{3}e^{-(x-8)^3} + c$
19. $\ell n\,|\,x^2 - 10\,| + c$
20. $-\frac{10}{3}\ell n\,|\,15 - 0{,}3x^2\,| + c$
21. $\frac{1}{80}(4x^2 - 10)^{10} + c$
22. $-\frac{1}{9}(1 - 3x^2)\sqrt{1 - 3x^2} + c$
23. $\frac{3}{4}x\sqrt[3]{x} - \frac{5}{14}(1 - x^2)^7 + c$
24. $-\frac{2^{\frac{1}{x}}}{\ell n\,2} + c$
25. $\frac{1}{20}(x^{10} - x^5 + 4)^4 + c$

4 INTEGRAÇÃO POR PARTES

Sejam u e v funções deriváveis num intervalo I.

Então,

$$(uv)'(x) = u(x)\,v'(x) + u'(x)\,v(x)$$

donde vem:

$$u\,(x)\,v'\,(x) = (uv)'\,(x) - u'\,(x)\,v\,(x)$$

Se $u'v$ tem primitiva, temos:

$$\int u(x)\,v'(x)\,dx = \int (uv)'(x)\,dx - \int (u'(x)\,v(x))\,dx$$

ou ainda:

$$\boxed{\int u(x)\,v'(x)\,dx = (uv)(x) - \int u'(x)\,v(x)\,dx}$$

que é a fórmula de integração por partes.

Exemplos:

1. Calcular $\int x\,e^x\,dx$

   Fazendo

   $u = x$ e $v' = e^x$ temos:

   $u = x \rightarrow u' = 1$

   $v' = e^x \rightarrow v = e^x$

   $\therefore\ \int x\,e^x\,dx = x\,e^x - \int e^x\,dx = xe^x - e^x + C$

2. Calcular $\int x^2\,e^x\,dx$

   Fazendo

   $u = x^2$ e $v' = e^x$

   temos:

   $u = x^2 \rightarrow u' = 2x$

   $v' = e^x \rightarrow v = e^x$

   $\therefore\ \int x^2\,e^x\,dx = x^2\,e^x - \int 2x\,e^x\,dx = x^2\,e^x - 2\int x\,e^x\,dx$

   Mas, pelo exercício anterior

$$\int x\,e^x\,dx = x\,e^x - e^x + C$$

Logo,

$$\int x^2\ e^x\,dx = x^2\ e^x - 2x\ e^x + 2e^x + C$$

3. Calcular $\int \ell n\ x\ dx$ observando que

$$\int \ell n\ x\ dx = \int 1 \cdot \ell n\ x\ dx$$

e fazendo

$u = \ell n\, x$ e $v' = 1$

temos:

$u = \ell n\, x \rightarrow u' = \dfrac{1}{x}$

$v' = 1 \rightarrow v = x$

$$\therefore\ \int \ell n\ x\ dx = x\,\ell n\ x - \int \frac{1}{x} \cdot x\ dx = x\,\ell n\ x - \int 1 \cdot dx = x\,\ell n\ x - x + C$$

EXERCÍCIOS PROPOSTOS

Usando a fórmula de integração por partes, calcular:

1. $\int x\ e^{-x}\,dx$
2. $\int x\ e^{-2x}\,dx$
3. $\int x\ 2^{-x}\,dx$
4. $\int x^2\ e^{3x}\,dx$
5. $\int x\ \ell n\ dx$
6. $\int \dfrac{\ell n\ x}{\sqrt{x}}\,dx$

RESPOSTAS

1. $-\dfrac{x+1}{e^x} + c$
2. $-\dfrac{\frac{x}{2}+\frac{1}{4}}{e^{2x}} + c$
3. $-\dfrac{1 + x\ \ell n\, 2}{2^x\,(\ell n\, 2)^2} + c$
4. $\dfrac{e^{3x}}{27}\,(9x^2 - 6x + 2) + c$
5. $\dfrac{x^2}{2}\ \ell n\, x - \dfrac{x^2}{4} + c$
6. $2\ \sqrt{x}\ \ell n\ x - 4\sqrt{x} + c$

5 INTEGRAL DEFINIDA

5.1 Definição

Seja f uma função contínua num intervalo $[a, b]$. Os pontos $a = x_0 < x_1 < x_2 < \dots < x_n = b$ definem uma subdivisão do intervalo $[a, b]$ em intervalos parciais $[x_{i-1}, x_i]$ de comprimento $\Delta x_i = x_i - x_{i-1}$. Em cada um destes intervalos consideremos um ponto P_i tal que $x_{i-1} < p_i < x_i$.

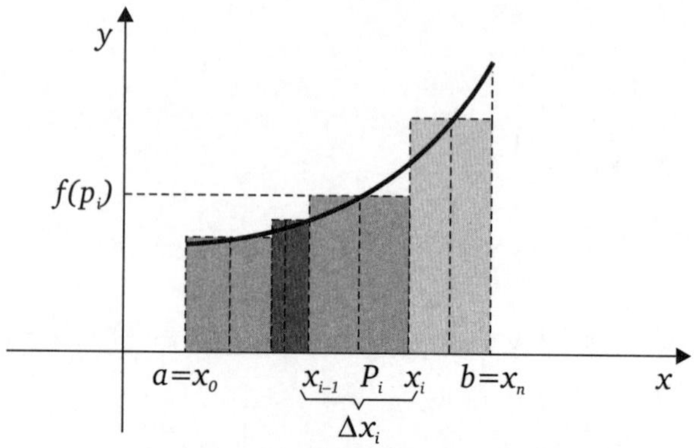

A soma

$$\sum_{i=1}^{n} f(p_i)\,\Delta x_i$$

recebe o nome de soma de Riemann da função f sobre $[a, b]$, relativamente a subdivisão adotada.

O limite

$$\lim_{\substack{n \to +\infty \\ \max \Delta x_i \to 0}} \sum_{i=1}^{n} f(p_i)\,\Delta x_i$$

recebe o nome de integral da função f sobre o intervalo $[a, b]$ e será indicado pela notação

$$\int_a^b f(x)\,dx \text{ (integral de } f \text{ sobre } [a, b]).$$

Assim

$$\int_a^b f(x)\, dx = \lim_{\substack{n \to +\infty \\ \max \Delta x_i \to 0}} \sum_{i=1}^{n} f(p_i)\, \Delta x_i$$

Observemos que se f é uma função não negativa sobre $[a, b]$ a soma de Riemann de f representa um valor aproximado da área da figura limitado pelo gráfico de f, pelo eixo OX e pelas retas $x = a$ e $x = b$. Neste caso a *área da referida figura* é definida como sendo o número $\int_a^b f(x)\, dx$.

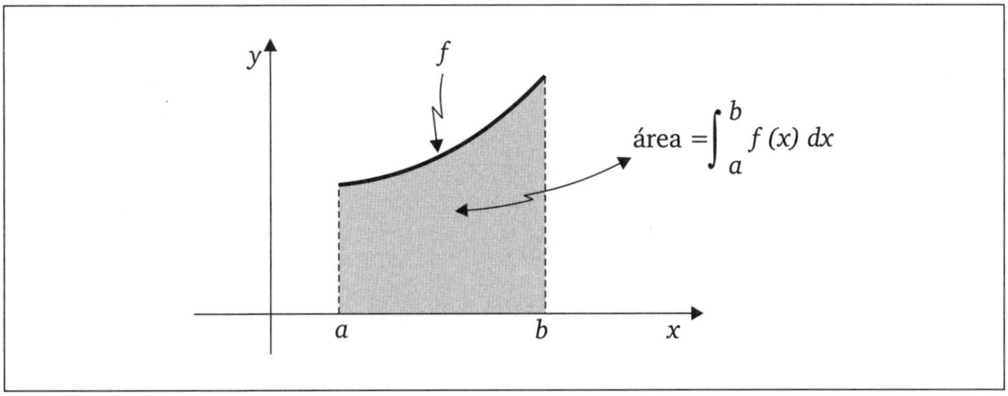

5.2 Cálculo da integral definida

Na prática, a integral de f sobre $[a, b]$ não é avaliada empregando-se a definição, pois, a não ser em casos particulares, a determinação do limite da soma de Riemann de f é bastante difícil.

Felizmente, o cálculo da integral de f sobre $[a, b]$ pode ser facilmente realizado quando conhecemos uma primitiva P de f, pois, neste caso, o valor da integral é dado simplesmente por $P(b) - P(a)$.

Precisamente, é possível demonstrar o seguinte

Teorema. Se f é uma função contínua em $[a, b]$ e se P é uma primitiva de f, então

$$\int_a^b f(x)\,dx = P(b) - P(a)$$

Obs.: A diferença $P(b) - P(a)$ poderá ser indicada pela notação $P(x)\Big|_a^b$, assim, nos exercícios escreveremos

$$\int_a^b f(x)\,dx = P(x)\Big|_a^b = P(b) - P(a)$$

O leitor interessado na demonstração do teorema deverá consultar, por exemplo, a referência bibliográfica [5].

Exemplos:

1. $\int_2^4 x\,dx = \frac{x^2}{2}\Big|_2^4 = \frac{4^2}{2} - \frac{2^2}{2} = 6$

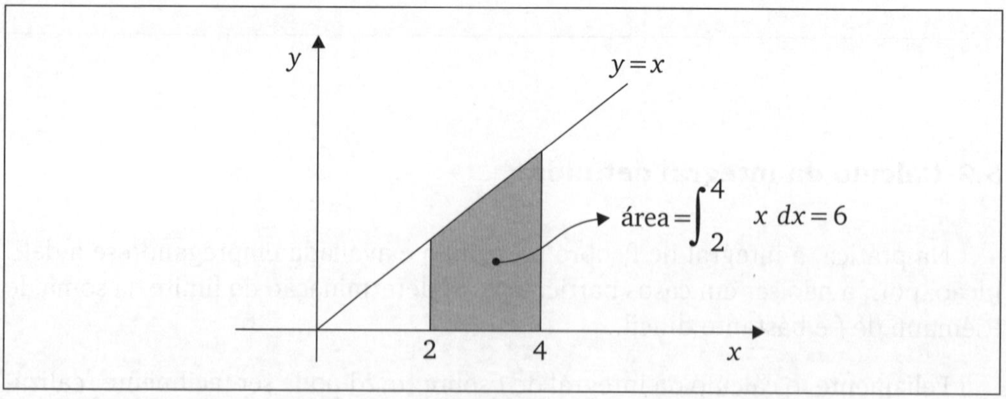

2. $\int_0^2 x^2\,dx = \frac{x^3}{3}\Big|_0^2 = \frac{2^3}{3} - \frac{0^3}{3} = \frac{8}{3}$

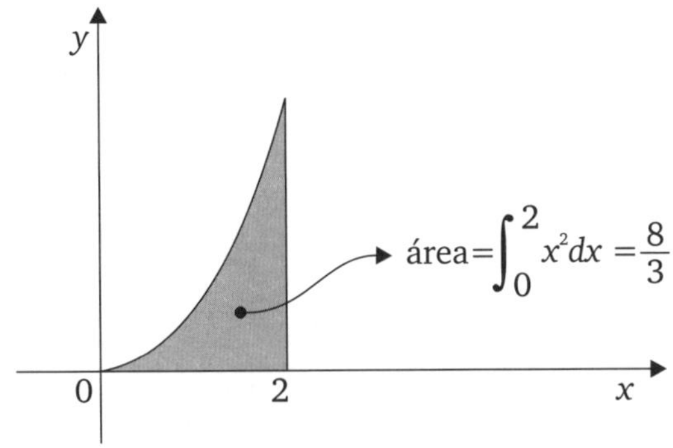

3. $\int_{-2}^3 x^3\,dx = \frac{x^4}{4}\Big|_{-2}^3 = \frac{3^4}{4} - \frac{(-2)^4}{4} = \frac{65}{4}$

Neste caso a integral não representa área, pois a função é negativa num trecho do intervalo de integração.

4. $\int_1^2 (x^2 + 4)\,dx = \left(\frac{x^3}{3} + 4x\right)\Big|_1^2 = \left(\frac{2^3}{3} + 8\right) - \left(\frac{1^3}{3} + 4\right) = \frac{19}{3}$

5. $\int_0^1 e^x\,dx = e^x\Big|_0^1 = e^1 - e^0 = e - 1$

6. $\int_0^1 xe^{-x^2}\,dx = \left(-\frac{1}{2}e^{-x^2}\right)\Big|_0^1 = \left(-\frac{1}{2}e^{-1}\right) - \left(-\frac{1}{2}\right) = -\frac{1}{2}e^{-1} + \frac{1}{2}$

7. $\int_1^5 \frac{1}{x}\,dx = (\ell n\ x)\Big|_1^5 = \ell n\ 5 - \ell n\ 1 = \ell n\ 5$

8. $\int_4^{10} \frac{2x}{x^2+1}\,dx = (\ell n\ (x^2 + 1))\Big|_4^{10} = \ell n\ (10^2 + 1) - \ell n\ (4^2 + 1) =$

$= \ell n\ 101 - \ell n\ 17 = \ell n\left(\frac{101}{17}\right)$

9. $\int_0^1 (4x^2+1)^2\, x\, dx = \dfrac{1}{24}(4x^2+1)^3 \Big|_0^1 = \dfrac{125}{24} - \dfrac{1}{24} = \dfrac{31}{6}$

10. $\int_0^9 \sqrt{x}\, dx = \dfrac{2}{3} x\sqrt{x} \Big|_0^9 = \dfrac{2}{3} \cdot 9 \cdot \sqrt{9} - 0 = 18$

EXERCÍCIOS PROPOSTOS

Calcular as integrais indicadas:

1. $\int_1^{10} 4\, dx$
2. $\int_0^1 \dfrac{1}{2} x\, dx$
3. $\int_{-1}^1 x^2\, dx$
4. $\int_{-1}^0 x^3\, dx$
5. $\int_0^2 (x^2+3)\, dx$
6. $\int_0^1 \left(\dfrac{1}{4}x^2 + 5x + 1\right) dx$
7. $\int_0^{10} e^{-x}\, dx$
8. $\int_1^2 e^{4x}\, dx$
9. $\int_0^5 \dfrac{4}{x+4}\, dx$
10. $\int_0^1 \dfrac{x}{x^2+4}\, dx$
11. $\int_0^1 x\, e^{-x}\, dx$
12. $\int_1^{16} \sqrt{x}\, dx$
13. $\int_0^1 \ell n\, x\, dx$
14. $\int_1^8 \dfrac{1}{x}\, dx$
15. $\int_0^2 (x^4-1)^3 \cdot x^3\, dx$
16. $\int_0^1 x^2\, e^{-x^3}\, dx$
17. $\int_{-1}^1 x\sqrt{x^2+1}\, dx$
18. $\int_0^1 2^{3x}\, dx$
19. $\int_1^2 \dfrac{\ell n\, x}{2x}\, dx$
20. $\int_0^1 x\, e^{-\frac{x^2}{2}}\, dx$

RESPOSTAS

1. 36
2. $\dfrac{1}{4}$
3. $\dfrac{2}{3}$
4. $-\dfrac{1}{4}$

5. $\frac{26}{3}$

6. $\frac{43}{12}$

7. $1 - e^{-10}$

8. $\frac{1}{4}(e^8 - e^4)$

9. $4 \, \ell n \left(\frac{9}{4}\right)$

10. $\frac{1}{2} \ell n \frac{5}{4}$

11. $-2 e^{-1} + 1$

12. 42

13. $10 \, \ell n \, 10 - 9$

14. $\ell n \, 8$

15. $\frac{1}{16}(15^4 - 1)$

16. $\frac{1}{3}\left(1 - \frac{1}{e}\right)$

17. 0

18. $\frac{7}{3 \, \ell n \, 2}$

19. $\frac{1}{4}(\ell n \, 2)^2$

20. $1 - \frac{1}{\sqrt{e}}$

6 APLICAÇÕES

1. Calcular a área sombreada da figura seguinte:

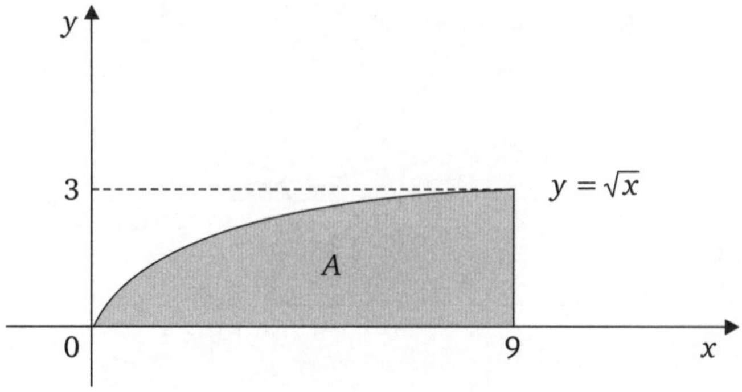

$$A = \int_0^9 \sqrt{x}\, dx = \frac{2}{3} x \sqrt{x} \Big|_0^9 = \frac{2}{3} \cdot 9 \cdot \sqrt{9} = 18$$

2. Calcular a área sombreada da figura seguinte:

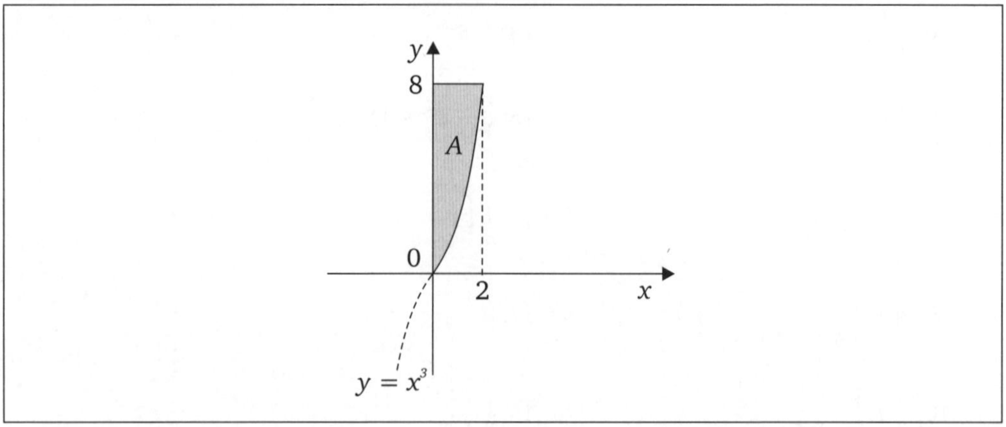

$$A = 16 - \int_0^2 x^3\,dx = 16 - \left(\frac{x^4}{4}\right)\Big|_0^2 = 16 - 4 = 12$$

3. Calcular a área sombreada da figura seguinte:

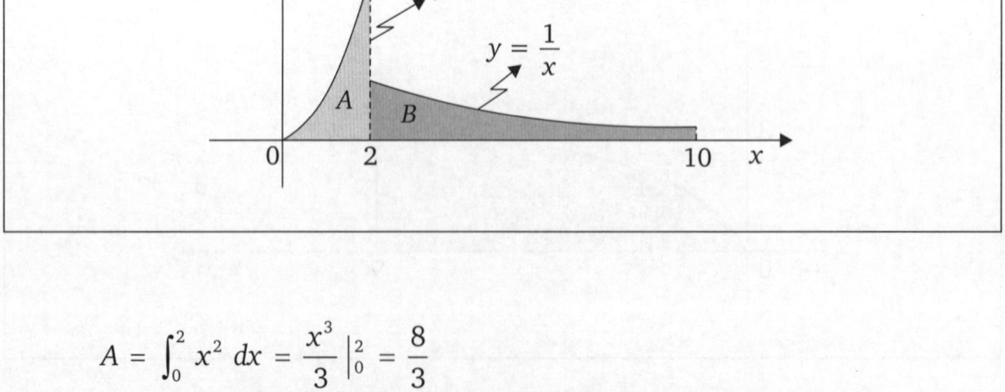

$$A = \int_0^2 x^2\,dx = \frac{x^3}{3}\Big|_0^2 = \frac{8}{3}$$

$$B = \int_2^{10} \frac{1}{x}\,dx = \ell n\, x\,\Big|_2^{10} = \ell n\, 10 - \ell n\, 2 = \ell n\, 5 \;\therefore\; \text{Área} = \frac{8}{3} + \ell n\, 5$$

4. Calcular a área sombreada da figura seguinte:

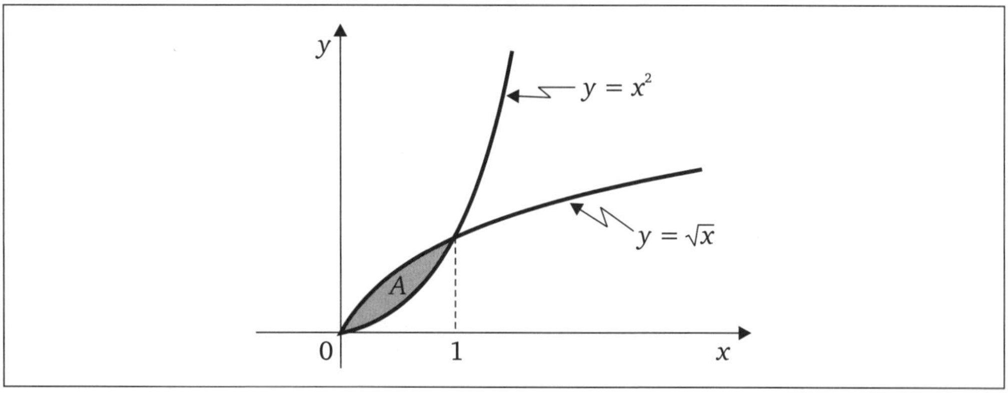

$$A = \int_0^1 \sqrt{x}\, dx - \int_0^1 x^2\, dx = \frac{2}{3}\, x\, \sqrt{x} \Big|_0^1 - \frac{x^3}{3} \Big|_0^1 = \frac{2}{3} - \frac{1}{3} = \frac{1}{3} \therefore A = \frac{1}{3}$$

5. Um monopolista tem a seguinte curva de rendimento marginal.

$$R_M = 1.000 - 10x$$

Determinar as curvas de rendimento total e médio.

Solução:

$$R_M = \frac{dR}{dx}$$

Como $R_M = 1.000 - 10x$ temos $\dfrac{dR}{dx} = 1.000 - 10x$

Portanto,

$$\int \frac{dR}{dx}\, dx = \int (1.000 - 10x)\, dx + C$$

ou seja,

$$R = 1.000x - 5x^2 + C$$

Mas, para $x = 0$ temos $R = 0$ e portanto $C = 0$.

Então, $R = 1.000x - 5x^2$. O rendimento médio R_{MD} é dado por $R_{MD} = \dfrac{R}{x}$. Portanto, $R_{MD} = 1.000 - 5x$.

6. Se $C_{MG} = \dfrac{a}{\sqrt{ax + b}}$ é a função de custo marginal e o custo fixo é igual a 2, determinar o custo total como função de x.

Solução:
$$C_{MG} = \frac{dC}{dx}$$

Como
$$C_{MG} = \frac{a}{\sqrt{ax + b}}$$

temos,
$$\frac{dCT}{dx} = \frac{a}{\sqrt{ax + b}}$$

e, portanto,
$$\int \frac{dCT}{dx}\, dx = \int \frac{a}{\sqrt{ax + b}}\, dx + C$$

isto é,
$$CT = 2\sqrt{ax + b} + C$$

Quando $x = 0$, temos $C = 2$

Logo,
$$C = 2 - 2\sqrt{b}$$

Então,
$$CT = 2\sqrt{ax + b} + 2 - 2\sqrt{b}$$

EXERCÍCIOS PROPOSTOS

Calcular a área sombreada das figuras seguintes:

1.

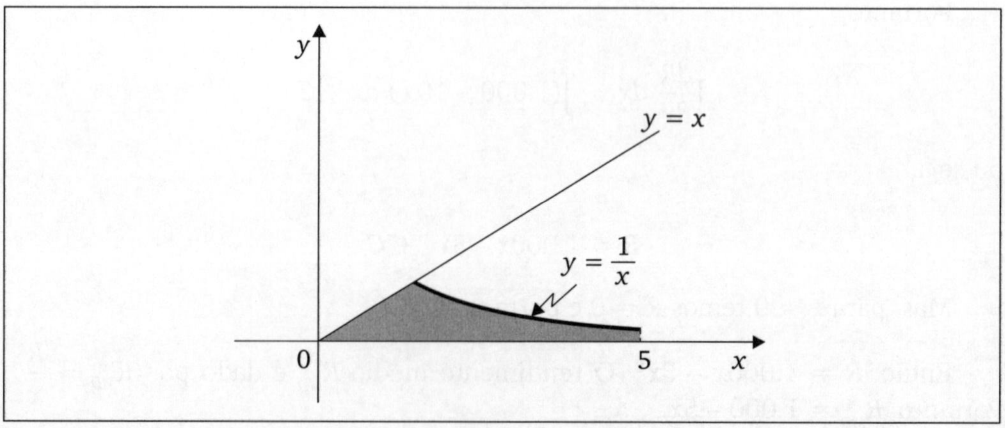

2.

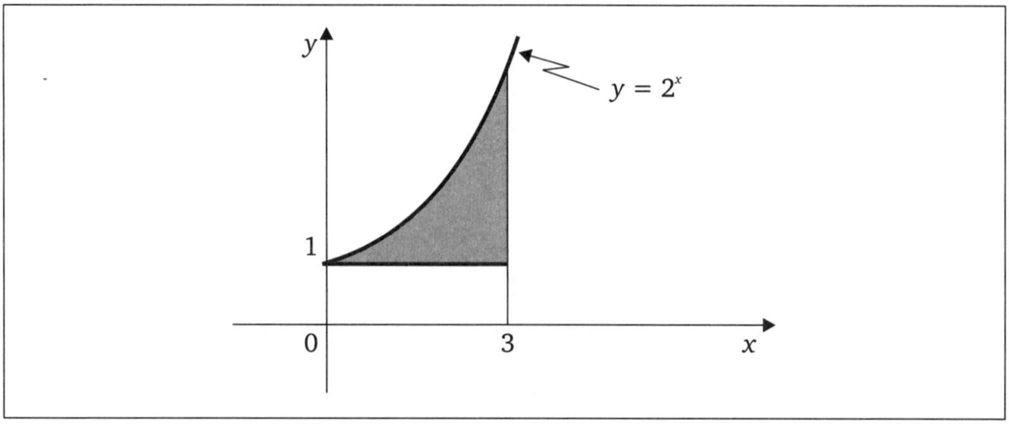

3.

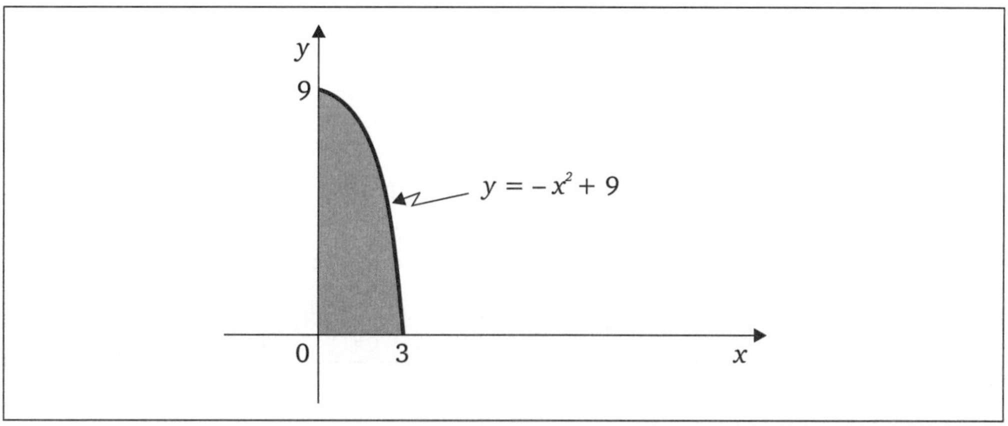

4. Se a curva de rendimento marginal é dada por $R_{MG} = 50 - 0{,}2x$, determinar as curvas de rendimento total e médio.

5. Se a curva do custo marginal é dada por $C_{MG} = 3x^2 - 5x + 10$, determinar o custo total e o custo médio sabendo que o custo fixo associado é 20.

6. Determinar $y\ (x)$ sabendo que $\dfrac{dy}{dx} = x^3 + 4x$ e que $y\ (0) = 1$.

7. Determinar a solução geral da equação $\dfrac{dy}{dx} + x = e^x + 5$.

RESPOSTAS

1. $A = \frac{1}{2} + \ell n\, 5$

2. $A = \frac{7}{\ell n\, 2} - 3$

3. $A = 18$

4. $R_T = 50x - 0{,}1x^2;\ R_{MD} = 50 - 0{,}1x$

5. $C_T = x^3 - 2{,}5x^2 + 10x + 20;\ C_M = x^2 - 2{,}5x + 10 + \frac{20}{x}$

6. $y\,(x) = \frac{x^4}{4} + 2x^2 + 1$

7. $y = e^x - \frac{x^2}{2} + 5x + c$

7 INTEGRAIS INFINITAS

7.1 Seja f uma função integrável no intervalo $[a, \varepsilon]$, qualquer que seja $\varepsilon \in R$.

Quando for finito o limite

$$\lim_{\varepsilon \to +\infty} \int_a^{\varepsilon} f(x)\, dx$$

dizemos que f é integrável no intervalo $[a, +\infty[$ e que

$$\int_a^{+\infty} f(x)\, dx = \lim_{\varepsilon \to +\infty} \int_a^{\varepsilon} f(x)\, dx$$

Exemplo:

Consideremos a função dada por $y = \frac{1}{x^2}$

Qualquer que seja $\varepsilon \in R$ temos:

$$\int_1^{\varepsilon} \frac{1}{x^2}\, dx = -\frac{1}{x}\Big|_1^{\varepsilon} = -\frac{1}{\varepsilon} + 1$$

Portanto,

$$\lim_{\varepsilon \to +\infty} \int_1^{\varepsilon} \frac{1}{x^2}\, dx = \lim_{\varepsilon \to +\infty} \left(-\frac{1}{\varepsilon} + 1\right) = 1$$

Logo, a função dada é integrável no intervalo [1, + ∞[e

$$\int_1^{+\infty} \frac{1}{x^2}\, dx = 1$$

Obs.:

A função dada é positiva no intervalo [1, + ∞[; a integral $\int_1^{+\infty} \frac{1}{x^2}\, dx$ mede por definição a área limitada pela curva, o eixo $\overrightarrow{OX}$ e a reta $x = 1$.

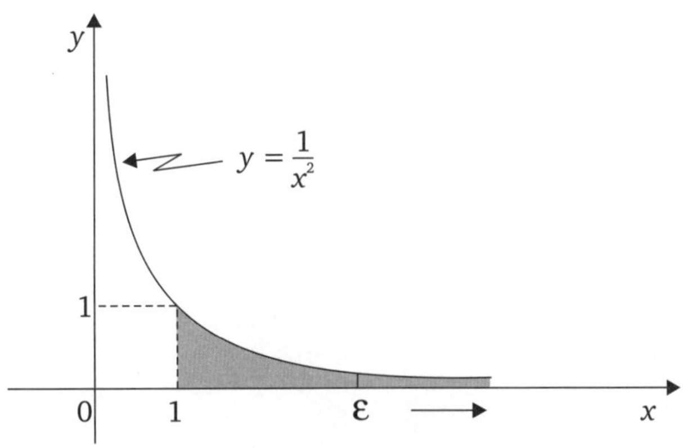

7.2 Se f é integrável no intervalo [ε, a] qualquer que seja ε < a podemos, de modo análogo, definir a integral de f sobre o intervalo]– ∞, a], como sendo:

$$\int_{-\infty}^{a} f(x)\, dx = \lim_{\varepsilon \to -\infty} \int_{\varepsilon}^{a} f(x)\, dx$$

quando o limite for finito.

Exemplo:

Seja a função dada por $y = e^x$. Qualquer que seja $\varepsilon < 0$ temos:

$$\int_{\varepsilon}^{0} e^x \, dx = e^x \Big|_{\varepsilon}^{0} = e^0 - e^{\varepsilon} = 1 - e^{\varepsilon}$$

Mas,

$$\lim_{\varepsilon \to -\infty} 1 - e^{\varepsilon} = 1$$

Logo, a função dada é integrável no intervalo $]-\infty, 0]$ e

$$\int_{-\infty}^{0} e^x \, dx = 1$$

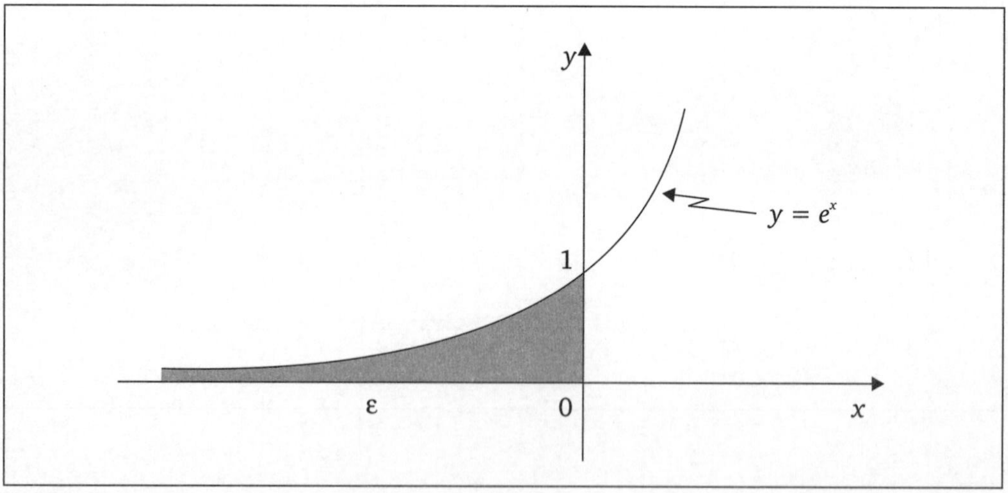

7.3 Se f é integrável nos intervalos $]-\infty, a]$ e $[a, +\infty[$ qualquer que seja $a \in R$, dizemos que f é integrável em $]-\infty, +\infty[$ e

$$\int_{-\infty}^{+\infty} f(x) \, dx = \int_{-\infty}^{a} f(x) \, dx + \int_{a}^{+\infty} f(x) \, dx$$

Exemplo:

Consideremos a função dada por $y = x\, e^{-x^2}$

(a) quaisquer que sejam $a \in R$ e $\in > a$ temos:

$$\int_a^{\varepsilon} x\, e^{-x^2} = -\frac{1}{2}\, e^{-x^2}\Big|_a^{\varepsilon} = -\frac{1}{2}\, e^{-\varepsilon^2} + \frac{1}{2}\, e^{-a^2}$$

Mas,

$$\lim_{\varepsilon \to +\infty} \left(-\frac{1}{2}\, e^{-\varepsilon^2} + \frac{1}{2}\, e^{-a^2}\right) = \frac{1}{2}\, e^{-a^2}$$

$$\therefore \int_a^{+\infty} x\, e^{-x^2}\, dx = \frac{1}{2}\, e^{-a^2} \quad (1)$$

(b) quaisquer que sejam $a \in R$ e $\varepsilon < a$ temos:

$$\int_{\varepsilon}^{a} x\, e^{-x^2}\, dx = -\frac{1}{2}\, e^{-x^2}\Big|_{\varepsilon}^{a} = -\frac{1}{2}\, e^{-a^2} + \frac{1}{2}\, e^{-\varepsilon^2}$$

Mas,

$$\lim_{\varepsilon \to -\infty} \left(-\frac{1}{2}\, e^{-a^2} + \frac{1}{2}\, e^{-\varepsilon^2}\right) = -\frac{1}{2}\, e^{-a^2}$$

$$\therefore \int_{-\infty}^{a} x\, e^{-x^2}\, dx = -\frac{1}{2}\, e^{-a^2} \quad (2)$$

De (1) e (2) resulta que

$$\int_{-\infty}^{+\infty} x\, e^{-x^2}\, dx = \int_{-\infty}^{a} x\, e^{-x^2}\, dx + \int_{a}^{+\infty} x\, e^{-x^2}\, dx = 0$$

EXERCÍCIOS PROPOSTOS

Calcular as integrais infinitas:

1. $\int_{2}^{+\infty} \frac{1}{x^2}\, dx$

2. $\int_{-\infty}^{-1} \frac{1}{x^2}\, dx$

3. $\int_{3}^{+\infty} x\, e^{-x^2}\, dx$

4. $\int_{1}^{+\infty} e^{-x}\, dx$

5. $\int_{-\infty}^{+\infty} x\, e^{1-x^2}\, dx$

RESPOSTAS

1. $\frac{1}{2}$

2. 1

3. $\frac{1}{2}e^{-9}$

4. $\frac{1}{e}$

5. 0

8 APLICAÇÕES

8.1 Renda nacional, consumo e poupança

Admitindo-se que a renda nacional seja usada parte para o consumo e parte para a poupança, podemos escrever:

$$r = c + s, \text{ onde}$$

r é a renda nacional, c o consumo e s a poupança. Além disso, a poupança e o consumo dependem da renda e podem ser estabelecidos a partir dela, ou seja,

$$c = f(r) \text{ e } s = g(r)$$

Conhecida a tendência ao consumo ou à poupança, é possível descrever o consumo e a poupança como funções da renda nacional.

Exemplo:

A tendência marginal ao consumo $\frac{dc}{dr}$ é estimada pela função:

$$\frac{dc}{dr} = 0{,}4 + 2 \times r^{-1/4}$$

A estimativa de consumo para renda nula é de 20 bilhões.

isto é,

$$r = 0 \Rightarrow C = 20$$

Determinar a curva de consumo e de poupança.

Solução:

$$\frac{dc}{dr} = 0{,}4 + 2r^{-1/4} \Rightarrow c = \int (0{,}4 + 2r^{-1/4})\, dr$$

$$\text{ou } c = 0{,}4r + 2\frac{r^{3/4}}{3/4} + k$$

Então: $c = 0{,}4r + \frac{8}{3} r^{3/4} + k$

Se $r = 0 \Rightarrow c = 20$. Então,

$$0{,}4 \times 0 + \frac{8}{3} \times 0^{3/4} + k = 20 \Rightarrow k = 20$$

$$\text{ou } c = 0{,}4r + \frac{8}{3} r^{3/4} + 20$$

Como $s = r - c$, temos:

$$s = r - \left(0{,}4r + \frac{8}{3} r^{3/4} + 20\right)$$

$$\text{ou } s = 0{,}6r - \frac{8}{3} r^{3/4} - 20$$

EXERCÍCIOS PROPOSTOS

1. Se a tendência marginal a poupar é estimada em 0,25, ache a função de consumo e a função de poupança, sabendo que para renda nula, o consumo é estimado em 10 bilhões.

2. Se a tendência marginal ao consumo é estimada em $\frac{dc}{dr} = 0,8 + \frac{0,1}{r^{1/3}}$, determine o consumo e a poupança, sabendo que o consumo é de 25 bilhões, quando a renda é zero.

3. A tendência marginal à poupança é $\frac{ds}{dr} = 0,6 - 0,12r^{0,05}$. Quando a renda é de 100 bilhões, a poupança é de 22 bilhões. Determinar as funções de poupança e consumo.

RESPOSTAS

1. $s = 0{,}25r - 10 \quad c = 0{,}75r + 10$

2. $c = 0{,}8r + \frac{3}{20}r^{2/3} + 25 \quad s = 0{,}2r - 0{,}15r^{2/3} - 25$

3. $c = 0{,}4r + 0{,}1143r^{1{,}05} + 23{,}61 \quad s = 0{,}6r - 0{,}114r^{1{,}05} - 23{,}61$

8.2 Excedente do consumidor

Na figura abaixo, a curva $q = f(p)$ é a função de procura de um produto.

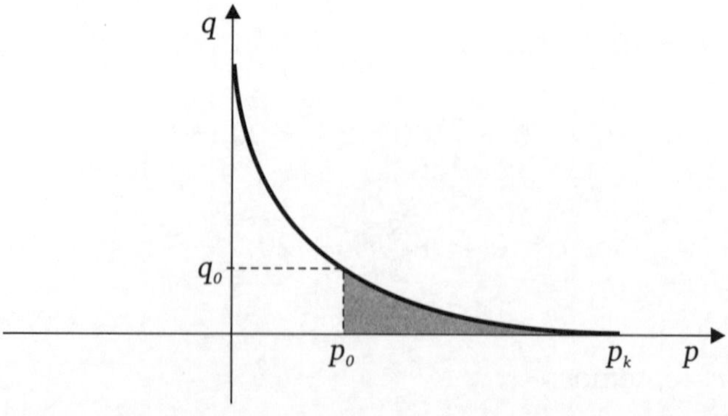

Para um nível de preço p_0, o consumo é q_0. Aumentando-se o preço, a quantidade procurada diminui, isto é, apenas parte dos compradores estão dispostos a pagar o novo preço. Entretanto, mantido o preço em p_0, aqueles consumidores que estariam dispostos a pagar um preço maior pelo produto se beneficiam pelo fato de o preço estar ao nível p_0.

A área sombreada na figura representa o total procurado pelos consumidores quando o preço se desloca a partir de p_0, e é chamada *excedente do consumidor*. O cálculo desta área é:

$$\text{excedente do consumidor} = \int_{p_0}^{p_k} f(p)\, dp$$

Exemplo:

A demanda de um produto é $q = 15 - 8p + p^2$ $0 \leq p \leq 3$. Calcular o excedente do consumidor para $p = 2{,}00$.

Solução:

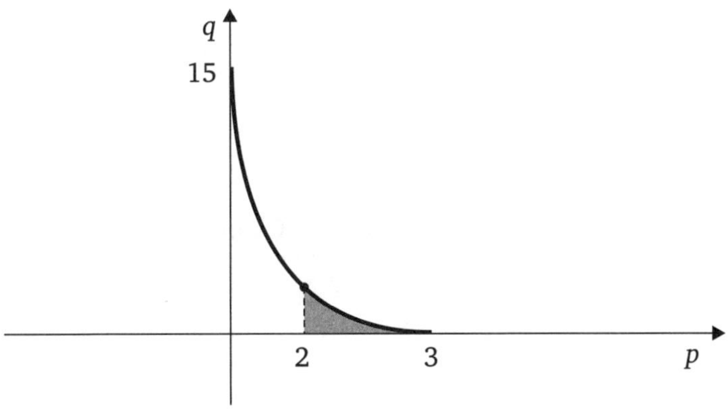

$$E.C. = \int_2^3 \left(15 - 8p + p^2\right) dp = \left[15p - \frac{8p^2}{2} + \frac{p^3}{3}\right]_2^3$$

$$= \left[45 - 36 + 9\right] - \left[30 - 16 + \frac{8}{3}\right] = 1{,}33$$

8.3 Excedente do produtor

Na figura a seguir, a curva $q = f(p)$ é a função de oferta de mercado de um produto.

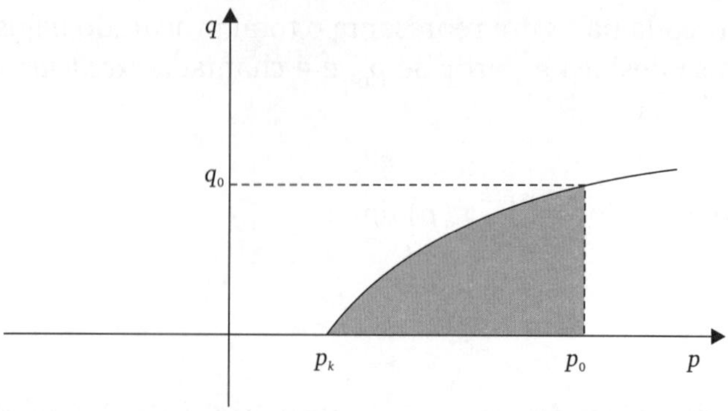

Para um nível de preço p_0, a oferta é q_0. Diminuindo-se o preço, a quantidade ofertada diminui, isto é, apenas parte dos produtores estão dispostos a oferecer o produto ao novo nível de preço. Mantido o preço em p_0, aqueles produtores que ofereciam o produto a um preço menor estão sendo beneficiados pelo preço mais alto.

A área marcada na figura representa o total ofertado pelos produtores para preços menores ou iguais a p_0, e é chamada *excedente do produtor*. Seu cálculo é:

$$\text{excedente do produtor (EP)} = \int_{p_k}^{p_0} f(p)\, dp$$

Exemplo:

A oferta de um produto é $q = 0{,}2\,p - 1$. Calcular o excedente do produtor para $p = 8{,}00$.

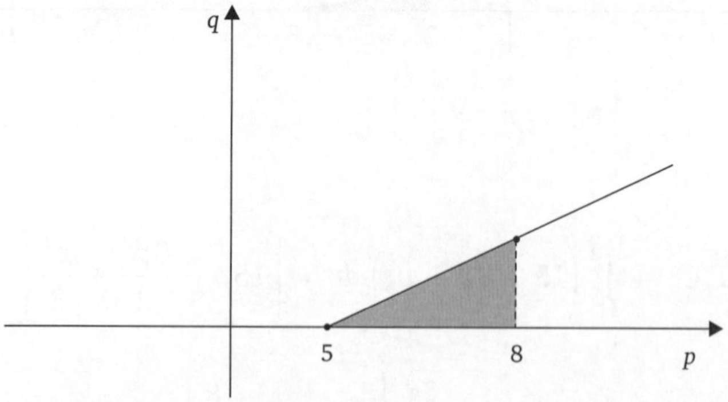

Solução:

$$EP = \int_5^8 (0{,}2p - 1)\, dp = \left[0{,}2\,\frac{p^2}{2} - p\right]_5^8 =$$

$$= [6{,}4 - 8] - [2{,}5 - 5] = 0{,}9$$

EXERCÍCIOS PROPOSTOS

1. Calcular o excedente do consumidor para um produto cuja demanda é dada pela função $q = 10 - 0{,}4p$, para $p = 10$

2. Idem para as demandas:

   2.1 $q = 16 - p^2 \; 0 \leq p \leq 4$, para $p = 1{,}40$

   2.2 $q = \dfrac{10}{p^{0,4}} - 0{,}5$, para $p = 0{,}03$

   2.3 $q = p^2 - 22p + 120$, para $p = 6$

3. Calcular o excedente do produtor, se a oferta de mercado do produto é dada pela função: $q = 2p - 12$, para $p = 10$.

4. Resolver a questão anterior para as ofertas:

   4.1 $q = -p^2 + 2r^p$, $p = 8$

   4.2 $q = 0{,}6e^p$, $p = 4$

   4.3 $q = 3\,(p - 1)^2$, $p = 5$

RESPOSTAS

1. 45	2.1 21,18	2.2 594,27	2.3 37,33
3. 16	4.1 629,33	4.2 31,66	4.3 64

8.4 Investimento e formação de capital

A questão de investimento e formação de capital, vista como um processo contínuo no tempo, pode ser tratada da seguinte forma:

Sejam:

a. $K\,(t)$ – função que expressa o estoque de capital, isto é, o montante existente de capital em cada instante t;

b. $\dfrac{dK}{dt}$ – função que expressa a taxa de formação do capital em cada instante t;

c. $I\,(t)$ – função que expressa a taxa de investimento líquido por ano (ou por período de tempo);

d. $[a, b]$ – intervalo de tempo do investimento.

Temos, então,

1. $K(t) = \int I(t)\, dt$, o que dá a trajetória temporal do capital K, isto é, o montante existente de K em cada instante do tempo;

2. $\int_a^b I(t)\, dt = K(b) - K(a)$, o que dá o montante de capital acumulado no intervalo de tempo $[a, b]$.

Exemplo 1:

Se $I(t) = 10t^{3/2}$ e $K(0) = 1.000$ (capital inicial), qual é a trajetória temporal do capital K?

Solução:

$$K(t) = \int I(t)\, dt = \int 10\, t^{3/2}\, dt = 4\, t^{5/2} + C$$

Fazendo

$$t = 0, \text{ temos } K(0) = C \therefore C = 1.000$$

Logo,

$$K(t) = 1.000 + 4t^{5/2}$$

Exemplo 2:

Dado $I(t) = 4t^{5/2}$ (medida em milhares de reais por ano), determinar o estoque de capital no final do 5º ano.

Solução:

$$\int_1^5 I(t)\, dt = \int_1^5 4\, t^{5/2}\, dt = 4 \int_1^5 t^{5/2}\, dt = 4 \cdot \left. \frac{t^{\frac{5}{2}+1}}{\frac{5}{2}+1} \right|_1^5 =$$

$$= 4 \cdot \frac{2}{7}\left(5^{\frac{7}{2}} - 1\right) = \frac{8}{7}(279{,}51 - 1) = 318{,}29$$

EXERCÍCIOS PROPOSTOS

1. Se $I(t) = 5\,t^{2/5}$ e $K(0) = 100$, qual é a trajetória temporal do capital k?
2. Resolver a mesma questão proposta no exercício anterior, quando $I(t) = 7\,t^{1/5}$ e $K(0) = 1.250$.
3. Dado $I(t) = 5\,t^{3/2}$ (milhares de reais por ano), determinar o estoque de capital ao final do 4º ano.
4. Mesma questão do exercício anterior para $I(t) = \dfrac{1}{2}\,t^{1/2}$.

RESPOSTAS

1. $K(t) = \dfrac{25}{7}\,t^{7/5} + 100$
2. $K(t) = \dfrac{35}{6}\,t^{6/5} + 1.250$
3. 62
4. $\dfrac{7}{3}$

APÊNDICE

A1. Derivada da função logaritmo, $y = \ell n\, x$

Pela definição, a derivada de $y = \ell n\, x$, num ponto $x > 0$, é dada pelo limite:

$$y' = \lim_{\Delta x \to 0} \frac{\ell n\,(x + \Delta x) - \ell n\, x}{\Delta x}$$

Usando propriedades dos logaritmos, teremos:

$$\frac{\ell n\,(x + \Delta x) - \ell n\, x}{\Delta x} = \frac{\ell n \left(\dfrac{x + \Delta x}{x} \right)}{\Delta x} = \ell n \left(\frac{x + \Delta x}{x} \right)^{\frac{1}{\Delta x}} = \ell n \left(1 + \frac{\Delta x}{x} \right)^{\frac{1}{\Delta x}}$$

Fazendo: $\Delta x = m \times x$, obtém-se:

$$\ell n \left(1 + \frac{\Delta x}{x} \right)^{\frac{1}{\Delta x}} = \ell n\,(1 + m)^{\frac{1}{mx}} = \frac{1}{x} \cdot \ell n\,(1 + m)^{\frac{1}{m}}$$

Portanto $y' = \lim\limits_{\Delta x \to 0} \left[\dfrac{1}{x} \cdot \ell n\,(1 + m)^{\frac{1}{m}} \right] = \dfrac{1}{x} \cdot \lim\limits_{\Delta x \to 0} \left(\ell n\,(1 + m)^{\frac{1}{m}} \right) =$

$$= \frac{1}{x} \cdot \ell n \left[\lim_{\Delta x \to 0} (1 + m)^{\frac{1}{m}} \right]$$

Mas, se $\Delta x \to 0 \Rightarrow m \to 0$

Então: $y' = \frac{1}{x} \cdot \ell n \left[\lim_{m \to 0} (1 + m)^{\frac{1}{m}} \right]$

Mas, $\lim_{m \to 0} (1 + m)^{\frac{1}{m}} = e$, base dos logaritmos naturais.

O valor de e pode ser obtido tabelando-se o limite para diversos valores de m:

m	1	0,1	0,01	0,001	0,0001	$\to 0$
$(1 + m)^{\frac{1}{m}}$	2	2,5937	2,7048	2,7169	2,7181	$\to e$

Portanto $y' = \frac{1}{x}\, \ell n\, e$ ou $\boxed{y' = \frac{1}{x}}$

A2. Derivada das funções compostas

Seja u uma função derivável no ponto x e v uma função derivável no ponto correspondente $u(x)$.

Então a função composta,

$h(x) = v(u(x))$ é derivável no ponto x e $h'(x) = v'(u) \times u'(x)$.

De fato, podemos escrever:

$$\frac{\Delta h}{\Delta x} = \frac{\Delta h}{\Delta u} \cdot \frac{\Delta u}{\Delta x}$$

Para uma variação Δx em x, teremos a variação Δu em u e uma correspondente variação Δv em v, com $\Delta h = \Delta v$.

Pela definição: $h'(x) = \lim_{\Delta x \to 0} \frac{\Delta h}{\Delta x} = \lim_{\Delta x \to 0} \left[\frac{\Delta h}{\Delta u} \cdot \frac{\Delta u}{\Delta x} \right]$

ou $\quad h'(x) = \lim_{\Delta x \to 0} \left[\frac{\Delta v}{\Delta u} \cdot \frac{\Delta u}{\Delta x} \right] = \lim_{\Delta x \to 0} \frac{\Delta v}{\Delta u} \cdot \lim_{\Delta x \to 0} \frac{\Delta u}{\Delta x}$

Como u é derivável no ponto x,

$$\lim_{\Delta x \to 0} \frac{\Delta u}{\Delta x} = u'(x) \quad \text{e} \quad \lim_{\Delta x \to 0} \frac{\Delta v}{\Delta u} = \lim_{\Delta u \to 0} \frac{\Delta v}{\Delta u} = v'(u)$$

Então: $\boxed{h'(x) = v'(u) \times u'(x)}$

A3. Derivada da função $y = e^x$

Aplicando logaritmo e suas propriedades, teremos:

$$\ln y = \ln(e^x) \quad \text{ou} \quad \ln y = x \ln e \quad \text{ou} \quad \ln y = x$$

Queremos derivar ambos os membros em relação a x. Pela regra de derivação de funções compostas devemos ter:

$$\frac{d \ln y}{dx} = \frac{d \ln y}{dy} \times \frac{dy}{dx} = 1.$$

Mas, $\dfrac{d \ln y}{dy} = \dfrac{1}{y}$ e $\dfrac{dy}{dx} = y'$, de onde $\dfrac{1}{y} y' = 1$ ou $y' = y$ ou, ainda, $y' = e^x$

A4. Derivada da função $y = a^x$, $a > 0$, $a \neq 1$

Aplicando logaritmo e suas propriedades, teremos:

$$\ln y = \ln(a^x) \text{ ou } \ln y = x \ln a$$

Queremos derivar ambos os membros em relação a x. Pela regra de derivação de funções compostas, devemos ter:

$$\frac{d \ln y}{dx} = \frac{d \ln y}{dy} \times \frac{dy}{dx} = \ln a. \text{ Mas,}$$

$\dfrac{d \ln y}{dy} = \dfrac{1}{y}$ e $\dfrac{dy}{dx} = y'$, de onde $\dfrac{1}{y} y' = \ln a$ ou $y' = y \ln a$ ou, ainda, $y' = a^x \ln a$

A5. Derivada da função potência $y = x^\alpha$, $x \in R$

1º caso: Se $x \geq 0$

Aplicando logaritmo e suas propriedades:

$$\ln y = \alpha \ln x$$

Derivando ambos os membros:

$$\frac{y'}{y} = \alpha \times \frac{1}{x} \quad \text{ou} \quad y' = \alpha \times \frac{1}{x} \times y$$

ou

$$y' = \alpha \times \frac{1}{x} \times x^{\alpha} \qquad \text{ou} \qquad \boxed{y' = \alpha\, x^{\alpha - 1}}$$

2º caso: Se $x < 0$

2a. $y > 0$

Podemos escrever neste caso que:

$$y = x^{\alpha} = (-x)^{\alpha}$$

Aplicando logaritmo e suas propriedades:

$$\ln y = \alpha \ln(-x)$$

Derivando ambos os membros em relação a x:

$$\frac{y'}{y} = \alpha \times \frac{-1}{-x} = \alpha \times \frac{1}{x} \text{ ou } y' = \alpha \times \frac{1}{x} \times y$$

ou

$$y' = \alpha \times \frac{1}{x} \times x^{\alpha} \Rightarrow \qquad \boxed{y' = \alpha\, x^{\alpha - 1}}$$

2b. $y < 0$

Podemos escrever neste caso que:

$$-y = (-x)^{\alpha}$$

Aplicando logaritmo e suas propriedades:

$$\ln(-y) = \alpha \ln(-x)$$

Derivando ambos os membros:

$$\frac{-y'}{-y} = \alpha \frac{-1}{-x} \quad \text{ou} \quad y' = \alpha \frac{y}{x} \quad \text{ou} \quad y' = \alpha \frac{x^{\alpha}}{x} \quad \text{ou ainda} \quad y' = \alpha\, x^{\alpha - 1}$$

A.6 Derivada do produto $y = u(x) \times v(x)$

onde u e v são funções deriváveis.

1º Caso: Se $u(x)$ e $v(x)$ são positivas no ponto x.

Aplicando logaritmo e suas propriedades:

$$\ln y = \ln u + \ln v$$

Derivando ambos os membros:

$$\frac{y'}{y} = \frac{u'}{u} + \frac{v'}{v} \quad \text{ou} \quad \frac{y'}{y} = \frac{u'v + uv'}{u \times v} \Rightarrow \boxed{y' = u'v + uv'}$$

2º Caso: Se u ou v é negativo (por exemplo: $u(x) < 0$ e $v(x) > 0$).

Neste caso: $-y = -u(x) \times v(x)$.

Aplicando logaritmo e suas propriedades:

$$\ln(-y) = \ln(-u) + \ln v$$

Derivando ambos os membros:

$$\frac{-y'}{-y} = \frac{-u'}{-u} + \frac{v'}{v} \quad \text{ou} \quad \frac{y'}{y} = \frac{u'}{u} + \frac{v'}{v} \quad \text{ou} \quad \boxed{y' = u'v + uv'}$$

3º Caso: Se u e v são negativos, aplica-se o mesmo procedimento para se obter:

$$\boxed{y' = u'v + uv'}$$

A7. Derivada da função $y = k \times u(x),\ k \in R$

É um caso particular da regra do produto.

Aplicando esta regra, obtém-se:

$$y' = (k) \times [u(x)]' + [k]' \times u(x)$$

Como $[k]' = 0$, concluímos que:

$$\boxed{y' = k \times [u(x)]'}$$

A8. Derivada da soma ou diferença de funções

Se u e v são funções deriváveis, então, a função $h(x) = u(x) \pm v(x)$ é derivável e $h'(x) = u'(x) \pm v'(x)$.

Vamos demonstrar para a soma. A diferença se faz de modo análogo.

Pela definição de derivada, deve existir o limite: $h'(x) = \lim\limits_{\Delta x \to 0} \dfrac{h(x + \Delta x) - h(x)}{\Delta x}$

Mas, $h(x + \Delta x) - h(x) = u(x + \Delta x) + v(x + \Delta x) - u(x) - v(x) =$

$$= u(x + \Delta x) - u(x) + v(x + \Delta x) - v(x)$$

Assim, $h'(x) = \lim\limits_{\Delta x \to 0} \dfrac{u(x + \Delta x) - u(x)}{\Delta x} + \lim\limits_{\Delta x \to 0} \dfrac{v(x + \Delta x) - v(x)}{\Delta x}$

Como u e v são deriváveis, os limites da direita da igualdade existem e, então:

$$h'(x) = u'(x) + v'(x)$$

A9. Teorema

Se $f''(x) > 0$ para todo $x \in \,]a, b[$, então f tem concavidade voltada para cima (C.V.C.) em $]a, b[$.

PROVA

Seja x_0 um ponto qualquer de $]a, b[$ e I um intervalo aberto centrado em x_0 e contido em $]a, b[$. Seja $T(x) = f(x_0) + f'(x_0)(x - x_0)$ a equação da reta tangente ao gráfico de f no ponto $(x_0, f(x_0))$.

Temos, então:

$$f(x) - T(x) = f(x) - f(x_0) - f'(x_0)(x - x_0) \qquad (1)$$

qualquer que seja $x \in I$.

Pelo teorema do valor médio resulta que para x fixo, $x > x_0$

$$f(x) - f(x_0) = f'(\theta)(x - x_0)$$

para algum $\theta \in \,]x_0, x[$.

Substituindo em (1) vem:

$$f(x) - T(x) = f'(\theta)(x - x_0) - f'(x_0)(x - x_0)$$

ou seja

$$f(x) - T(x) = [f'(\theta) - f'(x_0)]\,(x - x_0) \tag{2}$$

Novamente, pelo teorema do valor médio, temos:

$$f'(\theta) - f'(x_0) = f''(\theta_1)\,(\theta - x_0)$$

para algum $\theta_1 \in]x_0, \theta[$.

Substituindo em (2) vem:

$$f(x) - T(x) = f''(\theta_1)\,(\theta - x_0)\,(x - x_0)$$

Considerando que $f''(\theta_1) > 0$, pois $f''(x) > 0$ para todo $x \in]\,a, b\,[$ e ainda que $\theta > x_0$ e $x > x_0$ resulta que

$$f(x) - T(x) > 0$$

ou seja

$$f(x) > T(x), \text{ para } x > x_0 \tag{3}$$

De modo análogo, pode-se demonstrar que

$$f(x) > T(x), \text{ para } x < x_0 \tag{4}$$

De (3) e (4) resulta que f tem concavidade voltada para cima no ponto x_0. Como x_0 é um ponto qualquer de $]\,a, b\,[$ podemos concluir que f tem concavidade voltada para cima em $]\,a, b\,[$.

A10. TEOREMA (*Condição necessária e suficiente para a localização de pontos de máximo e de mínimo*)

Condição necessária

Se x_0 é um ponto de máximo ou de mínimo de f, então $f'(x_0) = 0$.

PROVA

Suponhamos $f'(x_0) > 0$. Como f' é contínua num intervalo aberto centrado em x_0 (pois f'' existe no mesmo intervalo, por hipótese), então, pelo teorema da permanência do sinal, existe um intervalo I centrado em x_0 no qual $f'(x) > 0$. Logo, f é estritamente crescente em I e x_0 não pode ser ponto de máximo ou de mínimo de f.

À mesma conclusão podemos chegar supondo $f'(x_0) < 0$. Portanto, se x_0 é um ponto de máximo ou de mínimo de f (nas condições do teorema), devemos ter $f'(x_0) = 0$.

Condição suficiente

Seja $f'(x_0) = 0$.

(1) Se $f''(x_0) > 0$, x_0 é ponto de mínimo de f.

(2) Se $f''(x_0) < 0$, x_0 é ponto de máximo de f.

PROVA

Como $f'(x_0) = 0$, a equação da reta tangente ao gráfico de f no ponto $(x_0, f(x_0))$ é $T(x) = f(x_0)$.

Então:

(1) se $f''(x_0) > 0$, f tem concavidade voltada para cima em x_0, isto é, existe um intervalo I centrado em x_0 no qual $f(x) > T(x) = f(x_0)$, para todo $x \in I$, $x \neq x_0$. Logo, x_0 é ponto de mínimo de f;

(2) se $f''(x_0) < 0$, f tem concavidade voltada para baixo em x_0, isto é, $f(x) < T(x) = f(x_0)$, para todo $x \in I$, $x \neq x_0$. Portanto, x_0 é ponto de máximo de f.

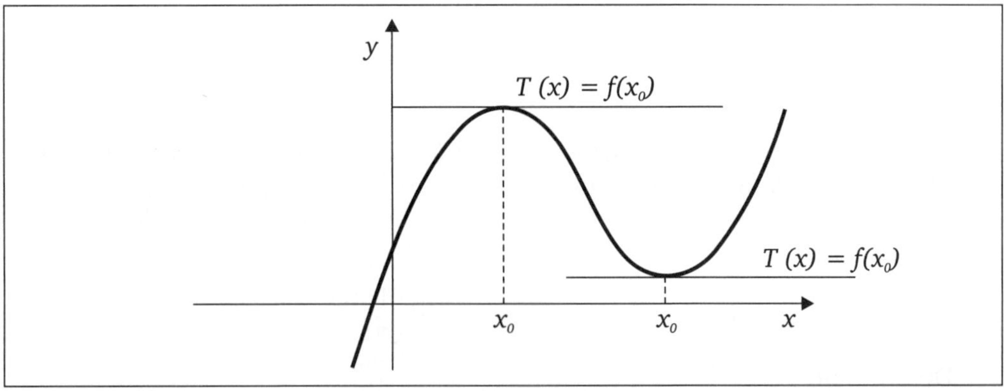

PROBLEMAS E EXERCÍCIOS COMPLEMENTARES

1. A função custo total de um monopolista é dada por $CT = 3q^2 + 2q$ para $0 \leq q \leq 1.000$. A demanda de mercado é dada por $D = 1.000 - 20P$. Suponha agora que o Governo pretenda instituir um imposto específico sobre o produto do monopolista, de modo a maximizar a receita tributária procedente desta

fonte, que é dada por $T = t \times q^*$, onde q^* representa o nível de produção de equilíbrio do monopolista após a imposição do imposto. Qual deverá ser o valor da alíquota t (reais por unidade de produto físico) a ser escolhido pelo Governo?

Sugestão: O problema consiste em determinar o valor de t que maximiza a receita tributária $T = t \times q^*$. O cálculo de q^*. O cálculo de q^* pode ser feito a partir da função receita total do monopolista (RT) e da função custo total (CT) após a adição do imposto tq ($C^* = CT + tq$); obtido q^*, substituir em $T = t \times q^*$ e maximizar em relação a t.

2. Seja $p = \dfrac{a}{x+b} - c$ com $a, b, c > 0$ a curva de demanda de determinado bem (p é o preço e x a quantidade demandada). Mostrar que no seu domínio a curva é estritamente crescente e tem concavidade voltada para cima. Fazer o esboço gráfico desta curva.

3. Resolver o problema anterior quando $p = \dfrac{1}{b} \, ln\left(\dfrac{a}{x}\right)$, com $a, b > 0$.

4. Resolver o problema 2, quando a curva de demanda for $p = (a - bx)^2$, com a, $b > 0$.

5. Seja $p = a - bx^2$, com a, $b > 0$ a curva de demanda de determinado bem. Mostrar que no seu domínio a curva é decrescente e tem concavidade voltada para baixo. Fazer o esboço gráfico da curva.

6. Resolver o exercício anterior quando a demanda é dada por $p = \sqrt{a - bx}$, com $a, b > 0$.

7. Seja $C_T = 100\, e^{\frac{1}{2}x}$ o custo total associado à produção de determinado bem. Mostrar que no ponto de mínimo do custo médio o custo médio iguala o custo marginal. Esboçar num mesmo gráfico as curvas de custo médio e de custo marginal.

8. A função de demanda de um produto é $q = \dfrac{100}{e^{0,04p}}$.

   Determinar:

   a. R_T em função da quantidade;

   b. R_T máximo.

9. a. Ajustar a tabela

p	10	11	12	13
q	100	80	70	65

por uma equação do tipo $y = B \times e^{-Ax}$

   b. Qual a receita máxima correspondente?

RESPOSTAS

1. $t = 24$ reais/unidade
8. a. $RT = 115{,}13q - 25q \times \ln q$
9. $y = 400{,}33 \times e^{-0{,}143x}$

b. $RT = 919{,}70$
b. $RT = 1029{,}88$
b. $RT = 1029{,}88$

10. Outras aplicações: monopólio e competição pura

10.1 Modelo de monopólio a curto prazo

1. $CT = aq^3 - bq^2 + cq + F$ (Custo total)
2. $P = \dfrac{A - q}{B}$ (Preço)
3. $RT = qP$ (Receita total)
4. $LT = RT - CT$ (Lucro total)
5. $\dfrac{d}{dq}(CT) = \dfrac{d}{dq}(RT)$ (Cond. P/ máx. ou mín.)
6. $\dfrac{d^2}{dq^2}(CT) > \dfrac{d^2}{dq^2}(RT)$ (Cond. P/ máx.)
7. $RT \geq CV$ (Condição de viabilidade: receita total $\geq$ custo variável)

10.2 Modelo de monopólio a longo prazo

O modelo de monopólio a longo prazo (Custo fixo = 0) é semelhante ao anterior, com a condição 7 substituída por $RT \geq CT$ (receita total $\geq$ custo total).

EXERCÍCIOS PROPOSTOS

Em cada um dos casos seguintes, *CT* representa o custo total de produção de um monopolista e *P* o preço de mercado do seu produto.

1.1 $\begin{cases} CT = q^3 - 21q^2 + 170q + 85 \text{ (curto prazo)} \\ P = 100 - q \end{cases}$

1.2 $\begin{cases} CT = q^3 - 20q^2 + 150q + 100 \text{ (curto prazo)} \\ P = \dfrac{180 - q}{2} \end{cases}$

1.3 $\begin{cases} CT = q^3 - 15q^2 + 120q + 75 \text{ (curto prazo)} \\ P = 67 - q \end{cases}$

$$1.4 \begin{cases} CT = q^3 - 29{,}75q^2 + 300q + 100 \text{ (curto prazo)} \\ P = \dfrac{400 - q}{4} \end{cases}$$

$$1.5 \begin{cases} CT = q^3 - 30{,}75q^2 + 316q \text{ (longo prazo)} \\ P = \dfrac{500 - q}{5} \end{cases}$$

$$1.6 \begin{cases} CT = q^3 - 40q^2 + 534q \text{ (longo prazo)} \\ P = \dfrac{200 - q}{3} \end{cases}$$

Para cada uma das situações determinar:

(1) a quantidade a ser produzida que maximiza o lucro total do monopolista;

(2) o preço de venda;

(3) o valor da receita total;

(4) o valor do custo total;

(5) o valor do lucro total.

Obs.: Utilizar o modelo do item 10.1 para os casos de curto prazo e o do item 10.2 para os casos de longo prazo.

RESPOSTAS

1.1 $q = 11{,}26$; $p = 88{,}74$; $R_T = 999{,}21$; $C_T = 764{,}29$; $L_T = 234{,}92$

1.2 $q = 11{,}22$; $p = 84{,}39$; $R_T = 946{,}86$; $C_T = 677{,}70$; $L_T = 269{,}16$

1.3 $q = 0$ (inviável)

1.4 $q = 15{,}31$; $p = 96{,}17$; $R_T = 1.472{,}36$; $C_T = 1.208{,}32$; $L_T = 264{,}04$

1.5 $q = 15{,}81$; $p = 96{,}84$; $R_T = 1.531{,}04$; $C_T = 1.261{,}62$; $L_T = 269{,}04$

1.6 $q = 0$ (inviável)

10.3 Modelo associado a uma firma no regime de concorrência pura, a curto prazo

1. $CT = aq^3 - bq^2 + cq + F$ (Custo total)
2. $RT = q \times P$ (Receita total – P é o preço de mercado (um parâmetro))

3. $LT = RT - CT$ (Lucro total)

4. $\frac{d}{dq}(CT) = \frac{d}{dq}(RT)$ (Condição P/ máx. ou mín.)

5. $\frac{d^2}{dq^2}(CT) > \frac{d^2}{dq^2}(RT)$ (Condição P/ máx.)

6. $RT \geq CV$ (Condição de viabilidade: Receita total ≥ custo variável)

Hipóteses básicas:

(a) todas as firmas da indústria têm funções idênticas de custos;

(b) a indústria é uma indústria de custos constantes (isso significa que a entrada ou saída de firmas a longo prazo não alteram as funções de custos das firmas da indústria e que os coeficientes da função custo total a longo prazo não são alterados pela expansão ou contração da produção da indústria).

10.4 Modelo associado a uma firma no regime de concorrência pura, a longo prazo

O modelo é o mesmo do item anterior, com a condição 6 substituída por $RT \geq CT$ (Receita total ≥ Custo total). As hipóteses básicas são as mesmas do modelo anterior.

EXERCÍCIOS RESOLVIDOS

1. Seja $CT = 0{,}4q^3 - 2{,}2q^2 + 24q$ o custo total de produção de longo prazo de uma firma em regime de concorrência pura. Determinar a função de oferta da firma (que maximiza o lucro).

Solução. A função de oferta da firma é estabelecida por duas condições, segundo o modelo descrito anteriormente: a condição de viabilidade e a condição de otimização.

1.1 Condição de viabilidade

Pelo modelo de longo prazo a condição é: $RT \geq CT$. Como $RT = p \times q$, teremos:

$p \times q \geq 0{,}4q^3 - 2{,}2q^2 + 24q$ ou dividindo por $q > 0$, $p \geq 0{,}4\,q^2 - 2{,}2q + 24$, o que indica que o preço deve ser no mínimo igual ao custo médio de produção: $p \geq \frac{CT}{q}$.

Vamos determinar o valor mínimo desse custo médio.

$\left(\frac{CT}{q}\right)' = 0 \Rightarrow 0{,}8q - 2{,}2 = 0$ ou $q = 2{,}75$. Mas $\left(\frac{CT}{q}\right)'' = 0{,}8$ o que indica que o ponto $q = 2{,}75$ é o ponto de mínimo.

Para esse custo médio, a condição de viabilidade estabelece para o preço:

$p \geq 0{,}4\,(2{,}75)^2 - 2{,}2 \times 2{,}75 + 24 = 20{,}98$, ou seja, $p \geq 20{,}98$

1.2 Condição de otimização

Vamos estabelecer a relação entre quantidade e preço que maximize o lucro total.

A condição de otimização é $LT' = RT' - CT' = 0$ ou $CT' = RT'$, ou seja,

$1{,}2q^2 - 4{,}4q + 24 = p$ ou ainda $1{,}2q^2 - 4{,}4q + 24 - p = 0$

Resolvendo a equação do 2º grau: $q = \frac{4{,}4 + \sqrt{19{,}36 - 4{,}8\,(24 - p)}}{2{,}4}$

ou

$$q = \frac{4{,}4 + \sqrt{4{,}8p - 95{,}84}}{2{,}4}$$

que é a oferta que maximiza o lucro dependendo do preço de mercado estabelecido.

Nessas condições, a equação de oferta é: $q = \frac{4{,}4 + \sqrt{4{,}8p - 95{,}84}}{2{,}4}$ com $p \geq 20{,}98$.

2. Tendo em vista o resultado obtido no problema anterior, determinar:

   2.1 O preço mínimo de venda

   2.2 A quantidade mínima a ser ofertada

   2.3 O valor da receita total

   2.4 O valor do custo total

   2.5 O valor do lucro total.

Solução:

2.1 O preço mínimo de venda é dado pela condição de viabilidade: p = 20,98

2.2 A quantidade mínima é $q = \dfrac{4{,}4 + \sqrt{4{,}8p - 95{,}84}}{2{,}4}$, com p = 20,98, ou seja,

$$q = \frac{4{,}4 + \sqrt{4{,}8 \times 20{,}98 - 95{,}84}}{2{,}4} = 2{,}75$$

2.3 Valor da $RT = pq$ = 20,98 × 2,75 = 57,70

2.4 Valor do $CT = 0{,}4 \times 2{,}75^3 - 2{,}2 \times 2{,}75^2 + 24 \times 2{,}75 = 57{,}68$

2.5 Valor do $LT = RT - CT$ = 57,70 – 57,70 = 0

EXERCÍCIOS PROPOSTOS

1. Em cada um dos casos seguintes, *CT* representa o custo total de produção de uma firma em regime de concorrência pura.

   1.1 $CT = 0{,}1q^3 - 1{,}6q^2 + 24q + 5$ (curto prazo)

   1.2 $CT = 0{,}3q^3 - 10q^2 + 5{,}5q + 25$ (curto prazo)

   1.3 $CT = 0{,}2q^3 - 3q^2 + 16q$ (longo prazo)

   Estabelecer, em cada caso, a função de oferta do produtor.

2. Para cada item do problema anterior determinar:
   a) O preço mínimo de vendas.
   b) A quantidade mínima a ser ofertada.
   c) O valor do lucro total.

3. Seguindo o raciocínio desenvolvido no Exercício resolvido 1, determinar a função de oferta para um produtor em regime de competição pura, com custo total dado pela equação $CT = aq^3 - bq^2 + cq + F$.

RESPOSTAS

1.1 $q = \dfrac{3{,}2 + \sqrt{1{,}2p - 18{,}56}}{0{,}6}$, com $p \geq 17{,}6$

1.2 O produtor é inviável nesse mercado.

1.3 $q = \dfrac{6 + \sqrt{2,4p - 2,4}}{1,2}$, com $p \geq 4,75$

2.1 a) $p = 17,6$ b) $q = 8$ c) $LT = -5$

2.3 a) $p = 4,75$ b) $q = 7,5$ c) $LT = 0$

3. $q = \dfrac{2b + \sqrt{4b^2 - 12(c - p)}}{6a}$, com $p \geq c - \dfrac{b^2}{4a}$

11. Calcular $\int_0^{+\infty} e^{-px} f(x)\, dx$ com $f(x) = \lambda\, e^{-\lambda x}\, x \geq 0, \lambda > 0,$ $p \geq 0$

12. Calcular o excedente do consumidor para um produto cuja demanda é dada pela função: $q = -1 + 10e^{-p}$, para $p = 1$.

13. Calcular o excedente do produtor, se a oferta de mercado do produto é dada pela função: $q = \sqrt{13 + 0,6p} - 5$, para $p = 30$.

14. Suponha que $I(t) = 10,45t^{1+\sqrt{2}}$ reflita a taxa de investimento líquido por ano, na formação de um capital, e que o estoque de capital K no final do segundo ano $K(2)$, seja de 6.000.000. Calcular a função que descreve a trajetória temporal do capital K e o estoque de capital após 10 anos.

RESPOSTAS

11. $\dfrac{\lambda}{\lambda + p}$

12. 1,38

13. 2,89

14. $K(t) = 3,60734t^{2+\sqrt{2}} + 156,02$ $K(10) = 9.518,71$

BIBLIOGRAFIA

ALLEN, R. G. *Análise matemática para economistas*. Rio de Janeiro: Fundo de Cultura, 1960. v. 1, 2.

ÁVILA, G. S. S. *Cálculo 1*: funções de uma variável. 4. ed. Rio de Janeiro: Livros Técnicos e Científicos, 1981.

BINGHAM, R. C. *A economia em linguagem matemática*. 2. ed. Rio de Janeiro: Zahar, 1980.

CHIANG, Alpha C. *Matemática para economistas*. Tradutor Roberto Campos Moraes; revisor técnico Luiz Salvador Lopes. São Paulo: McGraw-Hill do Brasil; Ed. da Universidade de São Paulo, 1982.

ROMANO, R. *Complementos de matemática*. São Paulo: Centro Acadêmico Visconde de Cairu, 1962.

RUDIN, W. *Princípios de análise matemática*. Rio de Janeiro: Ao Livro Técnico S.A. e Editora da Universidade de Brasília, 1971.

WHITE, A. J. *Análise real*: uma introdução. Tradução: Elza F. Gomide. São Paulo: Edgard Blücher, Ed. da Universidade de São Paulo, 1973.

YAMANE, T. *Matemática para economistas*. São Paulo: Atlas, 1970.

Pré-impressão, impressão e acabamento

GRÁFICA SANTUÁRIO

grafica@editorasantuario.com.br
www.graficasantuario.com.br
Aparecida-SP

10 1 2 3 4 5 6 7 8 9 2019